エリア・スタディーズ 91

現代メキシコを知るための70章【第2版】

国本伊代〔編著〕

明石書店

【メキシコ合州国全図／ Estados Unidos Mexicanos】

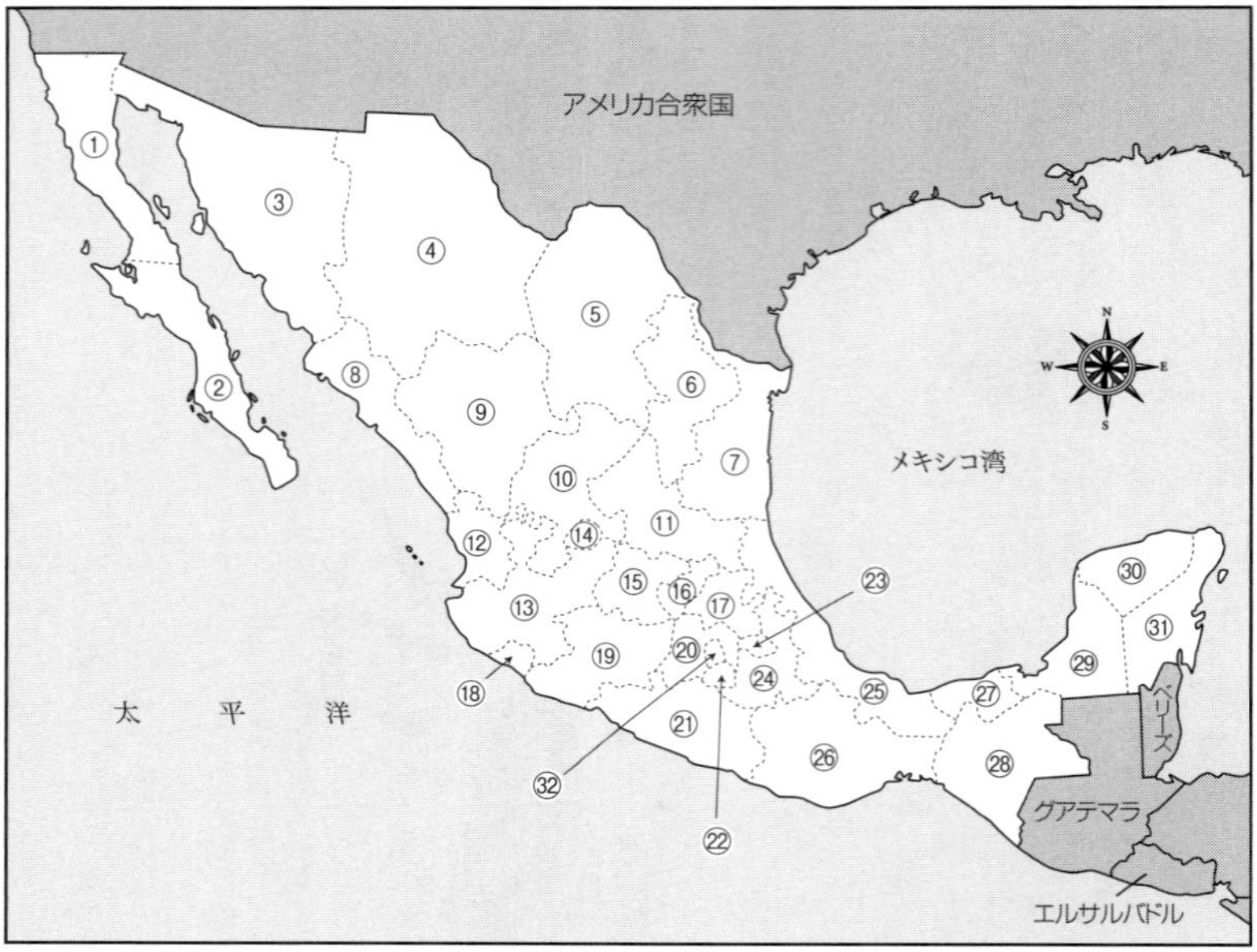

① バハカリフォルニア州
② 南バハカリフォルニア州
③ ソノラ州
④ チワワ州
⑤ コアウイラ州
⑥ ヌエボレオン州
⑦ タマウリパス州
⑧ シナロア州
⑨ ドゥランゴ州
⑩ サカテカス州
⑪ サンルイスポトシ州
⑫ ナヤリ州
⑬ ハリスコ州
⑭ アグアスカリエンテス州
⑮ グアナファアト州
⑯ ケレタロ州
⑰ イダルゴ州
⑱ コリマ州
⑲ ミチョアカン州
⑳ メキシコ州
㉑ ゲレロ州
㉒ モレロス州
㉓ トラスカラ州
㉔ プエブラ州
㉕ ベラクルス州
㉖ オアハカ州
㉗ タバスコ州
㉘ チアパス州
㉙ カンペチェ州
㉚ ユカタン州
㉛ キンタナロー州
㉜ メキシコ市

はじめに

本書は、２０１１年に出版された『現代メキシコを知るための60章』の改訂増補版である。この改訂版の作成過程が編者のメキシコ長期滞在というタイミングと重なったため、当初予定した一部だけの加筆修正という計画を変更し、メキシコで活躍している日本人専門家をお誘いしたことで大幅な改訂版となった。本書を通じて読者の皆様が、現地の事情に精通した各執筆者の知見と専門知識によって紹介されている21世紀のメキシコの姿を知り、日本との深い関係に新たな「発見」をしていただけたら幸いである。地理的に遠いメキシコが日本と非常に近い関係を有し、欧米先進諸国に劣らぬ芸術・文化・観光大国であることを知ると、読者は驚くと同時にメキシコを是非とも訪れてみたいと考えるに違いない。しかも成田とメキシコ市の間には、直行便が毎日2便も出ている。空の旅は快適である。メキシコ人は陽気で優しい。近年、編者は1年の半分をそのようなメキシコで暮らしている。

メキシコは、１９９４年に世界の「先進国クラブ」とも称される経済協力開発機構（ＯＥＣＤ）にラテンアメリカ地域で最初に加盟した国である。このように20世紀末には世界の先進国の仲間入りをしたメキシコは、あらゆる分野で著しい変化を遂げてきた。林立する高層ビル、主要都市を結ぶ快適な高速道路、近代的な公共施設、ショッピングセンター、そして国民生活全般を含めて、２０１０年代のメキシコは10年前のメキシコを知る者にとってさえその変貌ぶりに驚く。また世界の多くの国々と同様にグローバル化が進んでいる。もっとも21世紀に入って著しく悪化した治安と長年にわたる経済成長の低迷によって、社会経済が必ずしも順調な発展を遂げてきたわけではない。本書ではこのようなメキシコの政治・経済・社会・文化・対日関係などを、２０１０年代に焦点を当てて紹介しようと試みた。執筆者17名の間にはそのみる視点と分析に相反する部分もあるが、それもまたメキシコの現状をみる多様な視点である。さらに、本書で紹介されている北米自由貿易協定（ＮＡＦＴＡ）の改訂交渉や6年に一度の大統領選挙といった「歴史的な年となった２０１８年」の展開を追うテーマでは、最初に設定した「原稿〆切」をぎりぎりまで延ばしてまとめたことから、関連するいくつかの章の間で若干の時間差が生じている。また固有名詞や人名表記をできるだけ統一したが、「アメリカ合衆国」の国名表記が「米国」と「アメリカ」としても表記され、「ラテンアメリカ」も「中南米」という表記を使用している章もある。しかし、それぞれの分野で使用されるこの種の用語を編者は敢えて統一しなかった。さらに多様な分野の情報元がインターネットを含めて膨大なため、参考・参照文献欄にすべての関係資料を掲載することができなかった。これらの事情をご了解いただければ幸いである。

最後に、旧版に掲載された章とコラムを改訂版においてもそのまま掲載することを了承いただいた丸谷吉男先生（元国士舘大学教授）と高山智博先生（上智大学名誉教授）に感謝すると同時に、17名の原稿を手際よく整理し、写真・表・図版を丁寧に処理していただいた明石書店編集者の長島遥氏および本書の出版を勧めて下さった同社編集部課長の兼子千亜紀氏に、執筆者全員を代表して謝意を表したい。

２０１８年12月

編者　国本伊代

追悼の辞　初版から分担執筆者として参加いただいた、日本におけるメキシコ経済研究のパイオニア世代の丸谷吉男先生が、２０２２年6月28日に逝去されました。天国よりメキシコ経済の観察を引き続き楽しまれてください。

２０２３年9月　第２刷発行にあたって　編者

現代メキシコを知るための70章【第2版】

目次

CONTENTS

Ⅲ　国際政治とメキシコ外交

Ⅳ　国境の壁で分断されるメキシコと米国

Ⅴ　資源大国の経済運営

Ⅷ　メキシコにおける日本企業

Ⅸ 魅惑の文化大国メキシコの姿

Ⅹ 21世紀の日本とメキシコ ― 相互交流の実績と現況

I

現代メキシコへの招待

1

2018年のメキシコ

★地理と数字でみる「21世紀の大国メキシコ」★

国土面積・人口と経済規模・文化施設・芸術活動などからみるメキシコは、間違いなく世界有数の大国の1つである。約196万平方キロメートルという国土面積は世界13位、人口1億2351万人（2017年推計）は世界11位、国内総生産（GDP）で計られる経済規模は名目で192か国中15位（2017年）、購買力平価でみると11位となる。

日本の約5・5倍にあたるメキシコの国土は、温帯から熱帯地方にまたがる北緯32度から14度の間に位置し、山脈が複雑に交錯しているため、自然環境は緯度と地形と標高によって驚くほど多様である。国土の60％が山岳地帯で、標高5000メートルを超える高峰が3つあるほか、さらに4000メートル級の高山が7つある。環太平洋火山帯が海岸線に沿って走っているため、多発する地震による被害も少なくない。そして首都圏に近い活火山の1つには爆発の危険警報が頻繁にでる。また太平洋側とカリブ海側から来るハリケーンや台風がもたらす被害も少なくない。このようにメキシコは自然災害の多い国でもある。直近の過去約30年（1985〜2017年）だけでも自然災害で死亡した人数は1985年の9500人（同年世界3位）、

〈地図1〉　メキシコの地勢図

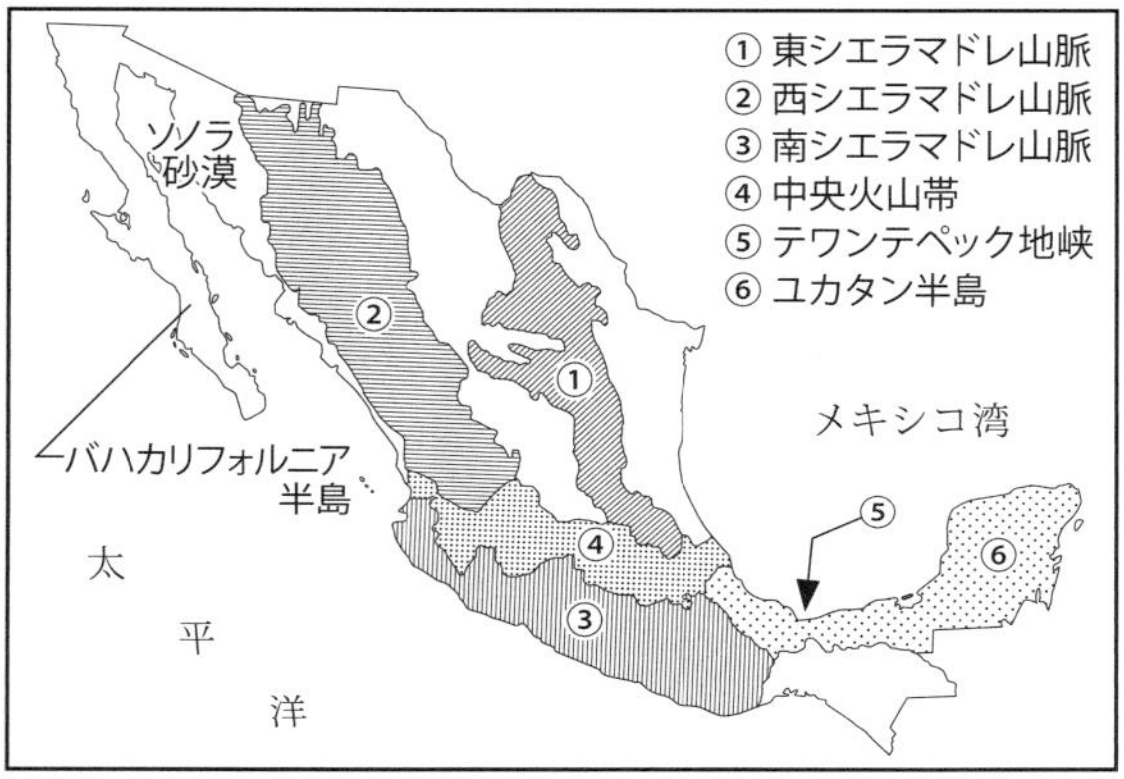

［出所］国本伊代『メキシコの歴史』（新評論 2002年）

２０１７年の４９８人（同9位）で、これらの年の自然災害被害者総数ではそれぞれ２１３万人強と１４６万人強であった。死亡者数や被災者数が災害規模に比例するわけではないが、メキシコは毎年中小規模の地震・ハリケーン・集中豪雨による洪水や干ばつなどの自然災害に見舞われている。

メキシコの広大な国土を理解するには、地図1でみる国土を分断している３つの大きな山脈と中央火山帯の配置に注目して眺めるとわかりやすい。国土を南北に二分している中央火山帯の北側には東シエラ山脈と西シエラ山脈が南北に貫き、その中間部は標高２０００～２５００メートルの高原台地となっている。この高原台地は乾燥した荒涼たる北部高原地帯と温暖な中央高原地帯に分かれており、各地に地峡や渓谷があり、山間盆地が点在している。国土の南西部を占める南シエラ山脈は太平洋岸にまで迫っている。中央火山帯から南および南東部に広がる亜熱帯と熱帯地方もまた、ユカタン半島と隣国グアテマラと国境を接するテワンテペック地峡を除くと、山岳・渓谷・山間盆地が複雑に交錯している。広大な平坦地が広がる南東部ユカタン半島は石灰岩からなり、土地がやせていて農業に適していない。メキシコの持続可能な農耕地は国土の10％ほどにすぎないが、この多様な自然とそこで育まれた歴史遺産はメキシコの貴重な観光資源となっている。

総人口の約48％が25～64歳の労働人口からなるメキシコは、活力あふれる国でもある。平均寿命は男性73・３歳と女性79歳で、65歳以上の高齢者が占める割合はまだ7・1％に過ぎず、人口構成は比較的若い。しかし人口増加率はすでに微増するレベルにあり、合計特殊出生率と呼ばれる1人の女性が生涯で産む子供の数は2・2人（2016年）にまで減少している。質を問わなければ、全国津々浦々に小学校があるといっても過言ではない。

また人口の都市化も進んでいる。都市化率の基準は各国が独自に定めるため国際比較は難しいが、メキシコでは集住人口が2500人以下を「地方」と規定している。しかし他方で日本の約5・5倍の国土に日本とほぼ等しい規模の人口が暮らすメキシコは、首都圏こそ人口2500万人規模とされているほど世界の巨大都市の1つとなっているが、総人口の94％が都市部で暮らす日本に対してメキシコの都市人口は総人口の約80％である（世界銀行統計）。そして都市部と地方の格差はあらゆる面で非常に大きい（5章参照）。

世界の先進国である米国およびカナダとメキシコの間で締結された1994年の北米自由貿易協定（NAFTA）によって、メキシコ経済が保護主義から自由主義経済体制へと大きく経済体制を変えてからほぼ四半世紀が経つ。この間に何度かの短期的な経済危機を経験したが、2010年代のメキシコは比較的安定した為替相場と安い労働賃金および米国に接しているという地理的条件が多くの外国資本を惹きつけてきた。この間の名目的な失業率は若干の変動はあるものの、1995年の最悪6・9％から2001年に記録した最低の2・5％までの間を変動している。常に女性の失業率の方が高い。しかし失業率の算定基準はメキシコの実態を示していないと一般的には考えられている。インフォーマル経済の中で働く労働者が労働人口の半数を占め、失業保険制度も整備されていない国の失業率を算出するのはほぼ不可能だからである。

しかし人々の暮らしは、一見モノにあふれた豊かさを享受している印象を受ける。物価は安定的に低く、国民生活は先進国の水準に及ばないとしても、最先端の電子機器の普及や自動車と公共交通手段の整備は少なくとも都市部では進み、経済発展の水準を目で確認することができる。国立統計地理情報院（ＩＮＥＧＩ）が２０１８年2月に発表した情報機器関係の普及状況の調査によると、電力の普及率１００％、テレビの普及率92％、６歳以上の人口のインターネット利用率60％、携帯電話の普及率は90％であった。それだけではない。首都メキシコ市における博物館の数はパリに次いで世界第２位であり、ユネスコに登録された世界文化遺産の数は34にのぼる（世界第7位）。ノーベル賞受賞者も、１９８２年の平和賞のアルフォンソ・ガルシア＝ロブレス（18章参照）、90年の文学賞のオクタビオ・パスおよび95年の化学賞のマリオ＝ホセ・モリーナの3名を出している。

21世紀のメキシコ社会は多民族・多文化社会である。総人口の60～70％がさまざまな組み合わせの混血で構成されているとされるが、ヨーロッパ系白人が15％、オリヒナリオ（原住民）とも呼ばれるスペイン人による征服以前からこの地で暮らしていた先住民の子孫は総人口の10％前後を占めると推計されている。さらに植民地時代にアフリカから強制的に連れて来られたアフリカ人の子孫が５％前後を占め、移民として入国したヨーロッパ・中近東・アジアの各地から移住してきた移民の子孫などが合わせて約5％となっている。世界中から渡来して定着した移民の子孫からなる「外国人移民社会」は人口では絶対的少数派である一方で、人口比率からは想像できないほど大きな存在となっているのが21世紀のメキシコの多民族・多文化社会の特徴でもある。この19世紀後半に始まる定住歴の長い移民社会は、５世や６世の時代になっても、その独自性を保っている。

（国本伊代）

2

変貌した2010年代の社会

★グローバリズムがもたらした生活環境の変化★

1990年代から自由主義経済政策に基づくグローバル化が急速に進んだメキシコでは、2000年の歴史的な政権交代後の国民行動党（PAN）政権による2期12年間を経たのちに返り咲いた制度的革命党（PRI）政権（2012～18年）を合わせた18年間に、社会経済の様相が大きく変化した。

国全体でみると、首都圏だけでなく地方都市部のインフラの整備が進み、バスターミナルや官公庁舎の近代化、病院・学校・文化施設・公園などの整備も進んでいる。同時に、外国資本の進出は、庶民の日常生活に欠かせないスーパーマーケット、ガソリンスタンド、商業施設から娯楽施設にまで及び、近代的な設備とサービスによって都市部における生活環境は激変したといっても過言ではない。本書ではメキシコの国立統計地理情報院（INEGI）の定義に沿って人口2500人以下の集住地点を「地方」と呼び、それ以上の人口集住地区を「都市部」とするが、大・中規模の都市部ではショッピングモール、大型ショッピングセンター、コンビニエンスストア、ハンバーグやピザのチェーン店、スターバックスに代表される洒落た開放的なコーヒー店があちこちに出現している。使い勝手の悪い伝統的な食品・雑貨店も残っているが、大・中規模の都市部に進出した外資系ウォルマートのような大型スーパーチェーン店の店内は広く、日本の小さなカートからは想像もできない大きなカートを押してさまざまな加工食品・生鮮食品・雑貨商品を客が手に取って選んで購入する様子は、米国のスーパーストアとあまり変わらない。これらの店舗の生鮮食品は伝統的な店の商品より質がよく、値段もあまり違わない。

　同時に、情報革命の波は地方にまで届いている。１章で紹介したように、電気は世界の国のほぼ過半数がそうであるように国民の１００％に届いており、家電製品はもとよりテレビの普及率も高い。インターネットやスマホの普及率はこの数年で急速に伸びた。人口のほぼ90％が所有するという携帯電話の普及率は高止まりである一方で、スマホの普及率もこの3年ほどの間に倍々ゲームで普及してきた。ゲームセンターのような娯楽ビジネスが定着し、奥地集落や都市部の貧民街を歩かない限り、メキシコ国民の半分が貧困層に属すると分析する統計を信じることは難しい。

メキシコ市内の地下鉄でスマホに夢中になっている女性通勤者
（筆者撮影　2018年）

　しかしこのような先進諸国に劣らぬ生活環境の魅力的な側面を享受するのは人口の半分ほどであろう。なぜなら２０１７～18年の国民のほぼ半数は生活必需品が買えるぎりぎりの収入で暮らしているからである。また同じ資料によると、２０１６年の推定人口（1億2232万人）の約23％は過疎地である人口２５００人以下の地方の集落で暮らしているため、携帯電話やテレビの普及が進んでいるとしても、外資による新しいタイプの商業施設や娯楽とは程遠い生活環境にあるはずである。

それでも、少なくとも首都圏の庶民の服装にも大きな変化をみることができる。数年前までは普通にみられた、幅の広い地味な色柄の大きな布でできたレボソで朝夕の肌寒さをしのぎ、小さな子供をすっぽりと包んで背負う伝統的な女性の姿は、ほとんどみかけなくなってしまった。そして最も象徴的な変化は、先住民の伝統的な衣装を身に着けた女性たちの姿が首都圏ではめったにみられなくなったことである。庶民が利用する地下鉄では、男性のスーツ姿や女性のスカートとヒールの姿はほとんどみかけない。市場にあふれている安い外国製の衣料品が庶民の姿を変えてしまっている。ジーンズにシャツやブラウスといったラフなスタイルとデイパックという姿に変わっている。

しかし急速なグローバル化は社会構造そのものにも大きな影響を与えている。かつての中間層は二極に分割され、中間層の下位グループが限りなく貧困層に落ち込んでいるからである。急速に進化する高度な技術と専門知識を持たない者たちは最低賃金レベルの生活に追い込まれ、経済的な格差社会が21世紀に入って拡大し続けている。3章で紹介する四半世紀にわたって停滞し続けた経済成長と実質最低賃金の推移がこの格差社会を示している。かつて中間層に属し、それなりの豊かさを実感していた人々の中でも競争力を持たない者は、たとえ大卒であっても低賃金の職場で働かざるを得ず、さらに中年期にある程度の豊かさを経験して高齢期に入った者たちは、予想もしていなかった生活環境の悪化に直面している。中間層の50代と60代の年齢層は長寿化した社会の中で5~6名の兄弟姉妹が分担して老親の介護を引き受けているが、平均2・2人の子供しか持たない自分たちの世代が老後を子供に託すことはほとんど不可能な時代になったことを実感できないでいるからだ。自分たちの老後の設計もままならぬ中で2〜3名の子供たちに教育・生活資金の援助を続け、子供たちが中間層にとどまるよう支え続けている。一方、この中間層に属する若い世代の約3割が「ニィーニィー族」とも呼ばれる学業を放棄しながらも働かず親に依存して暮らしており、政府や専門家たちは若者たちの自立に向けたプロジェクトを企画して、将来を担う世代の自己責任に警鐘を鳴らし続けている。

他方、外資が進出したさまざまな分野の商業施設では、サービスの在り方が驚くほど大きく変わった。客が商品を手に取り、品質を確認して選ぶことを認め、広いスペースに多種多様の商品を並べた店内は開放的である。同時に、地域社会への貢献と客へのサービスとして導入している買った商品を袋に入れるサービスに、高齢者を積極的に活用する政策が首都圏だけでなく地方でもこの数年で目立つようになった。チップをはずむのが常識の社会では、年金で暮らしていけない高齢者がかつては子供たちがやっていたこの作業を引き受けているのだ。首都圏の大手チェーンスーパーストアでは男女とも制服は支給されるが手当は一切出ない。しかしこの作業は高齢者の間で人気があり、順番待ちの状態である。丁寧に買い物袋に入れる作業は1日3時間ほどだが、その間に得られるチップは最低賃金(2018年の最低賃金は1日83ペソ=約500円)の半分以上になるという。店舗側は募集に際して「近隣に住む60歳以上」であることを証明する公的書類の提出を求め、仕事の順番が来ると一定の訓練を与えて店内で働くことを認めている。高齢者が子供に老後を託すことの不可能さを認識した結果であるのか、企業側の低賃金の使い捨てのサービス労働力としての制度なのか、あるいは民間企業の社会的使命として採用しているのか、おそらくこれらの要素が合致して採用された仕組みなのであろう。

(国本伊代)

3

岐路に立つメキシコ経済

★経済成長の低迷と「失われた30年」★

メキシコは「20世紀の大国」と言われ続け、1994年には世界の「先進国クラブ」とも呼ばれる経済協力開発機構（OECD）にラテンアメリカで最初の国として加盟した。しかし1982年の対外累積債務のデフォルト（返済中止）に端を発する深刻な経済危機を経験し、混合経済体制から自由主義経済体制へと大きく舵を切り替えたメキシコ経済が2018年までに歩んできた30年以上にわたる過程は、ごく少数の大金持ちを出現させた一方で国民の半数が貧困状態にとどまるという結果をもたらした。カリフォルニア大学教授が書いた『なぜ少数の金持ちがいて、国民の多数は貧しいのか』（Ruiz著）という本が貧富の格差の大きい、いつまでたっても豊かな国になれないメキシコの問題を解説して話題を呼んでからすでに8年が過ぎる。そして国民の半分が貧困状態で暮らすだけでなく、権力者たちの汚職・腐敗のすさまじさと治安の極度の悪化が進む一方で、他のどの先進諸国にも劣らない超近代的で豊かな一面を保ち続けているのが2018年のメキシコである。

メキシコは1990年代に保護主義から自由主義経済へ大きく舵をきり、1994年に発効した北米自由貿易協定

〈グラフ1〉メキシコの経済成長率と実質最低賃金増減率の推移

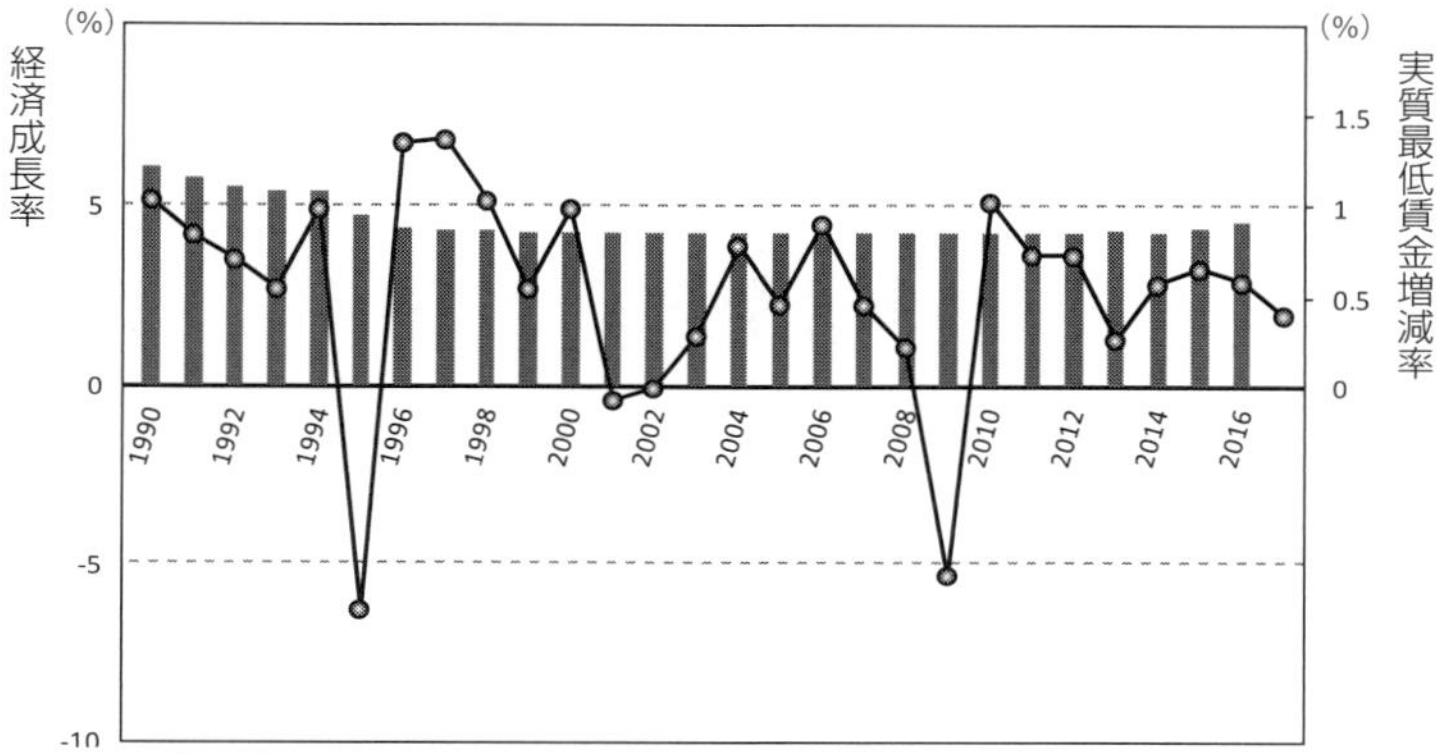

［出所］ —○— 経済成長率（%）（IMF 統計）
時給ベースでの法定最低賃金を2015年物価基準で調整した実質賃金の増減率の推移（%）（OECD 統計）

（NAFTA）によって経済開発を促し、一定の成果を上げたとされている（28章参照）。しかしグラフ1でみるように、経済成長率は低レベルで乱高下し、この間の平均成長率は1・4％に過ぎず、経済は低迷を続けている。貧富の格差拡大、恒常的に低レベルの正規雇用、購買力の低減など、国民生活の視点からメキシコ経済を分析した経済学者たちは、1980年代半ばから2016年にいたる過去30年間をメキシコの「失われた30年」と呼んでいる。メキシコ国立自治大学（UNAM）の経済学部学際的研究センター（CAM）の研究グループは、1987年から2017年の約30年間に国民の生活必需品をベースにした購買力は累計で80・8％失われたと試算した。ぎりぎりで食べて暮らせる2018年の最低賃金は1日83・3ペソである（約550円）。なお無年金の高齢者に給付される「食料年金」と呼ばれる給付金額月1200ペソを2倍に引き上げて最低賃金並みの「食料年金」にすると公約したのが、次期大統領ロペスオブラドールである。

他方で、先進諸国も驚くような高収入の高級官僚や政治家と世界的大富豪が存在する。2018年のメキシコが直面している問題は、労働人口の約60％が社会保障制度の網から漏れたインフォーマル経済で働く一方で、正規雇用の労働に従事する労働者の実質賃金がこの四半世紀間に上昇するどころか低減し、先に挙げた特権層とその周囲の一部との間の貧富の格差が絶望的なほど拡大してしまったことである。富裕層の財産を正確に知る手段はない。もっともメキシコ市内の高級住宅街と庶民が暮らすアパート団地、さらに貧民街は、外観からだけでもその格差を推定することは可能である。富裕層は住み込みの家事使用人を複数雇い、その行動範囲が庶民の行動範囲と交わることはほとんどない。そして長年指摘されてきている高級官僚や政治家の高所得は、中間層の年収の20倍以上に上るほかにさまざまな特典を有している。ロペスオブラドールは「大統領の給与を7割カットし、議会議員と高級官僚の給与と諸手当を大幅に引き下げる」ことを公約にして２０１８年7月1日の選挙で当選した。憲法１２７条に、「何人も最高権力者（すなわち大統領）より高い給与を受け取ることはできない」という条文があり、上下両院議席で過半数を占めた次期政権与党が9月1日に会期が始まる連邦議会上院に与党の改正案として出すことになっていることから、実現の可能性はあろう。

低迷した経済成長率ではあるが、経済構造は若干変わった。１９９５年と20年後の２０１６年の国内総生産（ＧＤＰ）に占める各経済活動分野が占める割合を比較した資料によると、激変したのは農・水・林産業と小売・卸売・飲食・宿泊部門である。２０１６年における農水林業がＧＤＰに占める割合は１９９０年の半分以下となり、小売関係部門ではほぼ3分の1となった。いずれも輸入による国内産業の大幅な後退を示している。建設関係は1・8倍に増大したが、製造業と運輸通信部門のＧＤＰに占める割合は過去30年間低調のままであった。これらの数字を改めて従事する労働人口から

〈表１〉メキシコの経済構造の変化（就業人口比率％）

年	第１次産業 *	第２次産業 **	第３次産業 ***
1991	26.8	24.3	50.1
1994	25.3	22.0	53.4
2000	17.3	27.9	55.3
2010	13.9	25.2	62.0
2016	12.9	26.8	61.4

*　15歳以上の有給就業および自営業での家族従業者。農林水産業を含む。
**　製造業・建設業・水道事業・採掘採石事業を含む。　*** 医療・教育・行政を含む。
［出所］ILO 資料。

みると（表1）、農水林業部門にあたる第1次産業では１９９１年の就業人口の26・８％から２０１６年には12・９％と半減している。しかし、製造業を含む第２次産業とサービス産業の第３次産業は同年比でそれぞれ24・３％から26・８％、50・17％から61・４％へと微増しているに過ぎなかったことがわかる。

１９９４年1月に発効したＮＡＦＴＡがメキシコにもたらしたものは、輸出のほぼ80％を米国に依存し、石油と電力を除く主要産業のほとんどが外国資本と民族財閥の支配下に入り、国営企業の民営化によって誕生した大富豪が世界の大富豪のリストに挙がる一方で、労働者の賃金は30年以上にわたって停滞し、極端に開いた格差社会であった。そもそもＮＡＦＴＡはメキシコ経済を豊かにするどころか「メキシコを米国の下僕にした」のである（Ruiz 2010）。現時点で米国とメキシコの一般労働者の賃金には15対1ほどの開きがあり、安い労働力を使う製造業にとってメキシコは魅力的である。また1億を超す人口規模と一定水準の教育を受けた人口をもつメキシコは、外国資本にとって進出に値する国であり、将来的には有望な市場でもある。このような現実を熟知しているメキシコ側も自らを変えて、米国に翻弄されることなく自立に向けた構造改革に取り組もうとしている。

（国本伊代）

4

拡大した階層間格差

★貧困率60％の社会の姿★

社会の貧富の格差を比較するジニ係数というものがある。グラフ2で示したジニ係数の推移では、2016年までの過去30年間のジニ係数は最良の2016年で0・43であり、この間の最悪の数字は1994年の0・52であった。ジニ係数は、完全に均等な場合を0とし、1に近づくにつれて不平等性が高まることを示す、不平等差を客観的に分析・比較する場合に使用される指数である。ただし所得の偏在を示す数値の計算方法にはいくつかあり、とくにメキシコのようにインフォーマル経済が労働人口の半分を占めている場合、1つの目安にすぎない。なお指数が0・5を超えると慢性的に暴動が起こりやすいレベルとなり、2016年のメキシコの0・43という指数は「社会騒乱多発警戒レベル」にあるとされる。

メキシコは、ほぼ500年前に始まるスペイン植民地時代から1821年の独立を経て今日に至るまで、経済的・社会的・文化的に明確に区分された階層社会であり続けてきた。300年に及ぶスペイン植民地時代に形成されたメキシコ社会は、スペイン人の支配層とその他の被支配層に明確に二分され、後者の被支配層はさらに「動物」に等しい扱いを受け続けた先住民

〈グラフ2〉ジニ係数の推移

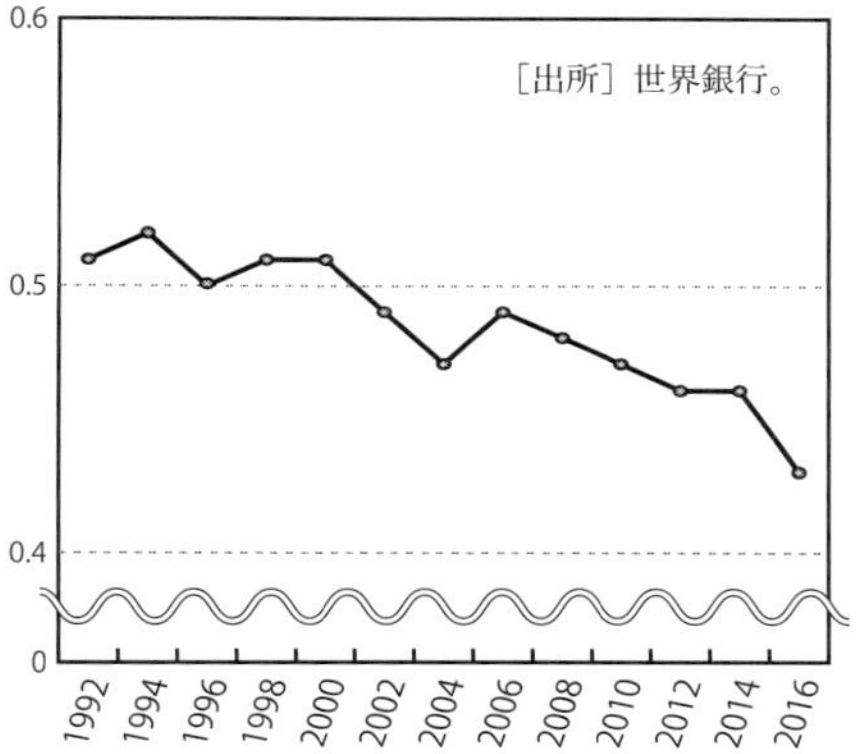

［出所］世界銀行。

とアフリカ系黒人奴隷に分かれていた。その中間に位置したのがスペイン人の血を受け継ぐ混血人種メスティソである。加えて、カトリック信仰と男性優位の伝統およびそこから派生する社会規範が20世紀を通じてほぼ保持され、21世紀においても階層間の物理的・意識的・文化的な格差と差別は存在する。

しかし19世紀末から20世紀初頭の経済発展期に中産階級が形成され、１９１０年に勃発したメキシコ革命を経た20世紀後半に実現した高度経済成長期には、中間層が大幅に拡大した。この中間層は最盛期の１９６０〜70年代には人口の40％に達し、先進諸国の中産階級に劣らぬ経済的繁栄を享受した。しかしこの中間層であっても、上層階層の豪華な暮らしぶりは垣間みる以外、実体験することはあり得なかった。そして80年代の経済危機と90年代に本格化した新自由主義経済政策によって変貌した21世紀のメキシコ社会は一握りの富裕層が富を独占する一方で、生活必需品を十分に取得できない貧困層が国民の半数に達している。そして一度は先進諸国並みの豊かさを享受した中間層が、21世紀に入ってからは限りなく貧困層に近づいている。世界銀行のまとめた資料によると、２０００〜12年の間にメキシコの貧困層は30％から40％に拡大したとされ、２０１７年の統計数字では国民の約5割が貧困層に分類されていた。その日の食事にも事欠く極貧層と食べていけるぎりぎりの暮らしをする層と定職を持ちながらも国が定める最低賃金レベルで暮らす人々を合わせると、国民の6割近くが貧困層に入るという算定もある。

経済格差の拡大は新自由主義経済体制が世界を支配した20世紀末から世界中の国々が陥っているもので、メキシコだけが突出しているわけではない。欧米に高級別荘と金融資産を所有し、メキシコ国内では高級住宅地に豪邸を構えて暮らす富裕層の住む世界と中間層以下の庶民が暮らす世界が交差することはほとんどない。複数の住み込みの家事使用人を使って暮らす富裕層には、多数の政治家や成功を収めて経済界を牛耳る実業家および麻薬取引など闇の世界で儲けて暮らす人々が多い。これらの中間層中位以上の人々の暮らしは自家用車を複数保有し、アメリカ式の生活を維持している。中間層中位の人々は、どのように苦しくとも車を購入し、子供を小学校から英語教育のある私立学校に通わせ、水泳教室や音楽教室、さらには中間層であることを誇示できる社交生活を維持しようとする。しかし富裕層には負担にならないとしても、大卒の一般職の初任給にあたる金額に匹敵する授業料を払って有名私立学校に子供を通わせ、米国の大学へ通わせる富裕層とそれができない中間層以下との間には、絶望的な格差がある。

しかも国が定める最低賃金が保障されている定職についているのは恵まれた人々である。最低賃金は従来全国を3つの地域に分けていたものが一本化されて1日83・3ペソとなった2018年8月の時点でのドル換算では約4・6ドルであり、米国の時給の半分にも満たない額である。すなわち時給は州によって異なるが米国の平均的な日給最低賃金の15分の1にもならない。メキシコで稼げることの最低賃金は、技能を持たず義務教育中退レベルの労働者が得られる賃金で、ごみ処理や工事現場に入ったばかりの労働者の得る賃金である。しかし最低賃金であっても、フォーマル経済で働ける人々はまだましである。医療を無料で受けられる健康保険と将来の年金受給につながる正規定職者となるからである。

しかし労働人口の6割は社会保障の網の外であるインフォーマル経済圏で働いている。インフォーマルであるがゆえに統計数字はなく、その暮らしについてはさまざまな形で紹介されている実態から推測する以外にデータはない。約30万人が働くメキシコ市内の建設工事現場の労働者の半分はインフォーマルな扱いで社会保障の網から外れた労働者であり、過半数は小学校中退の就学経験しかないと報道されたことがある。現在でも増え続けている家事労働者は女性の働く典型的なインフォーマル経済の労働者で、最低賃金を得ることすら難しい。それでも地方から大都会に出稼ぎに出て家事労働者となり、さらに北の豊かな米国社会へ潜り込むことを夢みている。義務教育すら終了していないこのレベルの下層で暮らす人々に階層社会を昇る道がないわけではないが、大多数の下層社会で生まれ育った者たちは親と同じ道をたどる。

経済力によって5段階に分けられた階層のうち上位20％の家庭に生まれ育った子供の約53％は大人になってもその地位にとどまり、最下位20％の家庭で生まれ育った子供が大人になって最上位20％に仲間入りする割合は2・1％であるという研究がある。そしてこの最下位に生まれ育った子供の50％は親と同じ環境にとどまるという。この貧困の悪循環から抜け出すことの難しさはメキシコだけの問題ではない。社会的流動性が世界で最も高いとされるカナダの場合においても、最下位20％の家庭で生まれ育った子供が最上位20％へ社会上昇を果たすのは最高13・5％に過ぎない。2・1％のメキシコは極度に流動性の低い国の1つとなっている。

（国本伊代）

5

階層社会と地域格差

★近代民主国家になれないメキシコの理由★

４章で紹介した階層間の格差社会を、ここでは地域格差の視点から紹介しよう。メキシコは各州が自治権を有する連邦制度をとっているが、実質的には中央集権国家であった。21世紀に入って成立した国民行動党政権（２０００～12年）の下で、分権化を進める法整備が取り組まれた。しかし分権化はまだ緒についたばかりで、首都メキシコ市を含む32の州（メキシコ市を州として扱う）の間にある格差は極めて大きい。

21世紀初頭までの71年間メキシコを統治してきたのは、「メキシコ革命」（８章参照）の理念を引き継いだ制度的革命党（ＰＲＩ）である。ＰＲＩ統治の下で大きな社会の変革を成し遂げたメキシコは、多くのラテンアメリカ諸国が繰り返し経験してきたクーデターによる政権交代を一度も経験せず、革命を制度化することに成功した例外的な国である。その結果、71年という長期にわたるＰＲＩによる一党支配体制の下で、広大で多様な国土と歴史を持つ32の州を「メキシコ合州国」として統合することに成功した。しかし各州が自治権を有する連邦制とはいえ、各州の独自の財政基盤は弱く、連邦政府から分配される予算を執行する州知事独裁体制であることは現在でも変わらない。そのような政治環境の中で州知事が地元住民のための施政に取り組むことは珍しい。長年の慣行で築き上げた人間関係の中で政権交代が行なわれ、州内の実情に無関心な州知事の下で利権を漁る政治家たちが連邦政府から引き出す財源の多寡で州民は知事の能力を評価する。一方、財源を握る連邦政府は、「中央」と「地方」の政治家たちの連携による公金横領と汚職と腐敗の横行に対して有効な監視・監督をする行政力を持っていない。

メキシコ大学院大学（ＣＯＬＭＥＸ）の研究によると、メキシコは世界でも国内の地域格差が最も大きな国の１つであり、この地域格差が階層間格差と共に社会の流動性を阻害している要因になっているという。社会の流動性はその国の民主度を示す指標の１つでもあり、富の分配と機会の均等を欠くメキシコ社会の硬直性が民主主義の発展と経済発展を阻害する格差社会の是正を拒んでいるのである。メキシコの地域格差は階層間格差と同様に、長い歴史の遺産であると同時に、国土の多様性からくる要素も多い。

州レベルの格差をもたらしている要因には、第１に富を生み出す資源の有無にあり、第２に政治経済を運営する人的資源の有無にある。そして第３に住民の民度と政治家のモラルの問題である。そして第４として挙げるべき要因は、貧困の代名詞でもある先住民人口の存在である。

第１の要因の自然環境と資源については、グアナファアト州を興味深い例として挙げてみよう。荒涼とした半砂漠地帯に位置し、定住する先住民すら存在しなかった地域で発見された銀鉱の開発で栄えたグアナフアト地方は、銀鉱脈の枯渇とともに過去の栄華を失って貧しい地域に変貌し、米国への出稼ぎ移民を送り出す地域となり、そして21世紀には州独自の政策によって「メキシコの工業化モデル

〈地図2〉 州別にみる貧富の格差（CONEVALのデータに基づき筆者作成）

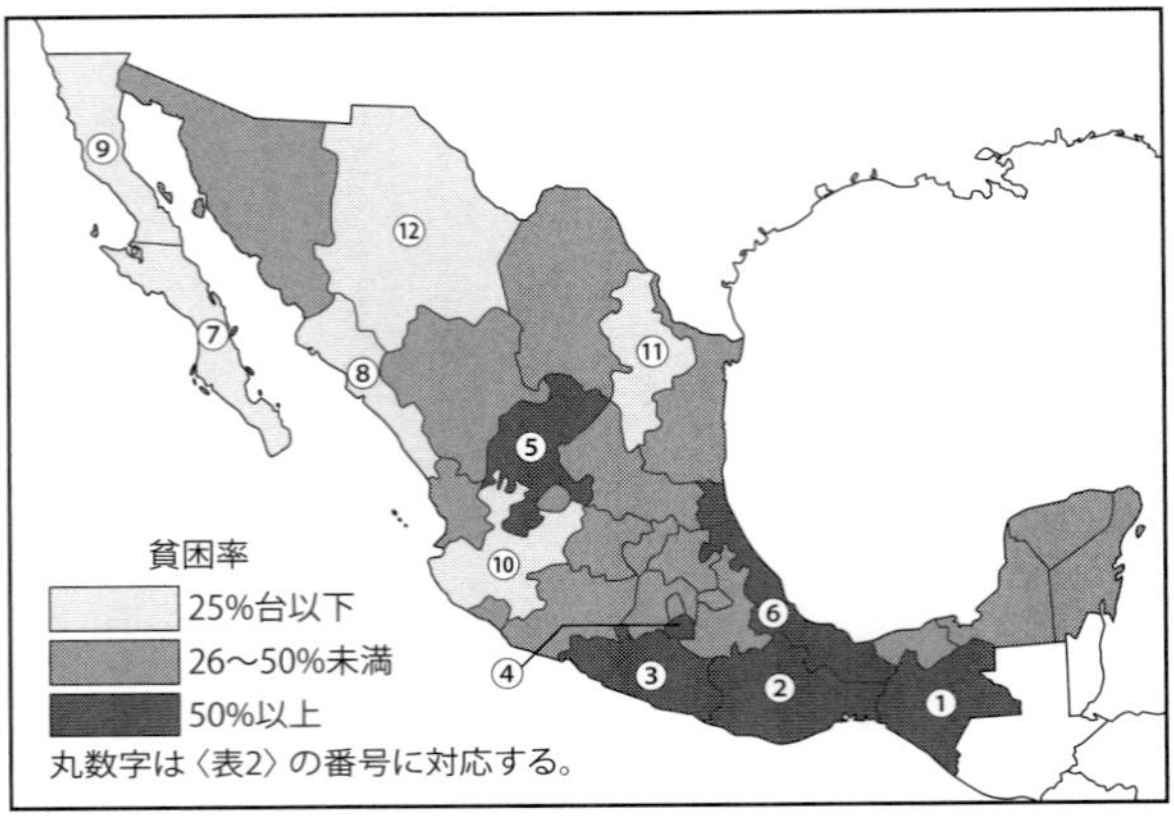

地区」とまで呼ばれるようになった州である。

第2の要因は、有能な若い世代の多くが地方から都心部へ移動する、いわゆる「頭脳流出」によって発生する地方に共通した問題である。その結果、地方は地域に根を張る政治権力を握る特定のグループが支配し、一族・仲間を持たない外部の人間が改革の政治を行なうことは難しい。第3の民度とモラルの問題は、メキシコ全体の社会の在り方にかかわるものであり、地方が都市部より硬直性と旧態依然の慣習がより強く残っているという点が焦点となろう。

第4の先住民の存在にかかわる問題は、9章で取り上げられているようにメキシコの歴史遺産である。地域によって人口の規模に大きな差があり、言語による分類だけでも60以上の部族社会が独自の慣習と伝統を保っている先住民社会は、一般のメキシコ社会とは一線を画した存在となっている。連邦政府によるさまざまな支援策が行なわれてきたが、21世紀においてもメキシコ社会の先住民の大半が最貧層に位置している。このため先住民社会が存在する地域は必然的に経済社会水準で比較すると低位に位置することになる。

次にメキシコ国内の地域格差について、貧富の差を計る各州の住民の労働収入格差からみてみよう。社会開発政策評価国家審議会

〈表2〉州別にみる貧富の格差

貧困層 50% 以上の州			貧困率 25% 台以下の州		
州名	地図上番号	貧困率 *（%）	州名	地図上番号	貧困率 *（%）
チアパス	①	68.3	南バハカリフォルニア	⑦	19.2
オアハカ	②	63.7	シナロア	⑧	22.5
ゲレロ	③	63.1	バハカリフォルニア	⑨	22.9
モレロス	④	53.2	ハリスコ	⑩	23.7
サカテカス	⑤	52.1	ヌエボレオン	⑪	25.2
ベラクルス	⑥	51.5	チワワ	⑫	25.6

* 2018年第1四半期における州別労働人口に占める貧困層の割合。
［出所］CONEVAL、2018年資料より筆者作成。

（CONEVAL）が２０１８年2月に発表した資料によると、２０１８年第１四半期における州別でみる労働者層の賃金の比率では最低賃金で働く労働人口の割合が最も高いチアパス州は68・３％であり、最も低い南バハカリフォルニア州は19・２％で、３・６倍の開きがあった。全国的なレベルでみると、働く人口の39・１％は生活に必要な最低の食料品を買うことのできない収入しか稼げないとされる。

全国32州を住民の収入によって３つに区分したのが地図２である。チアパス州をはじめとする南部３州が際立って貧しく、米国と国境を接する北部諸州は貧困労働者率が低い。米国と接する北部諸州の労働賃金が高いのはマキラドーラと呼ばれる保税加工制度による工場地帯が設定されてからすでに半世紀を経ており、欧・米・アジア諸国の工場が進出しており、労働環境が南部と著しく異なっているからである。他方、南部の貧困度の高い諸州は先住民の集住地点がより多く点在する地域でもある。先住民の存在が経済的豊かさに関する州差と強い関連性があることはさまざまな分野で検証済みである。先住民の自治権が憲法で保障され、言語の保全や伝統文化から慣習法に至るまで少数民族の権利を尊重する法整備はすでに出来上がっているが、先住民が最貧グループに占める割合は高い。

（国本伊代）

6

メキシコの汚職文化

★権力者の汚職に寛大なメキシコ国民★

公職にあり権限を有する者がそれを利用して、あるいは利用されて、たとえそれが周囲の忖度に基づくものであっても、さまざまな便宜や利益を得ることを「汚職」と総称するなら、メキシコの社会はまさに「汚職文化」の世界であるといっても過言ではない。コラム２では、この汚職の「最悪の例」の１つが紹介されているが、本章では２０１８年の総選挙の選挙運動で暴露された興味深い例を中心にメキシコの汚職文化を紹介しよう。

大統領選挙で国民行動党（ＰＡＮ）が擁立した39歳のリカルド・アナヤ候補は、前歴がＰＡＮ総裁代行で、連邦上院議会1期6年を務めたことのある生粋のＰＡＮ党員であり、弁舌のさわやかな若手政治家として選挙戦では当初の支持率が1位であった。しかし地元ケレタロで古い倉庫の建つ広大な敷地を低額で購入し、それを約5倍の価格で第三者に売ったが、それが幽霊会社であることが判明して、選挙戦後半ではこの「資金洗浄」が対立候補者をはじめ広くメディアから攻撃された。この事件はビデオに証拠が残っているにもかかわらず、アナヤ候補は途中で選挙戦から退去することなく強弁で抵抗し、投票では惨敗して大統領の座を得ることはできなかった。しかし選挙後2か月が経つ9月初めの時点でも、アナヤ候補の資金洗浄という不正問題はその後の調査報告もなく、メディアも国民も追及することなく泡のように吹き飛んでしまったところに、メキシコにおける腐敗と汚職がはびこる「文化」がある。特徴は、誰もが知っているが、選挙戦における状況以外では、誰もそれに触れることなく、誰もわかっていても最終的にはうやむやになってしまうことであろう。

一方、元チワワ州知事と前ベラクルス州知事は、ともに２０１０〜16年にかけて有力な州のＰＲＩ政党に所属する知事として辣腕を振るったが、同時に汚職関係でも類をみない「完全なるＰＲＩ政治家」と揶揄《やゆ》される州知事として知られている。共に検察による捜査の手が入り、公金横領や便宜供与と収賄罪で訴追された。前者は本人が米国へ逃亡しており、判明した資産の没収は行なわれたが、本人の逮捕には至っておらず、米国内で自由に豪華な生活を続けている。現ＰＲＩ政権が逮捕送還の手続きを米国側に要請しないからである。後者の場合には任期終了の2か月前に逮捕されて監禁されているが、それ以上の進展はない。これらの元州知事たちが汚職によって得た蓄財とその手法は驚くような内容である。しかし一時的にメディアで取り上げられ、国民が知ることになっても誰も驚かず、政治家とはそのようなものだと受け止めていることの異様さに驚かざるを得ない。ＯＥＣＤの公的機関に対する世論調査によると、メキシコ国民の80％以上が政治家を信用しないという結果が出ている。さまざまな公的機関で最も信用度のないのが政治家なのである。

先に紹介したチワワ州知事は連邦政府の資金を流用して賄賂を受け取って私腹を肥やし、広大な農園を6つ所有し、絶滅危惧種に指定されている珍獣や植物を収集した動物園と植物園を自分名義の大農場につくっていたことなどが明らかにされた。動物園には巨大な象やライオンからアマゾン地域やアフリカの一部、そしてアンデス地域にしか生息していない珍獣が飼われていた。これらの動物を飼育するだけでも日常的に相当の資金が必要であることは疑いの余地はない。地元では誰もが知っていたが、誰もが当たり前のように受け止めていた。明らかになったのは、２０１２年の総選挙で州知事が莫大な公金を大統領選挙資金へ流用したことが対立候補者から攻撃されて発覚したからである。元チワワ州知事は任期を満了していることから、米国へ逃亡してしまった本人の追及を現政権が真剣に取り組むことはない。メキシコ政府は「逮捕強制送還」を米国側に求めることなく現在に至っている。

前ベラクルス州知事のケースも、選挙運動資金の追及の過程で暴露されたことから国民が知ることになった事件である。ベラクルス州知事の座は2期12年にわたって国民行動党（ＰＡＮ）が占めてきたが、２０１２年の選挙で現政権の制度的革命党（ＰＲＩ）から立候補したハビエル・ドゥアルテが12年ぶりにＰＲＩ知事の座を奪還したものである。ドゥアルテは、スペインのマドリド・コンプルセンテ大学の経済学博士号を持つ若手高級官僚で、州財務企画省大臣を経てベラクルス州知事選挙にＰＲＩ候補として擁立された。そして37歳の若さで州知事に就任した。しかし州知事の任期満了を2か月残して休職し、姿を消して隣国グアテマラで逮捕されて送還され、現時点では刑務所内で暮らしている。チワワ州知事とベラクルス州知事に対する連邦政府の対応の差は、任期を終了した元知事か現役知事であるかの違いと、後者が汚職・収賄・不正蓄財の他に殺人事件への関与があったことが連邦検察庁とインターポール（国際警察機構）を動かしたことにある。写真はベラクルス前州知事の汚職の実態を取り上げた『ドゥアルテ——完璧なＰＲＩ党員』というタイトルの２０１７年に出版された、ベテランのジャーナリストが書いた本の表紙である。汚職・収賄・公金横領と流用は当たり前で、さらに驚くような蓄財の手法が生々しく紹介されている。しかも現役時代の知事の行政手腕は高く評価されており、ベラクルス州経済の近代化と効率化に大きく貢献し、表彰されたことのある事実も記されている。さらにメキシコの主要港であるベラクルス港の港湾施設の近代化に参入した多国籍企業の絡む賄賂には、国際的に悪名を流したブラジルの大手建設会社オデブレヒトから多額の金品があることも明らかになっている。

元ベラクルス州知事の汚職の実態を追った話題作の表紙（筆者撮影）

コラム2で紹介されているメキシコ石油公団（PEMEX）の労働組合（STPRM）や教職員組合（SENTE）などの有力な労働組合の書記長を頂点とする「労働組合貴族」と呼ばれる一部のリーダーの長期支配が恒例となって、汚職の根源となっている。2017年12月26日の『ラホルナーダ』紙が、ほとんどの労働組合の役員は実質的に永年制となっているとし、いくつかの長期書記長の存在を報道した。そして「労働組合貴族」が絡む汚職の実態もまた深刻である。

（国本伊代）

7

幸せを感じて暮らすメキシコ人

★アンケート調査から読むメキシコ人像★

国立統計地理情報院（INEGI）の統計では、その日の食物が何もないということはないとしても、必要なものを手に入れることがほとんど不可能な「ぎりぎりの生活」をしている人口を貧困層と捉え、総人口のほぼ半分がこの分類に入るとしている。しかしINEGIが2018年1月に実施した18歳以上の国民の「生活全般に関する満足度」に対するアンケート調査では、回答者のほぼ85％が自分の生活全般に満足していると答えている。32州（首都メキシコ市を州として含める）のうち満足度が一番高いメキシコ市の90・9％から一番低い南部オアハカ州の74・9％まで幅があるものの、この20年以上にわたって社会を揺るがし、政治を不透明で不安にしている麻薬犯罪組織の絡む殺人・誘拐・強盗・ゆすり・たかり・盗難などによる治安悪化が極度に達し、さまざまな統計資料で「世界で最も治安の悪い国の1つ」に挙げられるメキシコで、国民の大多数は現状での生活に自分が幸せであると感じながら満足して暮らしていることになる。

INEGIの調査は、①人間関係、②仕事と活動、③住居、④健康、⑤人生における何らかの達成感、⑥将来への展望、⑦生活水準、⑧近隣関係、⑨自由時間、⑩居住する自治体、⑪国、⑫治安の12項目で、その満足度を４段階で尋ねている。非常に満足、満足、不満、非常に不満の４段階で、先に挙げた①から⑧までの項目は「満足」となっている。治安と国に対する項目だけが不満となっている。

さらに興味深いのは、４段階に分けた年齢層別では18〜29歳の若い世代の85％が現在の生活全般に満足していていているという事実である。学歴別にみた場合、高学歴になるほど満足度が高く、大学・大学院卒業者の90％以上が満足していると回答している。また安定した家族生活を有するグループが独身者・離婚者・未亡人・自由婚などの暮らしをしている人々より幸福感が高く、結束した家族の存在は人々の暮らしの中で最も重要な要素となっていることがわかる。

ほぼ同じ時期に行なわれた経済協力開発機構（ＯＥＣＤ）が世界の１７３の国と地域を対象とした調査においても、メキシコ人の幸せ度は８・３（10ポイント満点）で、仕事・住居・達成感などではいずれも高い数値となっている。５ポイント以下の項目は治安や汚職などの項目に限られ、メキシコ人の圧倒的多数は自分が暮らしている環境の中で家族を中心とした親密な人間関係を保って「家族が第一」という言葉通りの暮らしをしていると想像できよう。

このようなメキシコ人は、生き方に関しても前向きである。「幸福度」という質問項目では10の設問が設けられているが、「何らかの事情で気分を害した時冷静に戻るのに努力が必要」という項目だけが４・６ポイントとずば抜けて低いことを例外にして、次のような設問は最高

家族で過ごす日曜日の午後の光景
（筆者撮影　2018年）

8・9ポイントから最低でも8・4ポイントと非常に高かった。①自分がやっていることには価値がある（8・9）、②自分は運の良い人間である（8・8）、③自分の人生を決める自由を持っている（8・8）、④人生の目的ないしは意義を感じている（8・8）、⑤自分自身に満足している（8・6）、⑥逆境に立ち向かう力を持っている（8・6）、⑦上手くいくのも悪くいくのも自分次第である（8・6）、⑧ほとんど毎日何らかの達成感を感じて暮らしている（8・4）、⑨自分の将来について楽観している（8・4）というように、非常に肯定的な人生観をもって毎日を過ごしている。ただし男性に限ると、⑦番目の上手くいくのも悪くいくのも自分次第という項目だけは否定的であった。

現実はどうなのだろうか。極度に悪化した治安、極端に開いた社会格差、国の政治・経済を動かす権力者やエリート層の不正・汚職問題など、ニュースから知るメキシコ社会は国民が安心して暮らせるような状況にあるとは思えない。典型的なインフォーマル経済部門である無許可の露店商人とそれを排除しようとする当局の限りない抗争があちこちで展開され、地下鉄の車内では、ラッシュ時を避けると、一駅ごとに物売りが入れ替え入ってきて手に持ったわずかな商品の売り込みに懸命な姿がみられる。身体障碍者や高齢者の物売りの場合、貧困問題の深刻さを受け止めざるを得ない。しかし地下鉄に乗っている乗客自身が中間層下位から下の貧しい労働者である。地下鉄はメキシコ市で最も安い運賃でいくつ路線を乗り換えても同一料金の5ペソ（2018年時点）であるため、郊外から2時間以上をかけて地下鉄路線を乗り継ぎながら都心部の仕事場に通う人々も少なくない。メキシコの労働者の賃金体系には正規雇用を含めて交通費の支給がないことから、やっと手に入れた職場に2時間以上の時間をかけても地下鉄で通勤するのは珍しいことではないのである。仕事は都心部に集中しているために、自宅から徒歩で15分歩き、バスで地下鉄の駅近くまで行き、そして安い地下鉄の路線を乗り継いで職場にたどり着くのである。

こうして労働者たちは地下鉄の出入口周辺に集まった屋台や公園の片隅でタコスの立ち食いで朝食をとり、さらに昼食もこの種の屋台で安く済ませる。これらの人々の姿は、30年前のメキシコ市内によく見かけた光景そのままである。

しかし他方でみられる華やかな大型ショッピングセンターの日曜日の人ごみと大規模量販店でみられる商品の山は、メキシコ経済が活況を呈しているかのような錯覚を与えるほどである。メキシコ市だけでなく地方都市を含めて、路上生活者がみられる一方で、日曜日の繁華街は人で溢れている。ガソリンの値上げなどによってインフレが懸念されているとはいえ、基本的な生活必需品は安い。通常キロ単位で買う野菜や果物などの食材は、生産者の手に残る金額が如何ほどなのか心配するほど安い。加工食品もまた同様である。国民食となっている日系企業のインスタントラーメンは、袋入りのものを選ぶと大型スーパーでは日本円に換算して20円ほどで買える（50章参照）。コラム6で紹介するメキシコ人の肥満体は栄養管理意識の低さに基づくところが大きいとしても、庶民が食べる食事の量はまさに飽食であるといっても過言ではない。

一般市民にとっては雲の上の生活をしているような超富裕層の存在に対して中間層を含めた庶民は彼らを「別世界の人々」と考えており、米国のマイアミやサンディエゴに豪邸を複数所有するような政治家や労働組合の幹部たちの汚職に厳しい目を向けることもなく、伝統的な強い家族の絆のなかで幸せを感じながら暮らしていると考えていいのだろうか。

（国本伊代）

地震大国メキシコの首都圏大地震体験記

コラム1

G・カレーニョ／国本伊代

メキシコ市民はいつ地震が発生してもおかしくないことを自覚して毎日を暮らしていると言ったら大げさかもしれないが、地震には敏感である。筆者が住んでいる団地では、警報が鳴ると、住民は直ちに建物の外に出て広場に集まる。

地震が発生した時に備えた避難訓練は、毎年9月19日の「防災の日」の1時34分にけたたましく鳴る警報と共に行なわれ、学校・病院・商業施設・教会をはじめとしてあらゆる建物から一斉に人々が建物の外に出る。写真は2016年同日の国立図書館から避難した時のものである。このようにメキシコ市では1985年9月19日に首都を襲ったマグニチュード7・5の大地震による多大な被害の経験を受けて、防災対策に取り組んできた。それでも2017年の9月に震度6を超えた地震が発生したときには、5階建ての国立図書館の建物から外に出られないほどの恐怖心で身動きできず、床や階段にただ座り込むだけの人々が多数いた。そして翌18年に入って首都圏から遠く離れた地域で発生した震度6を超えた地震で、首都圏においても倒壊する建物が出たほどの被害を受けている。さらに大きな地震が起こるのではないかと人々が考えていても不思議ではない。

メキシコ市の地震を歴史的にみると、20世紀に限っても1911年に人口100万人ほどのメキシコ市内で250軒が損壊し死者数十名を出した。57年のマグニチュード7・7の地震では、レフォルマ大通りの独立記念塔が倒れ、死者数は数百人を記録した。79年3月に起こったマグニチュード7・6の地震では市内中心部に近い住宅街のローマ地区で大きな被害があり、死者数十名を出している。マグニチュード8・1を記録した85年9月19日の地震では約1万人の死者を出し、多くの高層ビルと家屋が倒壊した。この大地震による被害の結果を受けて、政府は建築基準の見直し、個々の市民の地震への準備、避難訓練、被害者の救出活動方法などの普及に努めてきた。

2017年は地震多発の1年であった。9月7日の真夜中に南部のチアパス州を襲ったマグニチュード8・2の地震は約700キロメートル離れている首都でも影響を受け、数名の死者を出した。震源地に近かったチアパス州、ゲレロ州、オアハカ州では学校・病院・教会をはじめ、数百の家屋が倒壊して大きな被害を受けた。死者数は合わせて数十名を出している。その後始末も終わらない9月19日の例年行なわれる地震避難訓練が終了した午後1時半すぎに、今度は首都南方120キロメートルのモレロス州を震源地とするマグニチュード7・1の地震が発生した。震源地に近い首都では数十棟の家屋が倒壊や居住不可能な損壊を受けた。

国立図書館前に「避難して集まった」職員と図書館利用者の群れ（国本伊代撮影　2017年）

メキシコ市は、およそ800年前にテススコ湖の小島につくられたアステカ族の都の跡地に、スペイン植民地時代の副王都市が建設され、脆弱な地盤の上にたっている。地震研究者によると、メキシコ市内の多くの地点は強固な岩盤の上に建設された場所より50倍の揺れを受けるとされる。耐震構造の基準に沿って1990年代に建設された、しかも岩盤の上に立つ国立図書館内でも多くの本が棚から落ちた。建物から避難した直後にほとんどの人々がまず起こした行動は家族への連絡であった。携帯電話は通じて、みな無事だった。やがて落ち着いた後に家族の安否と被害者への支援活動が開始された。

メキシコの立法府

メキシコ市レフォルマ大通りの連邦議会上院の議事堂と議員会館
(国本伊代撮影 2018年)

メキシコ市サンラサロの連邦議会下院の正面と「全国先住民女性フォーラム」のグループ (J. Braulio Carreño Melesio 提供)

II

21世紀の社会改革

8

メキシコ革命の遺産

——★公正で公平な社会建設を目指した革命の理想と現実★——

「メキシコ革命」は固有名詞として扱われ、フランス革命やロシア革命とほぼ同じレベルで「国の在り方を根本的に変えた事件」としてとらえられている。しかしフランス革命とロシア革命が絶対王制を倒した革命であったのに対して、「メキシコ革命」は、35年間続いたポルフィリオ・ディアス独裁体制（１８７６～１９１１年）に対する民主化の要求に始まり、独裁者を追放したのちは１８５７年に制定された自由主義憲法を擁護する護憲派勢力が土地を求める農民と極悪な条件の下で働く労働者を取り込み、権益を保持しようとする保守勢力と7年にわたって激しい内戦を展開して、約１００万人の犠牲者を出して成就されたものである。

革命の最大の成果は１９１７年に制定された、メキシコの現行憲法でもある「革命憲法」である。ただしすでに大幅な改正が行なわれているので、１９１７年に制定された当時の「革命憲法」については今後はカッコ付きで表示する。革命勢力の代表が一堂に会した制憲議会において約半年にわたって取り組まれ、制定されたこの「革命憲法」は、20世紀初頭の世界においては最先端をいく近代的な憲法として国際社会で受け止められ

メキシコ革命博物館となっている
革命記念塔（筆者撮影　2018年）

た。この「革命憲法」の基底にあるものは、１８５７年の自由主義憲法である。この１８５７年憲法を原典として革命の理念を追記したものが「革命憲法」である。

「革命憲法」の第27条と第１２３条および第１３０条は革命の神髄を最も集約した条文で、20世紀初期の世界では先進的な内容であった。第27条は私有財産制を認めながら、土地と地下資源および水資源の根源的な所有権が国家に帰属することを明記した。この理念に基づいて大土地所有者の大農園の解体と「エヒード」と呼ばれる農業共同体の創設を含む農地改革が実施されただけでなく、外国資本が所有する土地と資産が接収された。第１２３条は労働者の権利を詳細に明記し、当時の世界の最先端をいく近代的な労使関係を目指した労働者の権利保障を明文化したものとして知られ、世界各国の近代的労使関係の法制定に影響を与えた。第１３０条は、宗教団体の活動を徹底的に制限した条項である。宗教団体の不動産（土地・礼拝堂・修道院など）所有の禁止、宗教者の選挙権と被選挙権の否定、宗教者とわかる衣装で教会の敷地外に出ることの禁止など、詳細に制限規定が書き込まれた。

「革命憲法」の制定後も諸勢力間の覇権抗争が続き、とくにカトリック教会と信者の抵抗は「クリステーロの乱」として3年にわたる内戦状態へと発展した。しかし覇権抗争を続ける諸勢力を統合して１９２９年に国民革命党を結成し、のち38年に政党名をメキシコ革命党に変更。さらに46年に制度的革命党（ＰＲＩ）と改名して、２０００年までの71年の長期にわたってメキシコ革命の理念を受け継いだ護憲派勢力が20世紀のメキシコをつくりあげたのである。しかし国際政治環境の変化と技術革新などによる時代の変化の中で、前述した「革命憲法」の重要な条項の多くの部分は改変されている。とくに1992年に行なわれた憲法改正は大幅な改変となった。憲法は、連邦議会の出席議員の3分2以上と全国32州（メキシコ市を含む）の議会の半数の賛成で改正できる。

革命勢力が1929年に結成した国民革命党は、前述のように名称を変えて現在の制度的革命党（PRI）の母体となり、メキシコ革命の理念を受け継いだ「公党」と呼ばれた時代があった。「公党」はすでに過去のものとなったが、1929年の設立から2000年の政権交代に至る71年間、1度もクーデターを経験することなく安定した政治環境の下でメキシコはラテンアメリカ地域では例外的な「革命政権」による近代化を実現した国となった。しかし一党独裁体制による弊害も数多く発生し、国民の民主化の要求と経済危機によって選択を迫られた1980年代以降の経済政策の大転換は、PRIによる一党独裁体制を変えた。2000〜12年の2期12年間、大統領の座が国民行動党（PAN）に渡り、2012年にその座を取り戻したPRI政権は議席の過半数を得られず、主要野党の2党と「メキシコのための協定」と称する政策協定を結んで発足した。こうして始まった多党化時代と政治の民主化が進められた後の2018年の選挙では、PRIは大統領選挙のみならず連邦議会においても大敗し、新党の国家再生運動（MORENA）が大統領と連邦議会上下両院の過半数を獲得するという大きな転換点をメキシコは迎えている。2018年12月1日に就任するアンドレス＝マヌエル・ロペスオブラドール大統領の施政によってメキシコは大きく変わることが予想される。

しかしこのように激変した政治経済環境の中にあっても、メキシコ革命の理念の一部は、現行憲法の中で21世紀の国家の軸として残っている。大統領再選の絶対禁止、厳しい政教分離の原則、国家に帰属する土地・地下資源・水資源の根源的な所有権、労働者の権利などは健在である。

なお「無償の公教育」の普及もまた革命の重要な遺産である。さまざまな問題を抱えながらも、時代に応じた教育改革が取り組まれてきた。教育を国民の権利として謳いあげた「革命憲法」第3条は健在であり、質を問わない限り全国津々浦々に小学校が存在するといっても過言ではない。その結果、国民の識字率は男女とも97%台に達しており、2016年に改正された現行憲法の第3条では、就学前の3年間（3～5歳）、小学校6年間、前期中等教育3年間（日本の中学校にあたる）および2～4年という幅のある各種専門学校を含めた後期中等教育（日本の高校レベルにあたる）までが義務教育となっている。ただし現状では義務教育として一般に受け止められているのはまだ前期中等教育までであり、さらに前期中等教育の修了率が70%台であることからわかるように中等教育の普及は十分に達成されていない。

「革命憲法」が明記した条文の多くは目的を達成できず、目指されたメキシコの公正で平等な社会建設への道は遠い。1980年代の対外累積債務問題から発生した経済危機を大きな転換期として、メキシコの政治・経済・社会の姿は大きく変わった。土地問題を厳しく規制してきた「革命憲法」第27条で定められていた土地無き農民に共有地という形で分配されてきたエヒード制度は放棄されて、農地の私有化が推進されている。しかし、この非効率であるとされたエヒード制の放棄は生産性の向上につながらず、困窮した農民の多くが農地を放棄して都市部あるいは米国に移住している。労働者の権利は憲法第123条で基本的に護られているが、市場主義経済に転換したこの四半世紀の間に労働組合は交渉力を失い、労働者の実質賃金は第2章で紹介したようにほとんど上昇していない。それどころか労働人口の6割が非正規雇用労働者となり、国民の過半数が憲法の保障する「尊厳ある暮らし」から程遠い生活を送っている。

（国本伊代）

9

サパティスタ25年の歩みと現状

★インターネットによる社会運動の先駆け★

サパティスタとは、メキシコ革命の英雄エミリアノ・サパタにちなんで命名されたチアパス州の先住民集団「サパティスタ民族解放軍（ＥＺＬＮ）」のことである。１９９４年元日にチアパス州の主要都市を占拠すると、自分たちが「５００年におよぶ闘いから生まれた者であり、メキシコに自由と正義を取り戻すために立ち上がった」と宣言して、メキシコ連邦国家に宣戦布告した。連邦政府は直ちに応戦したが、国民の反発を受けて1月12日停戦を余儀なくされた。その結果サパティスタの蜂起は、武器の代わりにインターネットを通じて全世界にメッセージを発信するという戦術に移行し、多くの人々の共感を得ることに成功した。つまりサパティスタは戦争を宣言しながらほとんど戦闘を行なわず、国民や国際社会の支持をバックに現在に至るまで自治を維持している集団である。そのため、「言葉を武器にしたゲリラ」「インターネットを駆使した社会運動の先駆け」などと呼ばれている。また新自由主義経済の象徴ともいえる北米自由貿易協定（ＮＡＦＴＡ）の発効に合わせて蜂起したことから、反グローバリゼーション運動の象徴としてとらえられることもある。

メキシコ国内でサパティスタが支持された理由として、1つには彼らの主張がメキシコ人にとって受け入れられやすいものだったことがある。サパティスタ蜂起の目的は、チアパス州における先住民の貧困を訴えることにあった。しかし彼らはそれをチアパス州という一地域の限定的な問題ではなく、メキシコにおける民主主義の機能不全の帰結であると主張した。当時メキシコは制度的革命党（ＰＲＩ）による65年以上に及ぶ事実上の一党支配のもとで政治腐敗が進んでおり、民主主義の不在と不平等はメキシコ国民にとって身近な問題であった。このような政治状況に加え、明らかに劣った武器で武装した先住民を空爆する政府軍は、弱い者をいじめる権力者として受け止められた。実際サパティスタの武器は貧弱で、兵士の数も３０００人程度であった。一方政府軍は1万２０００人を動員しており、世論の強固な反対がなければ軍事的制圧は容易であった。また国際的にもサパティスタ支持の輪が広がったことは、メキシコ政府に武力による弾圧を断念させる大きな力となった。

彼らの主張は、反権力主義、多文化主義、新自由主義批判など、どの地域にも共通するある種の普遍性を持っている。また従来のゲリラ闘争と異なり国家権力を目指さない姿勢は、共感を持ってとらえられた。ベルリンの壁崩壊とともに方向性を見失っていた左翼運動や、グローバリゼーションの進展により拡大する経済格差に抵抗する人々にとって、希望となったのである。彼らの声明を拡散するためのウェブサイトが次々に開設され、世界各地にサパティスタ支援運動が広がった。１９９６年にサパティスタが呼びかけてチアパス州の密林地域で開催された「人類のため、新自由主義に対抗する大陸間会議」には世界42か国から約５０００人の人々が集まり、運動に対する関心の高さを示した。その後もさまざまな集会や、サパティスタの村に滞在して現地の生活を学ぶ「エスクエリタ」（小さな学校）と呼ばれる体験学習などが開催され、世界の人々と交流する機会を現在に至るまで設けている。

サパティスタは、厳密には先住民が始めた運動ではない。キューバ革命の影響を受けて、社会主義革命を目指す若者のグループがチアパス州の密林に拠点を作ったことに始まる。彼らは先住民と接触し、1983年にサパティスタ民族解放軍を結成した。当初参加する先住民は少なかったが、土地をめぐる紛争から大土地所有者との軋轢や政府による弾圧が激しくなるにつれて、先住民のサパティスタ支持者が増加した。交渉による平和的解決を求めていた人々も加わったことから先住民が多数派を占めるようになり、その後は都市出身のメンバーの脱退などを経て、93年に司令部として先住民革命地下委員会が組織され、先住民主導の運動になった。現在の非先住民は、スポークスマンを務めているマルコス副司令官（2014年にガレアノに改名）のみである。

蜂起後に仲介役として仲裁全国委員会（CONAI）が立ち上げられ、先住民の権利や民主主義の枠組み、土地問題、和平合意実現のための交渉が続けられた。その成果として1996年に先住民の権利と文化を保障する「サンアンドレス合意」が結ばれ、2001年に行なわれた憲法改正でその旨の新しい条文が加筆された。しかし、「先住民自身が選出するコミュニティ政府を行政主体として認める」という重要条項が削られたことに抗議したサパティスタが交渉の打ち切りを宣言したため、その後の両者の関係は断絶している。

「サパティスタ」と呼ばれる人々は、狭義には自治区在住のサパティスタ運動支持者を指し、広義にはメキシコ内外で連帯活動に従事する支持者を含めることもある。現在サパティスタが何名程度いるのかは不明である。約25万人が自治区在住との報告もあるが、サパティスタ自治区の村に非サパティスタが共存していることが少なからずあり、実数は不明である。自治区については、１９９４年12月にラカンドン密林地域やチアパス高地の村を中心に30のサパティスタ自治区の創設を宣言して以後、何度かの再編を経て現在に至っている。サパティスタ自治区の特徴は、政府支援を一切拒否することと直接民主主義の実践である。政府補助金を拒否するだけでなく公教育も否定し、各自治区に学校を建設して先住民言語による独自の教育を行なっている。また行政を輪番制として、ＮＧＯなどからの支援の分配や村落間の連携を各自治区の代表が持ち回りで務めている。

サパティスタ自治区オベンティックで入口の警備をする女性たち（筆者撮影　2010年）

現在サパティスタは、選挙を通じた政治活動に関心を示さず自治区の運営に力を入れており、メキシコの政策決定に対する影響力はない。しかし20世紀末から21世紀初期の先住民運動に果たした役割は大きい。彼らに続いてさまざまな先住民組織が作られ、貧困の改善や先住民自治を求める運動が全国規模で広がった。その結果、連邦政府は一定の譲歩を余儀なくされ、教育改革や先住民村落への直接支援、医療の充実などさまざまな支援に取り組んでいる。サパティスタ蜂起の歴史的意義は、２００１年に憲法改正が行なわれ、先住民の自由な決定への権利すなわち自治権が保障されたことにある。サパティスタはこの改正を認めていないが、メキシコが実態として多文化主義へと移行する流れを作ったことは確かである。

（柴田修子）

10

一党支配体制の終焉

――★分権化による PRI 体制の崩壊と PAN 政権の政治★――

２０００年に実施された総選挙は、メキシコにおける政治経済の新たな転換点となった。メキシコ革命の理念を受け継いで71年間政権を担ってきた制度的革命党（ＰＲＩ）が初めて大統領の座を降りたことで、メキシコの政治経済政策に大きな変化がもたらされたからである。大統領に当選した国民行動党（ＰＡＮ）のビセンテ・フォックス大統領はグアナフアト州知事の経験を有しているが、大牧場を経営し、米国のコカ・コーラのメキシコ社長であり、本質的にはビジネスマンである。「メキシコを変える」ことをスローガンにして大統領の座を勝ち取ったフォックスは、１９８０年代からＰＲＩ政権が経済政策の舵を大きく切り替えた市場主義経済をいっそう推進させた。さらにＰＡＮ２代目の大統領となったフェリペ・カルデロンも前政権の政策を引き継いだだけでなく、国際政治に積極的に参加した。すべてが順調に進んだわけではないが、21世紀の新しいメキシコ像を世界各国に普及させる努力がなされた。さらに２０１２年の選挙で権力の座に返り咲いたＰＲＩのエンリケ・ペニャニエト政権も「メキシコのための協定」を次章で紹介するように主要野党と結んで改革を進めてきた。この間にメキシコの政治経済の環境は大きく変わり、同時に社会も変化している。

しかしメキシコの歴史に残る「大転換点」とも呼べる一党独裁体制の崩壊と民主化に向けた変化は、すでに1980年代に制度的革命党（PRI）政権のデラマドリ大統領とサリナス大統領時代に始まっており、21世紀に出現した現代メキシコの政治経済の基本的構図はPRI政権によって築かれていた。その第一歩は、1981～82年に顕在化した史上最悪の金融危機に対応するためにとられた経済開放政策の過程で選択した、「公党」とも呼ばれたPRIによる中央集権的な支配構造の分権化に始まる。国際通貨基金（IMF）をはじめとする国際金融機関や主要先進国から緊縮財政政策を厳しく迫られ、従来の中央からの財政資金の分配が減らされた州および地方自治体は自治権の容認と同時に地域の実態に見合った社会経済開発プログラムの策定と遂行を求められるという分権化への道が始まり、中央権力によるトップダウン方式の支配構造が変わり始めたからである。地方自治体への分権移譲は新自由主義経済政策と同時に進行し、「ネオリベラリズムと分権化」という新たな政治経済路線がその後のメキシコの民主化を決定したといえる。

デラマドリ大統領（1982～88年）は就任式の3日後には31州の知事を集めて分権化構想を示し、さらに12月6日には憲法第26条および第115条の修正を議会に提案した。第26条の改正で社会経済開発の主たる責任を従来の連邦政府から地方に移譲し、その実務機関として連邦政府企画予算省の下に地方開発局を創設した。また「地方自治体改革」のための憲法第115条の改正によって、自治体独自の開発企画と予算の拡張権限が認められた。また連邦議会の比例代表制の定数を拡大し、野党の進出を促して議会政治の在り方をも変えている。

デラマドリ政権の分権化政策を受け継いだサリナス政権（１９８８～94年）は、就任翌日には「国家団結プログラム（ＰＲＯＮＡＳＯＬ）」という名称で１２３項目にのぼる改革案を提示して歴代政権の中ではずば抜けた数の憲法修正を行ない、「国家と国民が共に参加する新しい関係」に基づく経済成長と低所得者を対象とした社会開発政策に取り組んだ。しかしその成果に対する評価は低く、「中央政府が管理する地方分権化」とも揶揄《やゆ》されたような矛盾した政策に終わった。このサリナス政権を継いだセディーリョ政権（１９９４～２０００年）は、サリナス政権末期の不祥事やＰＲＩ大統領候補の暗殺、数々の汚職の暴露、通貨ペソの下落などに直面し、地方分権化は政策の中心課題から外れ、途中で投げ出された州および地方自治体は莫大な債務を抱えて混乱状態に陥った。その結果、１９９７年の中間選挙で与党ＰＲＩは連邦下院議員の議席の過半数を割った。

しかし２０００年の大統領選挙で野党の座に下ったＰＲＩは分権化の意欲を失うことなく２００２年には全国知事会議（ＣＯＮＡＧＯ）を発足させ、翌03年にはＰＡＮの州知事も参加し、地方分権化は与野党を超えた国家的課題となった。さらに05年には全国地方自治体ムニシピオの首長３００名を集めた全国メキシコ首長会議（ＣＯＮＡＭＭ）が設立され、地方分権化と地方の独自開発の支援体制がつくられた。地域社会の開発の権限を与えられた地方が、それぞれの独自性と独自の政治力によってさまざまな改革に取り組むことが可能となる新たな時代が始まったのである。この間に進展した市場主義経済は各地の資本家や起業家の台頭と発展を促した。しかし地方の活性化に取り組む地域と有能な政治リーダーを欠き旧態依然の寡頭勢力によって支配されている地域との間で、地域開発と住民の生活の向上に大きな差が生じても不思議ではない。貧しいメキシコ中部高原北部地帯のバヒオ地域が

２０１０年代に「メキシコの工業化のモデル」とさえ呼ばれる一大自動車産業地帯へと変貌した背景には、アグアスカリエンテス州やグアナファト州の積極的で独自の地域開発政策の取り組みがあった。

２００６年の選挙できわどい勝利を得た国民行動党（ＰＡＮ）のカルデロン大統領もまたさまざまな構造改革に取り組んだ。２００６年だけでも行政・立法・司法にわたる構造改革を目指す国家改革法、公務員年金改革法、税制改革法、選挙法改革法などを成立させ、フォックス政権の外交政策である文化外交を受け継いで国際社会の一員としてのメキシコの存在感を演出した。しかし就任10日目に麻薬組織を武力で弾圧するために軍隊を導入したことで、麻薬組織団撲滅対策は内戦状態へと発展した。07年10月には悪化の一途をたどる麻薬カルテル間の抗争と一般国民を巻き込んだ治安の悪化の中で麻薬カルテルを徹底的に武力で制圧する旨の「宣戦布告」をし、さらに翌08年には米国のブッシュ大統領との間で二国間協定「イニシアティブ・メリダ」を結んで麻薬カルテル撲滅戦争がメキシコと米国の双方の課題であることを確認し、警察部隊の訓練・装備・情報提供など米国からの支援を受けることになった。しかし２００９年の中間選挙で下院における第一党の座をＰＲＩに奪われ、前年のリーマンショックによる金融危機の影響による経済の悪化に見舞われた。フォックス政権を継いだカルデロン政権は悪化の一途をたどる麻薬をめぐる組織犯罪の撲滅政策で財政と活力を使い果たしたといっても過言ではない。

（国本伊代）

2期12年間のPAN政権を担ったフォックス大統領（右）とカルデロン大統領
（それぞれメキシコ合州国政府、米国政府撮影。Public domain）

11

構造改革の取り組みと失敗

★再登場した PRI 政権の現実★

71年間という長期政権を保守した「メキシコ革命の後継者」としての制度的革命党（PRI）が選挙で敗退し、中道右派の国民行動党（PAN）に実権を引き渡した2000年12月から2期12年間野党の座にあった制度的革命党（PRI）は、エンリケ・ペニャニエトの大統領選挙での当選によって再び権力の座を奪取した。さわやかなイメージと雄弁術とによって、若きPRI候補は疑問の余地のない票差で大統領に選出された。しかしPRIは議会における議席数では過半数を取れず、ペニャニエト政権の発足にあたってPRI、PAN、民主革命党（PRD）の三大政党が「メキシコのための協定」を策定した。

「メキシコのための協定」では5つの目標、すなわち①権利と自由が保障された社会の構築、②経済成長・雇用・競争力の達成、③安全と公正の確立、④透明性・収支報告・腐敗撲滅、⑤民主的政治が謳われていた。そしてこれらの目的を実現するために、数多くの法改正が行なわれ、憲法の一部も改変された。

しかしペニャニエト大統領の6年間の施政への評価は低い。その背景には前政権がやり残した麻薬組織の撲滅の失敗によってさらに悪化した治安問題と極悪化する組織犯罪によるものもあるが、若き大統領の政治力によるものも少なくない。２０１４年９月に起こったゲレロ州における農村師範学校の学生43名が行方不明となり、殺害された「アヨチナパ農村師範学校学生行方不明事件」は、麻薬組織と地方自治体首長夫妻が絡んだ事件であったことが大筋として判明しているが、大統領が初期に取った不十分な対応策によって事態は複雑化し、２０１８年の現在でも連邦検察庁の建物の前には事態解明への取り組みの不手際と解明要求を突き付けた抗議グループがキャンプ生活を続けている。その他に絶え間なくメディアによって取り上げられる私生活に絡むスキャンダルや施政の不手際に加えて、政権当初に掲げた政策の多くが実現されず、大統領への国民の支持率は２０１７年1月の有力紙『レフォルマ』紙による世論調査では12％台にまで下がった。この間に国民生活だけでなく企業の経済活動にも影響を与えている深刻な治安の悪化は、行政組織の機能不全・蔓延する構造的汚職・開放経済によってもたらされたメキシコにとって不利な条件等々、ペニャニエト政権の統治力だけでは解決できない歴代政権が残した問題でもあることは確かで、これらの蓄積された諸問題がペニャニエト政権下で深刻な事態として表面化したともいえる。ペニャニエト政権が次期政権に残した大きな課題である教育改革について紹介しよう。

　教育の改革問題は長年の課題であった。１９９４年に「先進国クラブ」とも呼ばれる経済協力開発機構（ＯＥＣＤ）に加盟したメキシコは、ＯＥＣＤが２００４年より３年毎に実施している学習到達度調査（ＰＩＳＡ）に参加して最下位となり、国際機関から教育改革の必要性が指摘された。教育行政

2013年9月2日に第1回大統領教書を読むペニャニエト大統領
(PresidenciaMX 2012-2018撮影
CC BY-SA ライセンスにより許諾)

に関する不透明な予算執行や教員の縁故採用などに加えて、津々浦々に普及している小学校の存在もその教育の質のレベル問題が国際的に指摘され、教育環境の抜本的な改革に取り組んだのがペニャニエト政権である。歴代政権はこの問題に深くかかわらなかった。ラテンアメリカで最大規模の労組とされる全国教職員組合（ＳＮＴＥ）の存在は、長年の与党ＰＲＩの有力者と複雑にかかわっており、ＳＮＴＥはＰＲＩの重要な集票組織であった。ペニャニエト政権がＳＮＴＥ書記長の逮捕・監禁に踏み切るまで、連邦政府が支出する教育予算に関する地方における施行の実態を連邦政府はほとんど把握していなかった。死亡した教員や１００歳を超す教員らが長年給与を受け取り続けていた「アビアドール」と呼ばれる幽霊教員の存在はあまりにも有名なのでここでは取り上げない。ペニャニエト政権はＳＮＴＥ書記長を21年間続けてきたエルバ＝エステル・ゴルディリョ書記長を逮捕・監禁し、莫大な組合の資金流用で豪華な私生活を築き上げた資産を接収した。この事件で有力政治家とＳＮＴＥの関係が暴露され、汚職の構図が明らかになる契機となった。

この間に進んだ教育改革に関する法整備は主として教員の能力開発に焦点を当てたもので、無資格教員の縁故採用が恒常化している実態に対する厳しい内容となっている。現職教員を含めて教員の能力試験の受験が義務づけられ、一部で実施された。しかしチアパス州やゲレロ州の組合員はそれを拒否して授業放棄から幹線道路封鎖などの行動に訴えて、教育改革反対運動を展開している。その結果、次期大統領はペニャニエト政権が6年にわたって積み重ねてきた教育改革を破棄し、新たに教員・父母・専門家などからなる諮問機関を設立して新しい教育改革法を制定することを公約し、次期政権が正式に政治活動に入る２０１８年12月に取り組むことを約束している。

治安の悪化は、おそらくペニャニエト大統領にとっては想定外であったことであろう。前政権が軍隊を投入して行なった麻薬組織団の撲滅を目指した強硬策は失敗に終わり、組織団の間の利権抗争に絡む武力紛争はいっそう拡大し、無関係な一般市民を巻き込んだ極悪事件が多発したからである。この過程で明らかになった政治家の組織犯罪との関係や莫大な蓄財の実態もメディアによって明らかにされた。そしてこれらの実態を暴くジャーナリストたちが殺害される事件も多発し、さらに2018年の選挙戦では立候補者や関係者が殺されるという事件が発生した。6年間で殺人件数を半減させるという公約は夢のまた夢である。有力紙『ラホルナーダ』が「暴力の波」と呼んだ多数の死者を連日生んでいる状況は、選挙の終わった2018年8月の段階でも改善の気配すら全くない。

ペニャニエト現政権の国内における支持率は、全国紙『レフォルマ』が毎年2～3回実施してきたアンケート調査によると、就任8か月目の2014年7月の支持率52％を最高にして、2017年1月には12％にまで下降の一途をたどった。18年に入ってかなり持ち直したものの、支持率低下の要因は2012年の選挙公約のほとんどが実現していないどころか先に指摘したように悪化していることにある。公約に掲げた経済成長と雇用の増大はほとんど達成されていないといっても過言ではない。労働者の実質賃金は第3章で紹介したように下降の一途をたどってきた。非正規雇用労働者は労働人口の約60％であるとした世界銀行のデータだけでなく、6年間の施政で人口の半分がぎりぎりの最低生活をしいられている実態は、さまざまなデータで示されている。しかも目に見える姿で街の外観が超近代的になり、豪華な商品が並ぶブティックや高級店が市内の一角を占める一方で、終日路上に座り込み物乞いをする親子や高齢者の貧困層の姿がある。

（国本伊代）

12

首都メキシコ市の革新都政

★民主革命党による 20 年間の市政と変革★

メキシコ市は19世紀の独立以来、常に連邦区、すなわちメキシコ市を統括する首長が閣僚と同等の扱いを受ける長官の管轄下に置かれて自治権を有していなかった。1997年になって初めて州に準じる地方自治体としての自治権を有する市長と地方議会議員を選出する選挙が行なわれた。この選挙で選ばれた初代市長が、民主革命党（PRD）から立候補したクワウテモック・カルデナスである。カルデナスは、1987年に当時の連邦政府与党の制度的革命党（PRI）内部の非民主的な大統領選挙候補選出に不満を持つグループと共に離党し、幅広い市民運動と連帯して組織した国民民主戦線から翌88年の大統領選挙に出馬した人物である。そしてPRIが擁立したカルロス・サリナス候補の得票を上回った票数を得たはずであったが、集計の途中で不可解なコンピュータの遮断事故が発生し、回復した時には集計票数が逆転して敗れていた。この事件については、すでにサリナス元大統領自らが自叙伝の中で「党ぐるみの操作」だったことを告白しており、さらに当時の内務大臣であったマヌエル・バルトレットもそれを証言している。

初代メキシコ市長カルデナスの後を継いだ2代目市長がアン

ドレス＝マヌエル・ロペスオブラドール（以下、ＡＭＬＯ）である。２０１８年の大統領選挙で当選したＡＭＬＯは、元ＰＲＩ党員であり、ＰＲＤを設立したカルデナスと共に新しい改革の政治を目指す同志であった。ＡＭＬＯもまた２００６年の大統領選挙にＰＲＤ候補として出馬し、選挙戦の最終段階まで圧倒的な人気を保持して優勢であったが、選挙では「不正操作で敗れた」と語り継がれている敗北を経験して、その後数年間にわたって「真正大統領」という肩書をつけて扱うメディアがあったほど一部の国民の強い支持を得ていた。このＡＭＬＯを継いだ3代目のＰＲＤ市長マルセロ・エブラルは60％以上の得票を得て選出され、市民の信頼に応えた施政に取り組んだ。エブラルは２０１８年12月1日に発足するＡＭＬＯ政権の外務大臣に予定されている。ＰＲＤ4代目の市長を継いだのはアンヘル・マンセラである。２０１７年9月に首都圏を襲った地震災害への対応を含めて常に精力的な活動を続け、市民の厚い信頼のあったマンセラは次期大統領選挙戦にＰＲＤの立候補者として噂された。しかし次章で紹介するようにＰＲＤが国民行動党（ＰＡＮ）と選挙同盟を組んだことから、ＰＡＮ党総裁であったリカルド・アナヤに候補の座を譲って国民行動党・民主革命党・市民運動（ＭＣ）の3党連合体の選挙参謀として２０１８年3月に市長の座を降り、同時にＰＲＤの連邦上院議会の比例代表制から当選した。

このように自治権を取得して独自の都政に取り組むことが可能となった１９９７年から20年間取り組んだ民主革命党（ＰＲＤ）の首都メキシコ市における実績は、「革新都政」として高く評価されている。２０１８年の市長選挙でＰＲＤ候補は国家再生運動（ＭＯＲＥＮＡ）が擁立したクラウディア・シェインバウムに敗れて首長の座をＭＯＲＥＮＡに渡したが、ＭＯＲＥＮＡは先に紹介したＡＭＬＯがＰＲＤを離党して結成した新党であり、政策に差異があっても共有する歴史を持っている。20年間の首都機能のあらゆる分野の近代化に取り組んできたPRDの都政は、ポピュリスト的手法として非難を浴びることもあるが、貧困層の救済やマイノリティに対する政治が突出している。例えば、カトリック信者の多いメキシコではカトリック教会が反対する規範を翻すことは容易ではないが、メキシコ市は「人工中絶」と「同性愛者の結婚と養子縁組」を合法化した。年間100万件に達するとされる非合法の人工中絶によって多くの女性たちが命を落としていく実態に対する取り組みへの強い要請に応えて、メキシコ市は2007年に妊娠12週目までの人工中絶を合法化した。これに対してカトリック教会寄りとして知られる中道右派の国民行動党（PAN）はこの合法化取り消しを最高裁判所に訴えた。当時連邦政府与党であったPANの提訴は最高裁判所によって却下された。2018年の時点で、全国的には条件付きであっても人工中絶を合法化した州はメキシコ市以外にない。2008〜17年の10年間の統計でみると、10年間にメキシコ市で人工中絶の処置を受けた17万余件のうち市外からの患者は23％ほどで、全国的レベルでみると10歳の少女が強姦によって妊娠したとしてもそれを受け入れざるを得ない状況が続いている。首都にまで来ることは経済的に大きな負担となるからである。

このように全国レベルではカトリック教会と信者が反対する人工中絶法、スピード離婚法、同棲婚法など、世論を二分する大胆な政策を短期間で実行する政治力をPRD政は発揮してきた。世界のカトリック信者とバチカンが敵視する同性愛者の結婚を2010年に合法化したメキシコ市の英断は、世界の流れを変える先兵的な役割を果たしている。性的マイノリティとして扱われてきたこのグループの生活圏が広がり、社会に名乗り出ることができるようになったといっても過言ではない。

貧困層対策においても、メキシコ市は積極的に取り組んできた。国に先駆けて制度化した困窮する

65歳以上の高齢者への食料給付を物価上昇率にあわせて毎年改正して支給している。2018年2月1日からは月1209ペソが支給されているが、これは国が定める最低賃金の約半分で、2020年までに国の最低賃金にまで引き上げることが予定されている。また65歳以上の高齢者は公共交通手段が無料である。さらに路上生活者も含めた困窮者への無料の共同食堂が運営されており、ホームレスやストリートチルドレンに対する生活支援も行なっている。

しかしPRDの革新都政によっても解決できない問題は多い。約2500万人が生活を営む首都圏の中核をなすメキシコ市にはあらゆるものが集中している。その結果、交通渋滞と大気汚染は長年の問題であり続けている。渋滞を緩和するための車両の走行規制と道路整備が進められてきたが、ラッシュ時の交通渋滞は一向に緩和していない。車両が出す排気ガス問題はかなり改善されたとはいえ、メキシコ市内の公園や街路樹を観察すればこれまでの対策がどれだけ不十分であったかが一目瞭然である。市内中心部のアラメダ公園は樹齢数十年の大木の多くが枯れて、近くのラテンアメリカンタワーの上層階から眺めると、地面が見えるほど樹木が激減している。パリのシャンゼリゼを模して設計されたレフォルマ大通りもアラメダ公園ほどではないが、樹齢数十年の大木は次々と消えて、植え替えられた若木の成長は遅い。それでも大気汚染の改善はかなり進んでいる。

PRDの施政によっても改善が一向に進まないのは、メキシコ市内の治安の悪化である。連日、殺人事件や凶悪な強盗・誘拐事件が発生している。治安の悪化は20世紀末から進んでおり、治安が最悪の状態にあったニューヨーク市が「ゼロ・トレランス」政策を取り入れて劇的な治安回復を遂げた例に学ぼうとしたが、メキシコ市内の治安は2018年の段階で最悪とされている。

（国本伊代）

13

2018年7月1日の総選挙

★史上最大規模の「民主的」大統領選挙★

メキシコにとって2017年半ばから18年前半にかけての1年間は、確実に国民の暮らしに直結する大きな政治・経済問題を抱えた「歴史的1年」となった。6年に1度の大統領選挙が行なわれただけでなく、連邦議会上院議員128名、下院議員500名の選出の他に、8州の知事と首都メキシコ市の市長および地方議会議員（1院制）を含む2818名を選出する地方選挙が2018年7月1日に行なわれたからである。公式な選挙運動は、3月30日から6月27日までの90日間であったが、候補者選出の党内選挙など早くから選挙がらみの話題にあふれた1年となった。

連邦共和制をとるメキシコの2018年の選挙は、任期6年の大統領選挙、上下両院からなる連邦議会議員選挙、全国31州と首都メキシコ市（以下州扱いとし全国計32州とする）のうちの9の州知事選挙、一院制の州議会選挙およびムニシピオと呼ばれる日本の市町村にあたる地方自治体の首長および議員を選ぶ選挙であった。選挙人の資格は18歳以上のメキシコ国籍を有する国民で、無記名・秘密投票で実施される。ただし投票権を行使するためには、選挙人登録を行ない、顔写真と個人データが記録されている「最も重要な個人証明書」となる「選挙人カード」を取得しなければならない。国外在住のメキシコ国民にも、大統領選挙に限り、選挙権の行使が認められている。

再選が絶対的に禁止されている大統領と州知事選挙は相対多数制をとっているため、投票総数の過半数を得なくても最多数票を得た候補者が当選者となり、決選投票は行なわれない。大統領は副大統領を伴わず、任期中の事故等による大統領不在の期間が生じた場合の規定が憲法上で明記されている。過去3回（2000年、2006年、2012年）に選出された大統領はそれぞれ得票数42・5％、35・8％、38・2％という過半数に達せず当選している。副大統領の不在と絶対再選不可の制度はメキシコが経験した大統領と副大統領との確執から発生する権力闘争や長期独裁政権化を防ぐという目的で、現行憲法でもある「革命憲法」に盛り込められた「革命理念」の1つである（8章参照）。なお2018年に選出された大統領の任期は、大統領の就任日を2024年より12月1日から10月1日に変更する憲法改正が行なわれているため、5年10か月という例外的な任期となる。

32の州を代表する議員で構成される連邦議会の上院議員の定数は128名で、各州は相対多数で各州2名、計64議席を選出する。残る64議席の半数は比例代表制で各州1議席、残りの半数は各州の選挙で第2位を得た政党に配分される。下院の定員は相対多数制による300議席と比例代表制による200議席の計500議席である。2014年の選挙法改正よって上院議員は連続2期、下院議員は連続4期までの就任が可能となり、2018年の選挙から適用された。

2018年の選挙は多党政治体制に入った1988年以来最も激しい票の奪い合いの選挙戦が予想された。国家選挙管理機構（INE）から公認を得ている政党の他に、無党派で立候補を目指し、正式な候補者に必要な86万6593人以上の支持者の署名を得た3名が正式に大統領選挙戦に参加した。一方、中道右派のPANと中道左派のPRDが選挙同盟を組んだことからわかるように、「イデオロギー無し・政策論争抜き」の選挙戦となった。

選挙に向けた多党連合の時代は、PRI一党独裁政治が危機に立たされた1988年の選挙でPRIを離党したクアウテモック・カルデナスを大統領候補に擁立した4党連合に始まる。弱小政党を取り込んだ選挙協力の重要性が最も明らかとなったのは2017年のメキシコ州知事選挙であった。「2018年の大統領選挙を占う前哨戦」とされたメキシコ州知事選挙で勝利したPRIは、単独では強力なライバルと目されていた国家再生運動（MORENA）に、得票数では29・81%対30・91%という僅差で敗れていた。しかしPRI候補の勝利に貢献したのは総投票数の1%強しか得ていない弱小政党との選挙協力にあった。このメキシコ州知事選挙の結果を受けて、公認されている9政党は2017年7月から11月にかけて選挙協力に始まり政策協定にまで及ぶ各政党間の連携の動きを活発化させた。次期大統領としての支持率が各種アンケート調査で安定的に高いMORENAを率いるアンドレス＝マヌエル・ロペスオブラドール（AMLO）への対抗意識とAMLOを「ベネズエラのチャベスのメキシコ版」として声高に叫ぶ政党や一部の評論家とメディアの扇動を受けて、MORENAの選挙活動は苦戦を強いられたが、AMLOには他の候補者を寄せ付けない知名度があった。さらにライバルである有力政党であるPANとPRIが党内分裂したこともMORENAを優位にさせた。

11月末に現大統領の指名で決まったPRI大統領候補ホセ＝アントニオ・ミードは、国民行動党（PAN）政権時代のエネルギー大臣、外務大臣、財務公債大臣を歴任したのち、PRI政権下で社会開発大臣と財務公債大臣を歴任した、テクノクラートである。一方、8月から選挙協力が話し合われ、11月後半にはPAN、民主革命党（PRD）、市民運動（MC）の3党が選挙協定に署名するまでに歩み寄って「メキシコのための前進」が12月8日に成立し、PAN党総裁を中継ぎではあるが経験しているリカルド・アナヤとPRDメキシコ市長マンセラの二者択一を迫られ、再分裂も予想された。しかし最終的にはアナヤを統一候補に決定し、市民の支持の高いメキシコ市長のマンセラは大統領選挙対策部長を引き受けると同時に、連邦上院議員選挙の比例代表制名簿に名前を載せて妥協した。一方、PANはメキシコ市長選挙で独自候補を立てずPRD候補を支持することでPANとPRDの選挙同盟は成立したのである。

さまざまなアンケート調査で最も高い支持率を保ち続けたAMLOは、2006年と2012年の選挙に敗れながら3度目の大統領選挙を目指した新党MORENAの党首である。AMLOのメキシコの政治社会改革に対する情熱と思想は一貫しており、「大衆迎合型のポピュリスト」「権威主義的ポピュリスト」「市場主義経済の抵抗者」といったレッテルを貼られ、AMLOが大統領になると「ベネズエラのチャベス」のメキシコ版になるとして中間層や知識人の間で強い拒否感があった。確かにAMLOは、政権を独占してきたPRIから分離したPRIリベラル左派が1989年に結成した民主革命党（PRD）の創設者の1人で、後に党総裁となり、さらにメキシコ市長という重職を担い、首都メキシコ市の運営では貧困層に対する政策を打ち出して、貧困・汚職・格差社会の是正を掲げるPRDの中核を担ってきた。しかし2014年にPRDを離党して新党MORENAを立ち上げ、「国の在り方を変える」ことを主張して3度目の大統領選挙への挑戦では53・19％という票を得て当選した。（国本伊代）

14

国家再生運動（MORENA）政権への期待

★中道左派新政権の改革提言★

２０１８年7月1日に実施された選挙を見守ってきた者にとって、午後8時の全国の投票時間が終了した5分後に起こったことは大きな驚きであったはずである。数々の選挙投票前の世論調査の結果からほぼ想定できていたとしても、投票時間が締め切られた5分後に、与党の制度的革命党（ＰＲＩ）大統領候補がテレビの前の国民に向かって「敗北宣言」を行なった。それから40分後には、世論調査で2位の座を占めていた国民行動党（ＰＡＮ）の候補者が敗北宣言とＭＯＲＥＮＡ候補者ロペスオブラドール（ＡＭＬＯ）の当選を祝福した。国家選挙管理機構（ＩＮＥ）による正式な速報は、事前通告通りの、その約２時間半後の午後11時であった。しかもＩＮＥが公式発表をする前からメキシコ市内では人々がＡＭＬＯが勝利宣言をするとされた都心部のアラメダ公園に向かい始め、その後の夜の憲法広場（ソカロ）はＡＭＬＯ当選を祝福する群衆の集合場所になった。

実はこの背景には、信頼されている調査機関と新聞社による複数の出口調査があった。いずれの調査でも勝敗の結果は動かしがたい大差で示されていた。これを受けての前述のような「潔い敗北宣言」となったとされる。圧倒的大差で勝利したＡＭＬＯの勝因を解説した政治学者や評論家の分析によると、２００６年の微妙な小差による敗北と２０１２年の明らかに差のある敗北を経験したＡＭＬＯの３回目の大統領選挙への挑戦は万全の準備ができていた。メキシコ市長（２０００〜06年）を経て大統領選挙に挑戦を続けてきたＡＭＬＯの強靭な改革に向けた政治信念、混乱を極める２０１８年のメキシコ社会が直面している諸問題を熟知していること、この間の12年以上にわたって精力的に全国を回っての活動によって築かれた国民の間における知名度の高さ、「大衆迎合主義者」として批判される一方で「現実主義者」という別の顔をもち、広い支持層をもっていることが、２０１８年の選挙戦を勝ち抜いた要因であったに違いない。投票行動を分析した世論調査機関パロメトリアのデータによると、ＡＭＬＯ支持層は年齢層に大きな差はなく、敢えて特徴を整理すると年齢層が高くなるにつれて支持率も高まり、女性よりも男性の方が多く、高収入・高学歴層が投票していた。

なおロンドンを拠点とするＢＢＣ放送のスペイン語地域向け放送局の「ＢＢＣムンド」は、ＡＭＬＯ勝利の要因について次のような点を挙げている。第1に、インターネットとＳＮＳで一番多くの情報が流されたのがＡＭＬＯであったこと。第2に、３回に及んだ公開テレビ討論会におけるＡＭＬＯの極力抑えた発言と提言姿勢が、対立候補の汚職と腐敗を感情的に攻撃したＰＡＮのアナヤやＰＲＩのミードと際立って対照的であったこと。そして第3に、既成政党に制約されていない若い世代の浮動票がＡＭＬＯに向かったのだと分析している。なお選挙戦中の公約を丁寧に読み直すと、ＡＭＬＯの公約には一貫性があり、それを裏付ける具体的な政策が提示されており、十分に政策を実行できる体制にあることさえ窺えることがわかる。加えて、世論調査で第2位に挙げられたアナヤ候補は最終段階で自らの「資金洗浄事件」がメディアによって詳細に明らかにされたことも敗北の大きな要因となったであろう。ミードPRI候補に対する支援運動は組織票を期待できないほど分裂したPRIの弱体化にあったといえる。イェール大学の経済学博士号をもち、前章で紹介したようなカルデロンPAN政権時代のエネルギー大臣、外務大臣、財務公債大臣を務め、PRI政権ペニャニエト大統領の下では社会開発大臣と財務公債大臣を務め、指名でPRI大統領候補となったミードは無党派の超エリートのテクノクラートである。ミードには最初からAMLOとの間に大きな差があった。

投票日の翌日、AMLOは大統領政庁を訪問し、現大統領の祝福を受けると同時に政権交代のスムースな手順について話し合った。その後は連日、経済界や各種労働組合にいたるまでの各界の指導者層と懇談の場を持ち、7月1日の選挙結果を国家選挙管理機構が認定した8月8日には、次期MORENA政権の閣僚名簿を発表した。すでに公式な選挙運動を開始する前に公表していた名簿の変更は1名にすぎず、ペニャニエト政権が廃止した治安省を復活させる予定で17名となり、閣僚予定者のうち8名が女性となっている。これらの閣僚候補者たちの経歴をみる限り、専門的な経歴と実力を有する人材であり、また大統領政庁を仕切る要員の多くはAMLOのメキシコ市長時代以前から20年以上近く行動を共にしてきた同志たちであることがわかる。MORENAは、ほぼ30年に及ぶメキシコの新自由主義経済政策がもたらしたさまざまな弊害に対する戦いを挑む政治家集団を抱えており、メキシコ国民の利益を優先しようとする民族主義を掲げている。選挙後に国家選挙管理機構が正式な選挙結果を発表する1週間も前から、AMLO集団が次期政権の取り組む具体的な構想を次々と発表していったことは、これまでにないメキシコの新しい政治の時代を予想させるものである。

公約の貧困対策と若者への支援政策については具体的な政策を提案している。争点の１つであった「新国際空港の建設の中止」は専門家を交えた実態調査の上で結論を出すことになり、「大統領官邸を国民の文化施設にする」という公約は大統領政庁の機能を効率化して人員削減と国立宮殿への移転を決定し、「大統領専用機売却」の公約はすでに購入希望者が出現している。そして「大統領の給与を70％カットする」という公約は8月20日に発表された公職者の手当のほぼ3分の2をカットするという具体的な提案発表となっている。公職者の手当が最高役職者（大統領）の収入を超えてはならないという憲法１２７条の規定は２００９年のＰＡＮカルデロン政権時代の憲法修正によって確立している。またペニャニエト政権時代に進展したエネルギーの民間資本への開放に対する反対姿勢とメキシコ独自の石油精製施設の建設に対する取り組みについても、全面的否定という公約から妥協策を提案するなど、現実主義政治家の顔が見え始めている。

4か月後に政権交代する予定の新旧大統領が握手する姿を掲載した2018年8月21日の『ラホルナーダ』紙（筆者撮影）

そして8月8日は「大統領当選者」から「次期大統領」という正式な承認を選挙裁判所からうけ、現政権と次期政権を担う2人の大統領が並行して政治を動かしているという感じを受ける。有力紙『エルウニベルサル』が8月8～12日に行なった世論調査によると、回答者の65％がロペスオブラドール次期政権の全面支持を表明し、支持しているという13％を加えると78％の国民が次期政権の公約を信頼していることになる。現大統領はもはや祝賀式典の挨拶担当者になり、「メキシコを変える」ための政策案と予算案が次期大統領の口から次々と発表され、メキシコが新しい時代に入ったことを思わせている。（国本伊代）

コラム2

汚職の一掃――「聖域」を支配した巨悪との対決

丸谷吉男

世界的に悪名高いメキシコの汚職と腐敗の歴史の中で、メキシコを知る者の誰もが忘れられない事件がある。それは、自らも与党・制度的革命党（PRI《プリ》）の選挙操作で大統領となったカルロス・サリナス（任期1988～94年）が本気で闘ってメキシコ石油公社（PEMEX《ペメックス》）の労働組合のボスを追放した事件である。

PEMEXの労働組合（STPRM）は教職員組合と並ぶ最強の労働組合ので、石油の国有化以後の歴史的事情により莫大な利権と資金を持つことになり、そのリーダーは歴代政権にとっても無視しえない存在であった。なかでも1970年代から1980年代にかけて「キーナ」というニックネームで呼ばれたホアキン・エルナンデス書記長はその権力と腐敗体質を批判することがタブー視されるほどの「巨悪」であった。

PEMEXの汚職体質は1946年に始まったとされる。「ストライキによって数百万ペソを失うよりも労組リーダーを賄賂で取り込むほうがましだ」と考えた当時の総裁の判断で、民間会社との契約ごとに2%に相当する額を労働者の教育と福祉のための資金として労組に提供することになった。また1947年以降は、労組役員の給与をPEMEXが支払うことになり、その数は1971年には139名に膨れ上がった。これが労組貴族の温床となり、安定したPEMEXへの就職を望む者が増える中で「ベンデプラサ」という悪習が広まり、労組幹部の裏金となった。「ベンデプラサ」とは「ポストを売る」という意味で、PEMEXが雇用する職員を労組役員が手数料を取って斡旋する制度である。石油の生産量が増え、価格が上昇して開発が進むにつれて、汚職と腐敗の機会はさらに増えた。たとえば、ガソリンスタンドの経営権はPEMEXに協力する者や、政治家の夫人へのプレゼントの定番とされた。

マスコミは、産油地域の労組貴族と貧しい一般労働者の格差を取り上げ、定期的にPEMEXの問題点を指摘した。また続発した事故の原因究明の過程で、能力も資格もない者が「ベンデプラサ」によって重要なポストに就いているという事実も暴露され、腐敗の実体が明らかにされた。それでもPRI体制の強力な柱である石油労組は、政治家とPEMEXの癒着、PEMEX経営陣と労組のもたれ合いの体質のために徹底的な追及がなされることはなかった。しかし1989年1月10日、労組書記長として君臨してきたキーナに対して武器の密輸と不法所持の罪状で逮捕状が出され、広大な邸宅に立てこもって抗戦したキーナを軍隊が出動して逮捕するという、劇的なシーンが展開され、その後彼には35年の刑が言い渡された。

この事件の背後には、テクノクラート（高級専門職官僚）から大統領になったデラマドリ（任期1982〜88年）と後継のサリナスという2人の大統領の連係プレイがあった。1984年の公共事業に関する法律の改正により、公営企業の請負契約への労組の関与を禁止し、資金のパイプを閉ざしたことが伏線となり、それを直接担当したのがデラマドリ政権の企画予算大臣であったサリナスであり、自ら大統領になった後に、今度は武器密輸の容疑を突破口として、PEMEXという伏魔殿にはびこった闇の権力者を排除したのであった。

PEMEXのガソリンスタンド（柳沼孝一郎撮影）

2018年7月1日の選挙に向けて

国家再生運動（MORENA）の大統領候補ロペスオブラドール（右）とメキシコ市長候補シェインバウムのポスター。2人とも当選した。（国本伊代撮影　2018年6月）

国民行動党（PAN）のリカルド・アナヤ大統領候補の集会場の光景
（国本伊代撮影　2018年6月）

III

国際政治とメキシコ外交

15

内政不干渉主義と中立外交の伝統

――★カランサ・ドクトリンとエストラーダ・ドクトリン★――

メキシコが民族自決と内政不干渉主義を掲げ、同時に中立外交を保持して国際法と国際組織に依拠する平和主義を貫く明確な外交方針を持つことは、広く知られている。そこには、独立以来メキシコが経験した歴史的背景がある。

1821年の独立後もスペイン、イギリス、フランス、米国などからの侵略の脅威を受け続けてきたメキシコは、とりわけ1836年のテキサス地域の独立と1846～48年の「メキシコ・アメリカ戦争」によって国土の半分以上を米国に割譲し、その後も米国の軍事介入を受けたという苦い経験を持っている。18世紀後半にイギリスから独立を達成し、19世紀に入ると領土を拡張し続けて20世紀には世界最強国となった米国と3200キロメートル以上に及ぶ国境で接するメキシコにとって、「北方の巨人」米国からの独立保全は常に最重要課題であった。21世紀の現在においてすら、その脅威はさらに強まっている。そのような避けられない環境の中でメキシコが選んだ道は、独立と国家主権の保全および民族自決・内政不干渉主義の原則を国際社会に訴え、国際協調によって強化することであった。これらの外交方針を20世紀前半のメキシコ自らが国際社会に向かって宣言したものが、「カランサ・ドクトリン」と「エストラーダ・ドクトリン」である。

　カランサ・ドクトリンとは、1910年代のメキシコ革命の動乱期に米国が武力介入したことへの反発として、当時の革命勢力を率いていたベヌスティアノ・カランサが「他国の内政に干渉しない」という理念を広く国際社会に訴えて米国の介入を阻止することを目指して主張した、メキシコ外交の基本方針である。この不干渉主義は民族自決の帰結でもある。それは、独立国家が政治・経済・社会・文化において自由にかつ自発的に自らを開発する権利を有することを意味する。メキシコの場合、その主たる対象は米国の干渉と介入に対する反発と警戒であった。この意味で反米主義はメキシコ外交の根底にあるイデオロギーである。カランサ・ドクトリンの名は、すでに述べたように革命動乱期に護憲派勢力を率いて革命政権を樹立し、米国の武力による干渉に対して毅然として抗議したカランサ大統領（任期1917~20年）の名前に由来している。

革命政権初代大統領ベヌスティアノ・カランサ（メキシコ国立公文書館提供）

　一方、エストラーダ・ドクトリンは、他国の政権樹立に介入せず、実効的に国内を支配している政府を承認するという原則である。この原則もまたメキシコの経験から派生している。それは、1917年の革命憲法に準拠した「地下資源の国有化」への補償を巡り、1920年に米国がオブレゴン政権（1920~24年）の承認を拒んでメキシコの政治に介入した事件に起因するものであった。エストラーダ・ドクトリンもまた広く国際社会に訴えて認知されている。その結果、20世紀後半の東西冷戦時代のラテンアメリカ地域で左派政権が誕生すると、それらの政権を自動的に承認したメキシコは、中央情報局（ＣＩＡ）を介入させて誕生したばかりの左派政権の打倒を試みた米国と対立し続けた。ただしメキシコには、１９３０年代のスペイン市民戦争では明らかに実効支配を欠いていたスペイン共和政府を承認し、実効支配をするフランコ政府との外交関係を断ったことがある。これはメキシコによるスペイン内政への干渉と受け止めることもできることから、メキシコの内政不干渉主義が一貫しているとは言い難いと指摘する専門家もいる。エストラーダ・ドクトリンの名は、１９３０〜32年に外務大臣であった職業外交官ヘナロ・エストラーダの名に由来している。

このような外交方針を20世紀末まで明確に保持してきたメキシコは、１９５９年にバティスタ独裁政権を倒したゲリラ集団からなるフィデル・カストロらのキューバ革命政府に対しても政府承認を行ない、62年1月の第8回米州諸国外相会議でキューバに対する外交および通商の断絶が決議されても、メキシコは外交・通商関係を保持した。65年のドミニカ共和国における軍事クーデターに米国が介入したときも、メキシコはこれに反対した。また73年にチリにおいて選挙によって成立した社会主義革命を目指すアジェンデ左派政権も承認し、とくにアジェンデ政権を崩壊させるために米国が後押しするチリ軍部が大統領官邸を空爆し、大統領が自殺するという悲劇的な結末で軍事政権が誕生したことをメキシコは痛烈に批判して、多数のチリの亡命知識人を受け入れた。この他に70年代のニカラグアでソモサ独裁政権を倒して社会主義革命を目指したサンディニスタ政権や80年代にエルサルバドルで誕生した左派政権も承認している。

このような過程で行なわれた政治亡命者の庇護《ひご》もメキシコ外交政策の特徴の1つである。政治的に迫害されている者に対して庇護を与えて受け入れるメキシコの姿勢は常に寛大である。1930年代にはソ連を追われたトロツキーを亡命者として受け入れ、またスペイン市民戦争で迫害された知識人の多くを迎えて、その専門知識を活かす社会的地位を提供した。キューバ革命政府の樹立に成功する前のカストロ兄弟やチェ・ゲバラらが滞在し、公然と自国の独裁者打倒の活動を展開する舞台となったのもメキシコである。

このようにメキシコは米国に対して自国の主権の保全と国益を主張すると同時に、一種の中立外交・孤立主義政策を取り続けた。しかし19章で紹介されているエチェベリア大統領（任期1970～76年）はこの伝統的な孤立主義を放棄し、発展途上国を代表する役割を担ってメキシコ外交を大きく転換させた。その結果、1970年代から80年代における中米紛争の解決にメキシコは率先して平和的解決の道を探り、米州機構（OAS）および国連外交を重視する平和主義外交を積極的に進めた。さらに80年代の経済危機における国際機関および先進諸国の支援を受けて、自立主義・中立的外交政策を完全に放棄すると同時に、対米協調主義政策へとメキシコ外交を大きく転換させている。

切手になった外務大臣ヘナロ・エストラーダ

（国本伊代）

16

対米外交

★反米と依存と共存の関係★

メキシコと米国の関係を象徴する「近くて遠い隣国」という言葉がある。1821年の独立以来、メキシコにとって米国は常に覇権を振りかざす北方の巨人であると同時に、同盟に近い依存関係を保つ必要性に迫られる隣国であった。メキシコの外交関係を時系列的に整理すると、激しい対立関係と比較的友好な関係の時期が断続的に、かつ交互に取られてきた過程がよくわかる。

19世紀の米国の膨張主義時代にメキシコはテキサスをめぐる対米戦争で敗れたが、フランスが君主を送り込んだ干渉時代の1850年代から60年代にかけては米国の支援を受けてフランス干渉戦争に辛うじて勝利して主権を守った。その後に出現したポルフィリオ・ディアス独裁政権時代（1876〜1911年）には自由主義経済政策の中で米国を中心とする外国資本によってメキシコの天然資源が開発され、近代化が急速に進む一方で、メキシコ人の一部の支配層を除く国民の圧倒的多数が極貧層にとどまった。

このディアス独裁体制は1910年に勃発したメキシコ革命という内戦状態を引き起こし、米国はメキシコにおける「自国民の生命と財産を守る」という名目で軍隊を派遣した。これに徹底して抵抗したのが1857年の自由主義憲法を擁護する護憲派勢力である。この護憲派勢力が革命動乱を制圧し、外国資本が所有する土地と地下資源を国有化する原点となった第27条を含む現行憲法でもある「革命憲法」を1917年に制定した。その後90年代初めまでメキシコは革命憲法に則る改革の政治を遂行した。この間にメキシコの対米関係は、シーソーのように近づいては離れ、また近づくという関係を保っている。

この間の1920年代のカトリック教会をめぐる国家と教会・信徒との間に起こった「クリステーロの乱」と呼ばれる3年に及ぶ武力衝突は米国の介入で調停されたが、38年の石油の国有化は軍事衝突寸前にまで対米関係を悪化させた。しかし第二次世界大戦が勃発するとメキシコは枢軸国側に宣戦布告し、米国の後方支援からヨーロッパ戦線および対日戦線にも軍隊を派遣して米国に協力した。この間の42年から64年にかけて、戦争で労働力が不足する米国にメキシコ人労働者を派遣する「ブラセロ計画」が策定され、メキシコ人の季節労働者が米国の労働力不足を補った。

しかし大戦後の冷戦時代に入るとメキシコは米国から距離を置き、反米色の強い外交政策を取った。キューバの親米・独裁政権打倒に成功したフィデル・カストロらの革命政権を承認し、62年のキューバ・ミサイル危機を経た64年に米国が米州機構（OAS）加盟国にキューバとの断交を迫り、OASからキューバを追放した時も、メキシコは断固としてそれらを拒否し、1998年にキューバがOASに復帰するまでの35年間キューバと外交・通商関係を保持した唯一のOAS加盟国となった。

1970年代のエチェベリア政権時代には19章で紹介されているように、メキシコは「先進諸国による資源国支配」を非難し、開発途上国のリーダーとなって米国をはじめとする先進諸国に立ち向かっている。73年の石油危機後にメキシコにもたらされた石油ブームを背景にして、ロペス＝ポルティーリョ政権は中米諸国に出現した左翼勢力を支援し、米国と対決する関係となった。79年にロペス＝ポルティーリョ政権は米国が支援するニカラグアの独裁者ソモサ政権と断交して左翼サンディニスタ政権を承認し、80～81年にかけてエルサルバドルの左翼運動を支援した。さらに82年に始まる深刻な経済危機の中にあっても、デラマドリ政権（1982～88年）は国際通貨基金（IMF）をはじめとする国際金融機関や先進諸国の支援を受けることに消極的で、1985年の首都メキシコ市を襲った大地震による被害に対する米国の救援策を一時は拒んだ程であった。続くサリナス政権（1988～94年）は、89年に起こった米国海兵隊のパナマ侵攻を激しく非難し、90年代に出現した中米および南米の左派政権への米国の弾圧を非難しただけでなく、和平に向けた国際協調の構築のためにリーダーシップを握った。しかしエチェベリア政権の外交政策の一部を除くと、この時期までのメキシコの外交政策は米州域内に限定されたものであった。メキシコが閉鎖的・孤立主義的な対外政策から全世界的な開放的外交政策、とりわけ親米政策に転じるのは、サリナス政権末期になってからである。

1994年に成立した北米自由貿易協定（NAFTA）のメキシコ経済への影響は大きく、経済のみならず政治・社会・文化における米国の影響力が拡大し、メキシコと米国の関係はかつてなかったほど接近した。北米安全保障と繁栄パートナーシップ（SPP）構想をメキシコの外務大臣が提言するほど米国寄りへと転換しても不思議ではない。2001年の9・11テロ事件を契機として、国境の管理をメキシコと米国が連携して行なうという協調関係も出来上がった。テロリストを米国内へ不法入国させないために国境の1000キロメートル以上にわたって壁を建設することが決定されたのもこの時期である。2003年には米国の開発途上国の開発支援と親米派を形成する目的で1962年に始まった官製のボランティア組織である「平和部隊」の隊員15名をメキシコは初めて受け入れ、2007年には45名へと受け入れ隊員数を増やした。OECDの加盟国であり、世界の先進国下位グループに位置する国が、「親米国をつくる」という国家戦略を明確に掲げる平和部隊を受け入れるのは珍しいといっても過言ではない。

しかし他方で、麻薬と不法移民問題をめぐる両国間の対立は深刻さを増し続けてきた。2017年に発足した米国のトランプ政権が主張する「国境の壁の建設」と不法移民の流入および麻薬問題は旧くて新しい問題であるだけに、22章と27章で紹介するように容易に解決できる問題ではない。しかもメキシコが一方的に非難される原因をつくってきたわけでもなく、両国の連携と協調によってしか解決できない問題である。21世紀のメキシコの対米関係は、歴史を逆戻りしたような米国依存の経済構造となっている。輸出の80％以上を米国に依存し、開放した外資資本による経済開発は労働者の賃金上昇を伴わず、ごく少数の国民を繁栄させている。そして他方では国民のほぼ半分が貧困層にとどまり、麻薬カルテルの拡大によって世界的に悪名高いレベルにまで治安を悪化させてしまっている。

（国本伊代）

蜜月期の米国クリントン国務長官とメキシコのエスピノサ外務大臣（メキシコ外務省提供　2010年）

17

21世紀のメキシコ外交

★グローバル化の中で模索する新外交政策★

メキシコの外交政策は、15章で紹介したような原則に基づき国際社会の中でメキシコが主権国家としての地位を保全することにあるが、その対外政策の中で最も重要な課題は常に約3200キロメートルの国境線を共有する米国との関係である。しかし少なくとも北米自由貿易協定（NAFTA）が発効した1994年まで、メキシコは対米関係においても独自の外交路線を貫き、北方の巨人米国と対等であることが歴代政権に課された原則であったといっても過言ではない。この意味で、米国への依存度を極端に高めてしまったNAFTA成立は、メキシコの外交政策の大きな転換点ともなった。

2000年に誕生した国民行動党（PAN）による2期12年間は1994年に成立したNAFTAに基づく市場主義開放経済政策を継承することであった。しかし同時に、対米依存度を低減するための独自の外交政策を模索する必要性も認識していた。米州域内だけでなく、さらに広い国際社会に積極的に参加し、メキシコの存在感を世界に広める外交政策を打ち出したのがビセンテ・フォックス政権（2000～06年）である。フォックス大統領は消極的であった従来の国際政治の舞台に立つことを避けた外交姿勢を積極的外交政策に切り替え、国連安全保障理事会の非常任理事国に自ら名乗り出て立候補し、さまざまな国際会議をメキシコに招致した。このようなフォックス政権の外交政策を担ったのが、米国のプリンストン大学で経済学を学び、フランスのパリ大学の博士号を持つホルヘ・カスタニェーダ外務大臣である。カスタニェーダ外務大臣はメキシコの新外交政策を「メキシコが民主国家であり、人権擁護国であり、文化国家である」ことを世界にアッピールし、グローバル化が進む21世紀の国際社会でメキシコの地位を確立する手段の1つとして「文化外交」をフォックス政権の外交政策の基軸に据えた。またサリナス大統領が確立した北米自由貿易協定（ＮＡＦＴＡ）をさらに拡大した「北米安全保障・繁栄パートナーシップ（ＳＰＰ）外交」と命名して米国とカナダと同等の立場での一体化を目指す構想を打ち上げた。これは、外交史上「カスタニェーダ・ドクトリン」とも呼ばれることがある。

メキシコ市内のメキシコ外務省の建物
（筆者撮影　2018年）

しかしこの外交政策は、２００１年9月11日に米国東部を襲った同時多発テロ事件によって、全面的に対米関係を重視する事態に直面して挫折した。テロリストの国境越境を監視するための「国境の壁７００マイル」の建設の容認から国境監視部隊の装備・訓練・武器の供与にいたる米国主導の関係が強化される過程で、米国と歩調を合わせようとするカスタニェーダ外務大臣と政府内部保守派の関係が悪化し、カスタニェーダは2年2か月という短い期間だけ指揮権を握った外務大臣の座から降りた。自らが名乗るように元共産党員、中道左派のクアウテモック・カルデナスの側近

（1988〜2000年）、政治評論家、作家として多彩な活躍をしてきたカスタニェーダが陣頭指揮を執ったメキシコの新外交政策が、メキシコの主権にこだわる国民行動党（PAN）保守派から疎外されて政権内で孤立しても不思議ではない。しかし短期の外務大臣任期中の業績は、グローバル化の時代にメキシコが世界で認知されるための外交路線に「文化外交」を定着させたことであろう。

フォックス政権を継いだPAN2代目のカルデロン政権はこの「文化外交」を受け継いで、「世界に積極的に参加するメキシコ、世界中から人々が訪れるメキシコ」をスローガンにして文化外交と観光政策に取り組んだ。各国との文化協定や交換留学生協定などのほかに世界各国で開かれるメキシコ産の物産展示会の開催からメキシコ文化祭典に至る催しを後押しした。本書の70章で紹介されている日本におけるメキシコ大使館の積極的な文化交流政策にその典型的な例をみることができる。しかしカルデロン政権が国内で直面した麻薬組織団制圧の失敗と治安の全面的な悪化によって、このような国際社会で展開するメキシコ外交の姿は国内ではほとんど知られていない。

2012年12月に発足したエンリケ・ペニャニエト制度的革命党（PRI）政権もまた、国際社会との協調の道を積極的に進めた。自由主義経済・民主主義・人権擁護・環境問題など世界が直面する問題を共有することを表明し、積極的に国際会議や諸国首脳との交流に努めてきた。しかしメキシコにとって経済の基軸となった国内の構造改革が進んできた2016年に、北米先進2か国と結んだ北米自由貿易協定（NAFTA）が米国で誕生したトランプ大統領の率いる共和党政権によって改変を迫られ、12年ぶりに返り咲いた制度的革命党（PRI）政権を率いるペニャニエト大統領の任期最後の2年間は米国トランプ政権の主張するNAFTA改定問題で翻弄《ほんろう》され続けたといっても過言ではない。

NAFTAの内容については28章で紹介されているが、メキシコ側からみると「メキシコを米国の下僕にし、メキシコの経済社会構造を大きく歪めた」という側面をもたらした諸条項の変更も必要であり、米国の一方的な主張は受け入れ難い問題である。それにもかかわらず、メキシコは粘り強い交渉を続けて8月28日にカナダを抜きにした2国間の合意を固めた。もっともNAFTA問題に決着がつくのはこれからの問題である。

この過程でメキシコの外交力がメディアによって国民の目にさらされた。しかもメキシコの大統領選挙戦から次期大統領の決定、さらに移行期政権も参加するNAFTA改定交渉過程までのおよそ1年半におよぶNAFTA一色といっても過言ではない報道の過程でしばしば国民の前に登場したメキシコ側の交渉団は、かつての反米色の強いインテリ集団とはうって変わった米国の最高学府で学んだ超エリート集団であることが注目された。母語であるスペイン語とほぼ同じレベルで英語を話すこの集団の主役は、ホセ・ビデガライ外務大臣とイルデフォンソ・グアハルド経済大臣である。前者はメキシコ私立名門校であるモンテレイ工科大学を経て米国のマサチューセッツ工科大学で経済学の博士号を取得したメキシコの典型的な高級官僚である。後者もまた米国アリゾナ大学で経済学の修士号を取ったのちにペンシルバニア大学で博士号を取得し、大学で教鞭をとり、メキシコでは連邦政府の高級官僚に任命されたことのある経済学者であると同時に政治家でもある。そして同伴した若手官僚たちも、同様のキャリアーをもち、通訳不要の英語力を有している。そして追いかけるメディアへの対応では米国人の気さくさとメキシコ人の陽気さという雰囲気の中で、重要な交渉人としての信頼を国民に与えたように思われる。

（国本伊代）

18

ラテンアメリカを非核武装地域にしたメキシコ人

★アルフォンソ・ガルシア＝ロブレス★

広島と長崎の被爆73年を迎えた２０１８年は、北朝鮮のミサイル開発と核武装問題で世界が半世紀以上も前の冷戦期の緊張を体験した年となったが、メキシコにとっては深刻な国内問題への対応に追われ、地理的にも遠い北朝鮮の核兵器開発問題が身近なものとして受け止められることはなかった。しかしメキシコは核兵器に対する危機感を世界に広め、核兵器廃絶運動の先頭に立って国際世論を動かしてきた国である。

かつて世界中が核兵器に対する深刻な危機感を持ったのは、冷戦さなかの米ソ両国の軍備拡張競争の時代の１９６２年に発生した「キューバ・ミサイル危機」事件として歴史に残る、人類が核戦争の一歩手前にまで追い詰められた事件である。この事件を契機として、ラテンアメリカを人類が定住する地域としては世界で最初に非核武装地域とする「トラテロルコ条約」が１９６７年に締結された。トラテロルコとは、当時メキシコ外務省が立地していた地名であり、正式名称は「ラテンアメリカにおける核兵器の禁止に関する条約」である。

冷戦さなかの１９６０年代のラテンアメリカ地域は、社会主義立国を宣言したキューバとそのキューバを支えるソ連と対峙する米国の強硬外交政策が展開されるという事態に直面していた。1962年10月には、ソ連がキューバに攻撃用核ミサイルの基地建設を試みて米ソが対決し、世界が核戦争の一歩手前にまで追い込まれたあの有名な「キューバ・ミサイル危機」が発生した。米州機構理事会は、キューバにおける攻撃用ミサイルの設置は米州諸国に対する脅威であるとみなし、その撤去を求める決議を行なった。この事件は、ラテンアメリカ諸国に核問題を身近なものであることを認識させた。米ソ両国がラテンアメリカのいずれかの国に核兵器を持ち込む可能性が高まると同時に、独自の核兵器開発を可能とする経済力と技術力のある国が存在することが、懸念の理由であった。

しかし軍事独裁政権が多くの国に存在し、利害関係が複雑であった1960年代のラテンアメリカ諸国が、「トラテロルコ条約」のようなものを初めから一致して締結できたわけではない。キューバ・ミサイル危機が終結した直後にブラジル、ボリビア、チリ、エクアドルの4か国がラテンアメリカ地域の非核化に関する決議案を国連総会に提出し、翌63年にはメキシコも参加してラテンアメリカ非核化に関する共同宣言を発表した。それから約5年の歳月を経た1967年2月14日に、「トラテロルコ条約」が参加した14か国によって締結された。しかしラテンアメリカおよびカリブ海域を非核地帯として国際社会に承認させるには、さらに多くの歳月を要した。

トラテロルコ条約の内容は、締約国が核兵器の実験・使用・製造・所有・管理に直接的また間接的に関与しないことを定めており、1968年4月に条約が発効した時の署名国は21か国であった。しかし技術的にも経済的にも核開発能力のあるブラジルとアルゼンチンおよびチリは1994年まで条約を批准しておらず、必ずしも順調な歩みにはならなかった。また同条約締結の発端をつくった

切手になったガルシア＝ロブレス

キューバが署名したのは95年で、さらに同国が条約を批准したのは２００２年になってからである。こうして21世紀に入ってやっとラテンアメリカ地域の33か国すべてが批准した。さらに同条約には２つの付属議定書があって、その議定書１において現在でもラテンアメリカに植民地を保有する宗主国（米国、イギリス、オランダ、フランス）にラテンアメリカ地域の非核化の確約を求め、議定書２において核兵器保有国（当時のソ連、米国、イギリス、フランス、中国）に対してトラテロルコ条約加盟国における核兵器の使用および核兵器による威嚇を行なわないことを要請している。そしていずれの国もすでにそれを承諾し、トラテロルコ条約を批准している。この間に同条約の監視機構として１９６９年に本部をメキシコ市に置いたラテンアメリカ核兵器禁止条約機構（ＯＰＡＮＡＬ）が設立されている。このように核拡散の危機が迫る21世紀の世界で、ラテンアメリカ地域33か国が人類の定住する地域における最初の非核地帯条約を締結し、その実行を目指した長い道のりを辛抱強く歩んできたことはもっと知られるべきである。

　このトラテロルコ条約の締結に大きな役割を果たしたのがメキシコであり、そのリーダー役を担ったのがアルフォンソ・ガルシア＝ロブレスというメキシコの職業外交官である。ガルシア＝ロブレスは生粋の外交官であった。メキシコ国立自治大学法学部を卒業したのち、フランスのパリ大学で修士号を取得し、さらにオランダのハーグにある国際法アカデミーで学んだ国際法の専門家としてメキシコ外務省に入省した。対日講和条約が結ばれたサンフランシスコ会議ではメキシコ代表の一員として出席しており、1945年から12年間、設立されたばかりの国連にメキシコ代表として勤務した。60～63年にブラジル大使を務めたのち64年に外務次官となり、当時のメキシコ外務省があったトラテロルコ（メキシコ市中心部北西に位置する地域）で、ラテンアメリカ諸国の代表による「トラテロルコ条約」の署名に尽力した。70年にエチェベリア政権（1970～76年）が成立すると、国連大使として再び国連勤務に戻り、同政権末期の75年から1年間だけ外務大臣を務めた。その後ロペス＝ポルティーリョ政権時代（1976～82年）の78年に国連のジュネーブ軍縮委員会のメキシコ主席代表となり、死去する1991年まで核兵器の廃絶の必要を説き、その実現のための努力を続けた。この間の82年にノーベル平和賞を受賞している。

日本で「国際連合と軍縮」について講演するガルシア＝ロブレス（中央大学提供）

「世界が核兵器で終末を迎えるか、あるいは核兵器が世界によって終末を迎えさせられるか、人類の選択肢はそのどちらかでしかない」というガルシア＝ロブレスの主張は、まさに北朝鮮の核武装で世界を恐怖に陥れた2018年の人類に対する警告となった。

（国本伊代）

19

メキシコ人の意識を世界に向けさせたエチェベリア大統領

★「アメリカの隣国」から第三世界のリーダーへ★

スペインから独立したメキシコはその後アメリカ、フランスなどからの侵略の危機にさらされたため、その苦い経験に基づき、15章で紹介されているように、民族自決、内政不干渉を外交の基本原則とするようになり、その理念は1917年の革命憲法に「カランサ・ドクトリン」として盛り込まれ、歴代政権に引き継がれてきた。冷戦期に、米州機構（OAS）がキューバの追放、国交断絶を決議した際にもメキシコはこの原則を貫き、唯一の対キューバ国交継続国となったが、さすがのアメリカもその一貫性のゆえに黙認せざるを得なかった。

メキシコは他国からの内政干渉を拒否するだけではなく、同時に、他国の国際紛争や対立に巻き込まれることをも回避したために、孤立主義外交という批判にさらされることになった。1960年代に、ラテンアメリカ自由貿易連合（LAFTA）や中米共同市場（CACM）など、地域経済統合の動きが活発化したが、メキシコはそれらの動きに対しても消極的で、68年には国連貿易開発会議（UNCTAD）で発展途上国が債務支払い繰り延べを要求した際にも同調しなかった。第二次世界大戦後のメキシコは高い経済成長、通貨の安定、順調な債務返済などにより、「ラテンアメリカの優等生」として評価されていたため、外交政策については「世界の国々とはアメリカを経由してつながっており、外交とは何よりもまずアメリカとの関係である」(1964~70年任期のディアス＝オルダス大統領)という方針が貫かれ、発展途上国との連帯や協力という発想はなかった。

ところが、1970年に就任したエチェベリア大統領はそのようなメキシコの伝統的な外交政策を180度転換し、アメリカ一辺倒であった国民の意識を世界に向けさせると同時に、メキシコを第三世界のリーダーとして世界の外交舞台にデビューさせた。その活動ぶりは目覚ましく、6年の任期中に37か国を公式訪問し、国連総会に6回出席し、33か国の外国元首、閣僚を招待し、国交を持つ国を62か国から125か国へと倍増させた。

アメリカとの関係も急変した。アメリカ抜きでキューバを引き入れた、反米色の強いラテンアメリカ経済機構(SELA)を設立し、加盟国首脳の訪問外交を演出し、「世界で初めて選挙によって実現された社会主義政権」として注目されたチリのアジェンデ政権がアメリカCIAの関与したクーデターで崩壊した際には政治亡命者を受け入れ、メキシコ市に第三世界研究所を設立し、初代学長として発展途上国研究の基盤を確立した。

1974年12月の国連総会での「エチェベリア憲章」すなわち「諸国家の経済的権利と義務に関する憲章」の採択は、メキシコ外交の転換を象徴するものであった。同憲章は「平和とは他国の権利を尊重することである」という19世紀のファレス大統領以降のメキシコ外交の基本理念を反映させたものので、資源ナショナリズムに燃えた1970年代の発展途上国の資源政策のバイブルとされ、同時に

エチェベリア大統領
（メキシコ大統領政庁広報課提供）

メキシコはかつての「アメリカの隣国」から「ラテンアメリカのまとめ役」「第三世界のリーダー」となった。

ところで、エチェベリア外交は日本との関係を一変させた。歴代大統領はまず最初にアメリカへ就任の挨拶に行くのが慣例であったが、彼はアメリカではなく、最初の訪問国に日本を選んだ。これにはアメリカ人も驚いたが、もっと驚いたのはメキシコ人であった。当時メキシコ市の大学院で研究生活を送っていた筆者は突然連日のマスコミ取材に忙殺されることになったが、「ハポン（日本）」は彼らにとってほとんど「未知の国」であった。その後、政府の肝いりで日本の歴史・文化・経済についての大々的な日本キャンペーンが展開されるなか、毎年１００人ずつの留学生交換制度（64章参照）、日本航空（ＪＡＬ）のメキシコ乗り入れ、日墨経済協議会設立、商工大臣を団長とした使節団の訪日が実現され、72年3月に大統領が訪日した。その日、日本人の耳目は浅間山荘事件に集中していたが、この訪日を契機として両国の関係は一挙に深まった。たとえば、従来日本の国会議員の公式訪問の事例のなかったメキシコへいきなり田中角栄首相が乗り込み、次の大平首相が続き、それ以後は日本の政府首脳の外遊の定番コースになった。

このようなエチェベリア大統領の突然の対日接近の理由は、メキシコ人のナショナリズムと反米感情にあった。ラテンアメリカの優等生といわれたメキシコがふと気がついてみると、経済の重要な部分が革命の敵であったはずの外国資本、とくにアメリカ資本によって支配され、貧富の格差は広まり、政治に対する閉塞感が高等教育を受けた若者たちの間に広まり、「トラテロルコ事件」（1968年の学生を中心とする反政府運動）などが社会を揺るがせ始めていた。

そのような中で、革命の理念の復活とナショナリズムの高揚を掲げて登場したエチェベリア政権にとって、ニクソンショックとアメリカの輸入課徴金の賦課が大きな打撃となり一気に反米感情を高めた。当時、メキシコに投下された外国資本の中でアメリカ資本は8割を占め、次のイギリス資本は4％以下であり、「特定の外国への従属」を否定した革命の理念に反していたため、アメリカの比率を引き下げねばならず、そのための国としてアジアの日本とヨーロッパのドイツが選ばれたのであった。

一連の華々しい活動により、大統領の任期終了後の国連事務総長への転出、あるいはノーベル平和賞という下馬評も流れたが、1973年に制定した外資法、すなわち「メキシコ人の投資を促進し、外国人の投資を規制するための法律」が外国資本、とくにアメリカ資本の反発を招き、外資がメキシコから撤退するにつれて経済が低迷し、政権末期には外貨不足を補うための対外債務の急増、通貨ペソの暴落、インフレの加速などに見舞われ、国際通貨基金（ＩＭＦ）に緊急支援を要請する一方、農民による共有地の不法占拠やクーデターの噂なども加わり、国内でも「内政をなおざりにして外交にうつつを抜かした大統領」という厳しい評価にさらされて舞台を降りた。しかし対米一辺倒であったメキシコ外交に風穴を開け、メキシコ人の目を世界に向けさせた功績は大きく、その流れは21世紀になって、経済協力開発機構（ＯＥＣＤ）のグリア事務総長就任へとつながった。

（丸谷吉男）

20

「先進国クラブ」OECDの事務総長になった元財務大臣

★リスケ交渉人から「金持ちクラブ」のトップに★

2008年4月、東京で開かれた経済協力開発機構(OECD)の金融会議でアンヘル・グリア事務総長が身ぶり、手ぶりをまじえて日本経済の現状と問題点について総括し、税制・財政改革と生産性向上を求める内容の「改革の停滞」と題する対日経済審査報告を発表したが、その容貌と話しぶりをみた参加者の中から「懐かしい顔だなあ」「昔の名前が出てきたね」「あのころ財務大臣として借金の言い訳、返済猶予を求めて頭を下げて回っていたあのグリアが今は日本経済に注文をつけに来たとはね」「20年ですっかり立場が逆転しちゃったねえ」というような声が会場に流れた。

このグリア事務総長こそは1980年代から90年代にかけてメキシコが対外債務危機、通貨危機、逆オイルショック、大地震などで繰り返し経済危機に陥った際に財務省担当官、外務大臣、財務大臣と立場を変えつつも国際金融界の債権者を相手に口八丁手八丁で返済猶予交渉の最前線に立ってきた人物であり、国際金融や企業の対外活動に従事してきた人々が前記のような感想を持ったのも当然といえば当然であった。

OECDは先進37か国(2018年現在)によって構成される

国際機関で、「先進国クラブ」あるいは「金持ちクラブ」とも呼ばれ、政府開発援助の配分や評価の面で大きな影響力を持つほか、国別の経済審査報告は世界の貿易や外国投資や株価の動きに影響を及ぼす機関である。そのトップとしてOECDに加盟して間もないメキシコの元財務大臣が就任したことは、21世紀の国際関係の劇的な変化を象徴する出来事といえる。同時に、1994年の北米自由貿易協定（NAFTA）の締結でアメリカおよびカナダと貿易や投資の面での国境を廃止したメキシコの世界経済における存在感の高まりを反映したものでもあった。

というのは、このポストは初代から3代目まではヨーロッパから選ばれ、4代目はカナダから選ばれていて、5代目の選出に当たっては、当初6人が立候補していた。フランスからは自由民主党党首ノアラン・マドラン、日本からは世界銀行エコノミストの竹内佐和子、オーストラリアからは競争・消費者委員会委員長、ポーランドからは前首相、韓国からは元外交通商相、そしてメキシコからはグリアであった。一次選考に勝ち残った3人の中から最終的に選出されたグリアは「債務の天使」と呼ばれることが多いが、それはファーストネームのアンヘルが英語のエンゼルを意味することによる。

OECDにおける加入歴の短さ、出資金の額、政治的キャリア、地域的バランスなどの点からみて当初はあまり有利とは思えなかったグリアが勝ち残った最大の理由は、20世紀最後の20年間に何度か世界経済に激震を与えたメキシコの累積債務問題の処理の最前線における彼の八面六臂《はちめんろっぴ》の活躍のイメージであった。当時メキシコはブラジルと並んで世界最大の債務国であり、日本はそのメキシコに対してアメリカに次ぐ債権国であったため、彼の訪日は60回を超え、当時の竹下蔵相や前川日銀総裁を相手に丁々発止の金融支援交渉を展開した経験から、彼はメキシコでは第一の「知日派」として知

OECD 事務総長アンヘル・グリア
(OECD 事務局提供)

られている。94年にメキシコがOECDに加盟したのは、73年のニュージーランドの加盟以降20年ぶりのことで、一部に反対論も強かった中で、「1人当たり国民所得が1700ドルのトルコが加盟しているのに、2600ドルのメキシコがなぜ加盟できないのか」「メキシコはすでにアメリカ、カナダとの間でNAFTAを締結しているのだ」と主張して加盟の実現にこぎつけたのであった。

加盟歴や出資金の額などで有利とみられたライバルに競り勝てた要因は、グリアの個人的魅力、人脈の広さに加えて、借金の借り手という弱い立場で強い立場の貸し手を相手に困難な交渉を取りまとめてきた「海千山千」の実績であった。母国語のスペイン語のほかに英語、フランス語、イタリア語を通訳なしで話すほか、ドイツ語、ポルトガル語も不自由しないという語学力で、巨体を揺さぶりながら表情豊かに議論を展開することにより、一度会った人を「アミーゴ」にしてしまうというラテン的魅力も大きかったとみられる。

振り返ってみると、メキシコでは1970年代にエチェベリア大統領が資源ナショナリズム、第三世界外交によって国際舞台にデビューし、自らが開発したリゾート地カンクンでの史上初の「南北サミット」を企画し、第三世界のリーダーとして国連での「諸国家の経済的権利・義務に関する憲章」を成立させ、大統領任期の満了後に国連事務総長になることを目指して積極的に活動したが、

1976年の経済混乱と通貨危機により国際通貨基金（IMF）への緊急支援要請を余儀なくされ、国連事務総長の夢は消え去った。

次に国際機関のトップの座を目指した人物は「サリナス革命」によって注目されたサリナス大統領であった。メキシコが累積債務、大地震、逆オイルショックの三重苦にあえぐ中で1988年に史上最低の得票率で発足したサリナス政権は、世界銀行、IMFが支援をする際の前提条件として義務づけた厳しい諸条件（コンディショナリティ）を受け入れ、新自由主義路線の構造調整を推進し、アメリカ、カナダとの間でNAFTAを成立させ、それを手土産にして、新たに生まれる世界貿易機関（WTO）の初代事務局長になることを目指して活動を続けた。

しかし彼もまた任期最終年になって、南部チアパス州での先住民の武装蜂起、与党幹事長暗殺事件での実兄の逮捕、通貨ペソの暴落、「テキーラショック」と呼ばれた経済混乱、後継大統領候補者暗殺事件への関与の疑惑、国外への脱出などのマイナス要因が重なって、WTO事務局長のポストは夢と消え去った。

2人の大統領が挑戦して果たしえなかった夢を「借金の言い訳をして世界を駆け回っていた男」「債務の天使」が見事に実現することができた理由は、21世紀の世界におけるラテンアメリカの発言力の高まりという外部環境に加えて、近年日本でもしばしば取り上げられる「下から目線」の効果であったとみられる。ちなみにグリアは2016年6月からOECD事務総長として3期目の重責を担っている。

（丸谷吉男）

コラム3

超一流教育を受けたテクノクラート集団と英語力

国本伊代

米国の有力雑誌記者として1985年から5年近くメキシコ市に常駐し、広くメキシコと中米地域を担当したのち、米国に戻って国内取材を中心とする記者生活を続けたロサンゼルス育ちのメキシコ人記者が、再びメキシコ駐在員として戻った時の驚き方は興味深かった。日常生活に始まり、あの反米意識の強かったメキシコ人の変わりぶりは、ある程度知っていたつもりであったが、これほどまでに変化した2010年代のメキシコの姿に驚いたのである。この記者の体験した、そして今体験しているメキシコを、筆者もほぼ共有していることから、メキシコの頑固なほどの反米主義が30年ほどの間に大逆転して、どれほどアメリカ化したかを改めて回顧してみよう。

メキシコでは1980年代ぐらいまでアメリカ人を「グリンゴ」あるいは女性の場合には「グリンガ」と、ややさげすんだ意味合いをこめて呼んでいた。グリンゴには気さくであると同時に傲慢で、短絡的なアメリカ人男性のイメージがある。グリンガは「尻軽女」の代名詞でもあった。大学で必須の外国語の選択に英語はあまり選ばれなかった。真面目な学生はフランス語をまず選択し、気軽な学生はスペイン語に文法も発音も非常に近いイタリア語を選ぶのが普通であった。したがって英語を話せるメキシコ人は非常に少なく、一流ホテルのフロントぐらいでしか通じなかったような記憶がある。しかし2010年代のグローバル化が進んだメキシコでは、英語とコンピューターの操作に長けていなければ、まともな給与を得られる仕事に就くことは難しく、だれもが英語を学ぶようになった。

メキシコの高級官僚の英語力は素晴らしい。

超一流教育を受けたテクノクラート集団と英語力

通訳なしでほとんどネイティブのレベルで交渉や討論に応じることができる。中間層上位と富裕層が子供を通わせる有名私立学校では幼稚園から英語教育が行なわれ、さらに高校入学には英語検定試験の一定以上の英語力が必須条件で、大学のレベルでは英語で行なわれる講義が半分もある私立大学も存在する。そしてさらに上昇願望の強い若者は米国の一流大学の大学院に進学し、博士号を取得して帰国し、政府高官の側近として仕え、短期間に出世街道を駆け上るのだ。

その代表的な例を、2018年の大統領選挙で大敗した制度的革命党（PRI）の候補者ホセ＝アントニオ・ミードの経歴で紹介しよう。1969年生まれのミードはアイルランド系メキシコ人で、名門私立大学であるメキシコ自治工科大学（ITAM）で優秀な成績で経済学士となり、さらに名門国立大学であるメキシコ国立自治大学（UNAM）で法学士の学位を取得し、米国の名門私立大学のイェール大学の経済学で博士号をとった。学士論文が高く評価されて、22歳の時に国家保険財務委員会のメンバーとなり、米国留学から帰国した後の31歳で財務公債省銀行貯蓄局長となり、いくつかの公職を経たのちの2011年にカルデロンPAN政権のエネルギー大臣と財務公債大臣の要職を務め、次のエンリケ・ペニャニエトPRI政権では外務大臣、社会開発大臣、財務公債大臣を歴任し、2018年のPRI大統領候補に指名されて選挙戦を戦った。政治家としての経験は皆無であったが、選挙戦で国民にその専門的学識と人柄を知る機会があった関係で、米国とのNAFTA交渉でしばしばテレビの画面にも出ていた外務大臣をはじめとする大臣級の友人を有している。その多くが米国の有名大学の博士号を取得している。当然ながら米国高官と交渉する英語力を身に付けている。

メキシコ国民の愛国心

サッカーの試合後に勝ったメキシコ・チームを祝う国旗をまとった少女
（国本伊代撮影　2018年）

1810年に独立運動が勃発した9月は「愛国の月」と呼ばれ、写真にみるような国旗と愛国グッズを売る屋台が街中に出現する。（国本伊代撮影　2018年）

IV

国境の壁で分断されるメキシコと米国

21

メキシコと米国の国境地帯

★21世紀における国境の意味★

メキシコ領土の北端は約3200キロにわたって米国と国境で接している。この北部国境地帯を、メキシコ人は特別な意味を込めて「フロンテーラ・ノルテ」と呼ぶ。スペイン語のフロンテーラ・ノルテは、「北部新天地」とも日本語に訳せる北方の国境地帯ないしは新天地を意味する。1910年にメキシコ革命が勃発するまでの約35年間政権の座に在った独裁者ディアス大統領は、「哀れなメキシコよ！かくも神から遠く、あまりにも米国に近い祖国よ！」という有名な言葉を残したが、このフロンテーラ・ノルテは両国を分断すると同時に、両国の対立と交流を長年にわたって経験してきた北部国境地帯である。その意味で、フロンテーラ・ノルテは両国関係の光と影を映し出す舞台であり続けてきた。そして2017年の米トランプ政権の誕生によって、再び両国関係に深刻な影を落としている。

現在のフロンテーラ・ノルテの国境線は19世紀半ばまで存在していなかった。16世紀初めにメキシコ中央高原地帯を核として現在のメキシコ中部地帯を広く支配していたアステカ帝国を征服したスペインは、アメリカ大陸を自国の植民地として宣言し、新大陸の大半を所有した。北米大陸では現在のメキシコ北部から米国南西部にまで探検隊を送り出し、カトリックの伝道拠点地と防御のための要塞を築きながら植民事業を進めていった。その歴史は現在でも、サンアントニオ、サンタフェ、サンディエゴ、ロサンゼルス、サンフランシスコなど多くのスペイン語地名として残っている。しかしそれらは点として存在しただけで、地域の開発と住民の定住にまでは発展しなかった。このスペイン植民地時代末期に事実上スペインの支配が及ばなかった現在の米国中西部を除く広大な土地がフランス、イギリス、ロシア、米国の領有地となった。

スペインから独立したメキシコは現在の米国領土を含む未開の北部人口過疎地に入植者を送り込む移植民政策を進めたが、メキシコ人による開拓移住者は少なく、実効支配にはいたらなかった。メキシコ政府が移民政策として米国人の移住者を受け入れる政策に転じた結果、1830年代半ばまでに現在のテキサス州に約3万人のアングロサクソン系移住者が入植した。しかしメキシコ中央政府の支配が十分に及ばないテキサス地方で独立運動が勃発し、36年にはテキサス共和国の建国という事態へと発展。米国が10年後の46年にテキサス共和国をアメリカ合衆国に合併するまで、テキサスは独立共和国として、現在使用されている州旗に描かれた一つ星が象徴しているように、独立国家として存在した。この間、メキシコは米国に宣戦布告をして軍隊を派遣し、約2年に及ぶ「メキシコ・アメリカ戦争」を戦った。しかし敗北したメキシコは48年のグアダルーペ・イダルゴ条約によって国土の半分以上を米国に割譲し、現在の両国の国境線が確定したのである。ただし現在のチワワ州と米国のニューメキシコ州の境界線の一部にあたるメシーリャ地方は1000万ドルで米国がメキシコから購入し、一時米国領土となったが、1960年にメキシコに返還されている。

〈地図3〉 メキシコと米国の国境線（筆者作成）

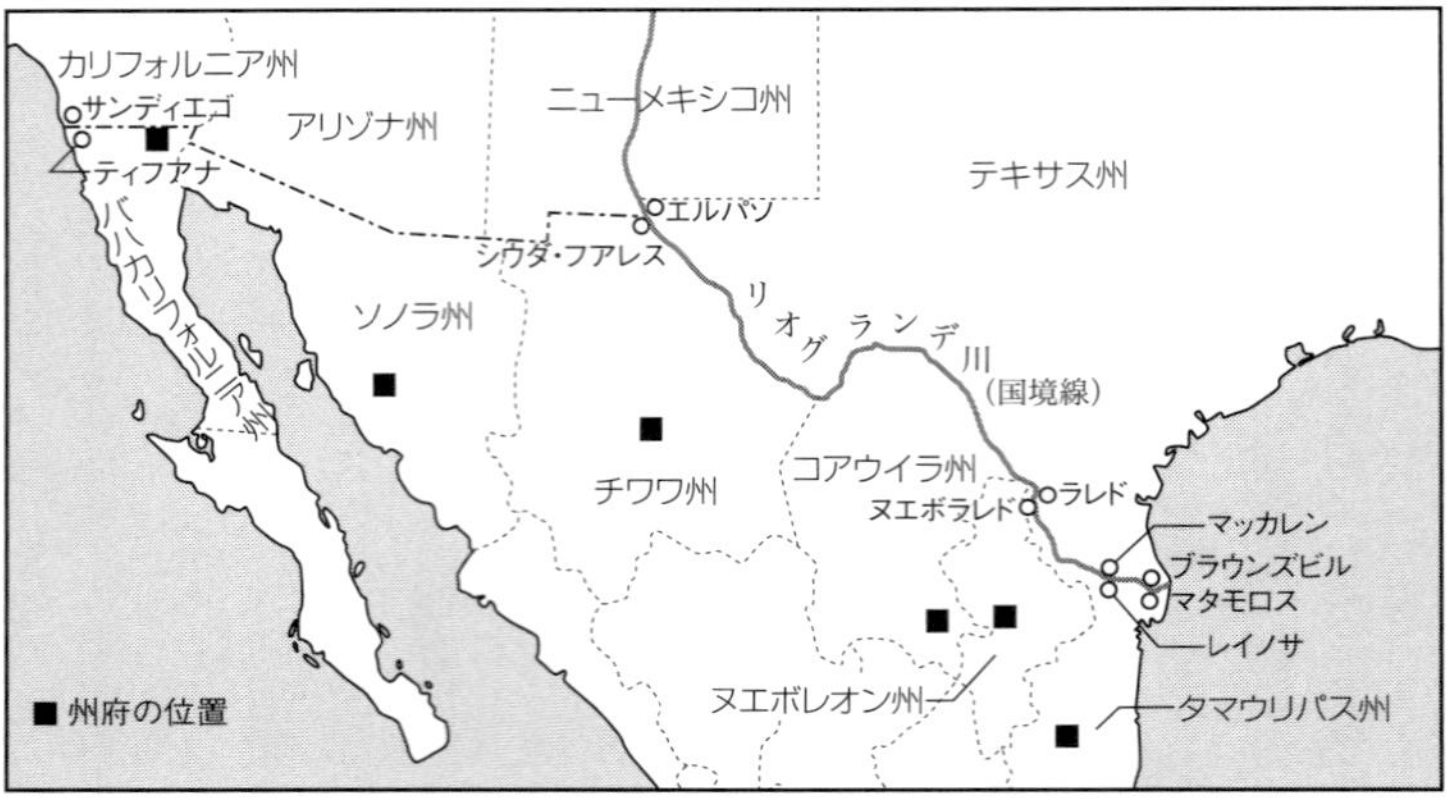

このようにメキシコと米国の3215キロメートルに及ぶ国境線の画定の過程は、メキシコにとっては屈辱の歴史であった。しかもメキシコの北の隣国の振る舞いはそれにとどまらなかった。メキシコの政治が安定した19世紀末のポルフィリオ・ディアス時代（1876〜1911年）に天然資源に恵まれた北部一帯に米国資本が進出し、石油・石炭・銅などの地下資源の開発に大々的に乗り出したからである。1910年に勃発したメキシコ革命の動乱期には、米国資本の保護を目指して米国は軍隊をメキシコ国内へ派遣した。その結果、百万人を超す犠牲者を出したメキシコ革命動乱期においてさえ石油の生産量が減ることはなかったのである。

このように恣意的に確定された国境線は、数千年にわたって自然環境に適応してきたヒトと動植物の生存環境を分断した。そして同時に、ヒト・モノ・カネは両国間で長期にわたって自由に行き来してきた歴史を大きく変えたのである。この人為的に確定された国境線がメキシコと米国の間で深刻な紛争地帯となるのは20世紀後半に入ってからである。

20世紀後半から現在に至るフロンテーラ・ノルテは、両国にとって経済活動の拠点地域の1つとなっている。5章で紹介されているように、国境に接触しているメキシコ側の6つの州は、生活水準の高い地域である。その背景には、1950年代に不法移民の越境阻止と雇用創出の必要に迫られたメキシコ政府が計画した「北部国境工業化計画」に従い、外国の資本と技術によって国境地帯に工場を建設し、部品を輸入して加工し、完成製造品として輸出することを条件に関税を免除する「マキラドーラ」と呼ばれる輸出保税加工区が創設されたことによって雇用が創出され、経済を活性化させたという歴史的経緯がある（32章参照）。国境を挟んでツイン・プラント（双子工場）が建設され、今日では世界でも類をみない最もグローバル化された国境経済圏が形成されている。なかでもメキシコ側のティフアナ地区は世界的な「TVヴァレー」といわれ、日本、韓国、ヨーロッパの家電・エレクトロニクス関連メーカーの工場が稼働する輸出加工の一大拠点となっている。

国境の半ばほどのエルパソとシウダ・フアレスまでリオグランデ川が国境線となっているが、リオグランデ川が流れを北方に変える地点から太平洋沿岸にいたる国境は人為的に引かれたものである。この長い国境線に沿った、国境を挟んで向かい合う都市や集落では、住民たちは密接な相互関係を築いて暮らしてきた。メキシコ側の住民は、毎日国境を渡って米国側の職場に通勤し、米国側に定住していてもメキシコ側に家族が暮らしており、互いに家族や親戚を訪問し、買い物など日常的に国境を行き来する。2017年のメキシコで最も危険な州とされたヌエボレオン州やタマウリパス州の一部の地方自治体は行政機能の本部を米国側に移転している。このように21世紀の両国国境地帯は、メキシコと米国の経済活動の融合地域であり、両国民が共生する独特な文化圏を形成していると同時に、人々が国境をまたいで暮らす地帯でもある。現在この国境を、不法移民が命を懸けて渡り、ヒトと麻薬が闇のルートでメキシコ側から米国側に移動する。

（G・カレーニョ／長岡誠）

22

「国境の壁」

★米国トランプ大統領が構想する「現代版万里の長城」★

全長約3215キロメートルという米国とメキシコの国境は世界で最も人が行きかう国境であるとされている。この国境線に不法移民と麻薬の流入を阻止するための巨大な壁を建設することを明言している米国トランプ政権の計画は、多くの批判と反対に直面しながらも、着実に進行中である。

もっとも国境の壁の建設は決して新しい問題ではなく、米国の禁酒時代と移民割当制による移民入国の制限が取られた1920年代にまで遡る。アルコール類の不法持ち込みを阻止するため、あるいは放牧する家畜が保護地区に入り込むことを阻止するために、さらに不法移民と麻薬の流入を阻止するために、国境を遮断する壁をトランプ政権誕生前から米国はすでに計1126キロメートル、国境全線の約35%にあたる区間に建設していた。米国側で国境警備隊が創設された1924年に人種差別の強い移民法の成立で諸外国からの米国流入移民数の割当制が採用されたことから、繁栄する米国への移住を希望する多くの諸外国の住民が、当時はまだ開放的であったメキシコ経由で米国へ不法入国を試みる事態を招いた。

20世紀後半になって麻薬と不法移民が大量にメキシコ経由で

第22章
「国境の壁」

米国へ流入するようになった要因は、米国側の事情と都合が大きい。麻薬の米国への流入の開始については27章に譲るとして、ニクソン大統領時代（1969～74年）に麻薬の流入を阻止するために「国境の壁」の建設案が検討されたことがあった。そして1994年の北米自由貿易協定（NAFTA）の成立後にカリフォルニア州のサンディエゴ市とテキサス州のエルパソ市の市街地にヒトとモノの自由な移動を阻止する柵が建設された。さらに2001年9月に米国東部で発生した同時多発テロ事件によって、当時のG・W・ブッシュ大統領時代（2001～09年）に成立したのが、「安全柵法」（06年）という名称の不法移民対策を強化する内容の法律である。ブッシュ政権は国境警備隊員と国境管理予算を倍増し、不法入国を試みる約600万人を事前に食い止めて本国へ送還した。同時に約1400キロメートルにわたる国境に柵を建設することを認めた法律でもある。これらの国境の壁は砂漠地帯のメキシコ側のソノラ州からチワワ州にかけての米国側のニューメキシコ州とテキサス州の国境線に建設されており、リオグランデ川が国境線となる拠点都市のシウダ・フアレスとエルパソからメキシコ湾岸にいたる国境線には国境の都市を中心にさまざまな形の人工の障壁となる「国境の壁」が存在する。そしてこのような「壁」は国境地帯の自然環境と数百年住み続けてきた先住民の生活圏を分断することをも意味している。

米国のトランプ大統領は大統領選挙期間中に公約として不法移民密入国や密輸防止の目的でメキシコとの国境線の壁を強化し、その建造費用をメキシコに負担させると公約し、大統領就任直後の2017年1月にはメキシコとの国境に「通過不可能な物理的な障壁」を建設する大統領令に署名した。不法移民の越境を阻止すると共に、米国内の大きな社会問題でもある麻薬の密輸を防ぐのがその主たる目的である壮大な計画は「現代版万里の長城」とも称される。この壁の建設計画は、現在壁のない2000キロ以上の国境すべてに、中国の「本家」万里の長城を超える10～15メートルの高さの壁を建設するというもので、試算された建設費は200億～300億ドルに達し、工期も数年かかるとされる。そしてその膨大な建設費用を、メキシコからの輸入品目への関税引き上げや不法移民国からのビザ申請手続き料の引き上げなどによって捻出させるとも発言している。もちろんそのようなことをすれば依存関係にある両国や関連国との経済バランスが大きく崩れることになり、米国内の物価上昇や約600万人といわれる対メキシコ輸出貿易関連雇用に悪影響を招くことも予想される。その結果としてメキシコでは国内の不景気を招き、不法移民が増加するとも言われる。また実際の建設工事に当たっては国境線沿いの大半を占める私有地の買い上げに始まり、自然の国境線となっているリオグランデ川沿いの地域に対して両国が施行しているさまざまな規制や取り決めを再考せねばならず、国境警備隊の増員や管理維持費の増大といった問題も発生するであろう。

また別の視点からみると、壁の建設はこの地域に住む先住民族のコミュニティを破壊するという指摘がある。トホノオーダム（パパゴ）族に代表されるように、いくつかの先住民族の居留地が国境線にまたがって存在しているが、壁建設が現実のものとなればそれらの先住民コミュニティの人々は完全に分断されることになる。そもそもヨーロッパ移民がアメリカ大陸にやってくる以前から居住してきた先住民は、19世紀半ばに一方的に国境線が決められてからも、居留地内の国境線を比較的自由に行き来してきた。しかし不法移民が増加し始めた1980年代以降に国境の警備が厳しくなり、2001年の同時多発テロ以降は国境線全域に警備網が張り巡らされ、彼らの往来は不自由になった。

更に米国への麻薬の密輸ルート上に居留地があることで、先住民が犯罪に巻き込まれるケースも多く発生している。トランプ大統領の壁建設計画がこうした居留地に暮らす先住民の生活やその固有の文化に少なからぬ影響を与えることは必至である。

また環境面での懸念として、両国政府によって制定された国境沿いにある自然保護区への影響があげられている。例えばソノラ砂漠地域にはアリゾナ州のカベサ・プリエタ国立野生動物保護区やメキシコ側にあるピナカテ火山とアルタル大砂漠生物圏保存地域（2013年ユネスコ世界自然遺産に登録）に代表される自然保護区があり、ジャガーやメキシコ狼、オロセットをはじめ数多くの固有種や絶滅危惧種が多様な生態系を育む地域に生息している。壁の建設によってこれらの動物たちの移動が妨げられることになれば、これらの希少な動植物たちを取り巻く生態系に取り返しのつかない悪影響を与える可能性が高い。

新しく強化された鉄の国境の壁
（TEMOC撮影　2018年）

メキシコでは「恥辱の壁」と揶揄《やゆ》されるトランプ政権による国境の壁建設計画は、単に物理的な建設の可否、建設費用負担や完成後の管理上の問題のみでなく、両国間の政治的、経済的な緊張を高め、この地域で両国の歴史よりも長い歴史の中で育まれてきた人類の遺産ともいえるコミュニティの分断を引き起こし、更に生態系への致命的な影響をも引き起こす、という問題をはらんでいる。

（G・カレーニョ／長岡誠）

23

「豊かな北の国」を目指して

★越境するメキシコ移民★

米国のトランプ大統領がどのようにメキシコ移民を非難しようとも、またたとえ高さ10メートル以上の壁で隔てられようとも、あるいは砂漠を彷徨《さまよ》いながら歩き続けようとも、その後にもしかしたら死が待ち受けていようとも、米国は多くのメキシコ人にとっては自国では描くことのできない夢を持てる「北の国」である。最低賃金の格差だけをみてもメキシコで稼げる10倍以上になる米国は憧れの国である。同時に21世紀の米国社会の最大のマイノリティである総人口の17％を占めるのは、スペイン語を母語とするヒスパニック系住民であり、その65％はメキシコ系である。

メキシコ人の米国移住の歴史は古い。1910年代のメキシコ革命動乱期にメキシコ経済と農村社会は完全に崩壊し、失業した多くの労働者や農民が追い立てられるように北の国境を越えた。おりしも米国南西部では労働集約型産業が急成長しつつあり、メキシコ移民を受け入れた。30年代の大恐慌期には減少したが、第二次世界大戦によって米国南西部で農業労働者が不足すると、ブラセロと呼ぶメキシコ人の季節労働者を米国へ送り出す「ブラセロ計画」が両国政府間で締結された。第1期

（1942年8月〜47年12月）から第2期（48年12月〜64年12月）までの間に計475万人のメキシコ人農業労働者が国境を渡った。このプログラムが廃止され、米国の65年の移民法によってメキシコを含めたラテンアメリカ諸国からの移民の入国が制限されると、メキシコ政府は不法移民の越境阻止と雇用創出の必要に迫られた。その結果出現したのが、北部国境工業地帯である。外国の資本と技術によって国境地帯に工場を建設し、部品を輸入して加工し、完成製品として輸出することを条件に関税を免除する「マキラドーラ」と呼ばれる輸出保税加工地区を創設した。

しかし不法越境者は減らなかった。むしろ1982年9月の金融危機に端を発した経済危機によって、「貧しい南」メキシコから「豊かな北」の米国を目指し、「ウエットバック」（濡れた背中の意味）と呼ばれた、国境のリオグランデ川を泳いで渡るためにずぶぬれになった密入国者の越境が増加した。加えて、当時の高い出生率にともなう人口爆発がそれに拍車をかけた。1980年代のメキシコは経済危機のさなかにあって仕事がなく食べていけないが、米国には不法入国者であっても仕事があったからである。

1994年に発足した北米自由貿易協定（NAFTA）は、メキシコの輸出経済を活性化させ、多くの雇用を創出して、米国への不法移民は減少するものと期待された。しかし現実はその反対であった。NAFTAを基軸とするメキシコの経済自由化政策は、逆にメキシコ人の米国移住を急増させたのである。同協定の発足と同時に安価な米国の農産物がメキシコ市場に押し寄せ、メキシコの農業を圧迫し、農民の生活が破壊されたからである。メキシコ革命で実現した農地の無償分配とエヒードと呼ばれる農業共同体が市場主義経済の中で崩壊し、農村から貧しい農民たちが都市部に向かい、さらに米国を目指し、こうしてメキシコ人不法移民の流れが加速度的に増加したからである。そしてこれまでに紹介したような歴史的背景から推測できるように、米国にはメキシコ系社会が根を張って定着しており、言葉や文化の壁はそれほど厚くなく、また安く使える不法移民を受け入れる米国側の社会的環境も存在しているからでもある。

不法に米国内に滞在するメキシコ移民の数は推定にすぎないが、毎年数十万人の単位でメキシコ各地から豊かな「北の国」を目指して厳重な国境を越えようとする貧しい人々の群れがある。これらの出身地は、メキシコ中央西部のハリスコ州、ミチョアカン州、グアナファアト州および南部チアパス州、ゲレロ州、オアハカ州と東部ベラクルス州およびユカタン半島のユカタン州、キンタナロー州、タバスコ州である。米国内に居住するメキシコ人の規模は、国家人口審議会（CONAPA）によると1980年の220万人から90年には倍増して440万人となり、2000年には810万に、2010年には1190万人、さらに2018年には1500万人へと増大の一途をたどっている。

しかしこれらの地域から米国へ向かう移民の姿は2010年代には大きく変化している。それは女性が単独で移住する例が増加していることと先住民の移住である。従来は主として移住する男性に従って女性の姿がちらほらあったほどで、家族をメキシコ国内に残して男性が単身で出稼ぎ移住し、地方には働き手の男性のほとんどを失った女性と子供と老人だけが暮らす村が目立った。しかし21世紀の移住者には、単身の女性と幼い子供の単独渡航も珍しくない。これらの移住者の多くは不法移民であり、国境警備隊に見つかると送還される。またうまく米国へ潜り込めたとしても、稼げる仕事に容易に就けるわけではない。それでも多くのメキシコ人たちは国境を不法に越境して米国社会に潜り込もうとしてきた。

さらにメキシコは、これらの不法移民の強制送還問題とは別の深刻な問題に直面している。それは2017年に発足したトランプ政権が掲げている不法滞在の中で幼少期に家族と共に米国に移住した若者たちを強制送還するＤＡＣＡと略称する政策（24章参照）が、約62万のメキシコ生まれの米国在住の若者に焦点が当てられているからである。政治経済の混乱が続くメキシコには、これらの若者に新たな教育を与え、仕事に就けるようにする余裕はない。しかもこれらの若者たちにとってメキシコは別世界でもある。

さらに問題となっているのは、メキシコを経由して米国へ密入国を試みる主として中米諸国からの不法移民である。国土の南でグアテマラと国境を接するメキシコへこれらの不法入国者が潜り込むのはそれほど難しくなく、鉄道の貨車の屋根にしがみついて北上するこれらの不法移民に食料を支援するなどメキシコ国民は好意的に処遇してきた。しかしメキシコと米国の国境を渡るのは容易ではない。数千ドルという高額な手数料を不法移民送り出し業者に支払っても、必ずしも成功するとは限らない。これらの非メキシコ人不法移民が米国にたどり着く前に、メキシコ国内に滞留する中米諸国の不法移民をメキシコ政府がどのように処遇し、トランプ米大統領が求める取り締まり強化に対応するかは容易ではない。

（G・カレーニョ／長岡誠）

米国が許可した車両のみが通過できるティフアナの「国境の壁」（TEMOC 撮影　2018年）

24

米国における メキシコ系移民社会

★その姿と影響力★

２０１７年9月に報じられた後述するピュー研究所の調査によると、スペイン語を母語とするラテンアメリカ諸国出身の移住者とその子孫を指す米国内のヒスパニック系人口は16年に過去最高の５７５０万人となり、対２０１０年比で７５０万人の増加となった。米国情報局（ＣＩＡ）による２０１７年の全米人口は3億２６６２万人であるから、ヒスパニック系人口は全米の人口の17％強を占めることになる。そのうちの約65％にあたる３７００万人弱がメキシコ系の移民であるとされる。一方、メキシコ国家人口審議会（ＣＯＮＡＰＯ）の推計によると、米国内のメキシコ系人口は３３００万人で、うち33％に当たる１１２０万人が2世、30％（９９０万人）が3世とされている。すなわち米国に居住するメキシコ系移民の6割強が米国生まれのメキシコ系アメリカ人であるいうことになる。

米国の首都ワシントンに本部を置く民間の移民問題研究機関「ピュー・ヒスパニックセンター」によると、米国内の不法滞在者数は１１００万人程度とされ、その多くはメキシコ人となっている。米国の主要産業界の業種中、不法移民就労者の割合が最も高いのはホテル・娯楽産業分野、２位が建設分野、３

位が商業関係である。高い専門能力を持つ熟練工の必要性が高まっているが、それに応えてきたのがメキシコ系をはじめとする不法滞在者たちでもあった。彼らは自国では得られない賃金を稼ぐことができるから、危険を冒しても米国に不法入国する。歴史的にみても、20世紀前半に米国南西部で発生した労働力不足、第二次世界大戦期から戦後1964年まで継続されたブラセロ計画、65年の移民法改正による影響を経て、米国内の一時的な労働力不足を補うための労働力の中心は常にメキシコからの出稼ぎ移民であった。メキシコからの移住者の中には米国で教育を受け環境に適応して米国社会の構成員として認められている者、高学歴を取得して米国内外で高い社会的評価を受ける者たちも少なからず出現している。2011年の米国勢調査局の調査によれば、米国におけるメキシコ系在住者の中で学士号、修士号、博士号の学位を持つ者は110万人を超え、これは米国の移民の中では2位に位置づけられる。こうした高学位取得者に加え、250万人の専門資格取得者と6万人の一時在留者が米国に存在すると推定されている。

ピュー研究所の報告とは別に、2016年にメキシコ主要銀行系列のBBVAバンコメル財団とメキシコ内務省が作成した『移民と送金に関する年報』によると、米国内でメキシコ系人口が最も多いのはカリフォルニア州（総人口のうち男性の21・8%、女性の33・8%）、次がテキサス州（同男性の21・7%、女性の22・8%）となっている。同報告によると、米国におけるメキシコ系移民は男性より女性の方が多く、その職種はさまざまであるが、メキシコ系女性の職業で最も多いのはホテルやレジャー産業従事者、医療および教育関係業従事者で、それぞれ18・9%、次が製造業（13・9%）、商業（12・7%）と続く。また男性では建設業に従事する者が多く（25%）、次に専門職や事務関係（13・4%）、農業

（6・2％）などとなっている。米国社会におけるメキシコ人とメキシコ系移民の存在と役割は確実に拡大しており、従来の単純労働者としてではなく、経済・科学・芸術などの分野の専門職にまで拡がっていることがこの報告書からもわかる。具体的な一例として、1995年のノーベル化学賞を受賞したマリオ・モリーナは米国籍所有者であるが、43年にメキシコ市で生まれ、メキシコ国立自治大学（UNAM）で化学を学び、カリフォルニア大学バークリー校で博士号を取得し、マサチューセッツ工科大学の教授を務めたこともある。

特にメキシコ系とは限らないが、米国には「ドリーマー」と呼ばれる不法移民が存在する。〝アメリカン・ドリーム〟を追いかける親や親族と共に幼少時に米国に移住した者たちで、家族と共に不法入国してそのまま滞在しているケースもあれば、一時入国ビザを発給されて合法的に入国し、ビザ失効後も滞在を続けて不法滞在となったケースもある。これらのドリーマーたちには、米国で公教育を受け、スペイン語より英語になじみながら成長し、米国人としてのアイデンティティを身につけている者が多い。しかし米国の学校に通い、あるいは就労していたとしても、法的身分は「不法滞在者」のままであり、そうであるがゆえに国外強制退去の対象になるリスクが常にある。他方、これらのドリーマーたちは、母国に戻っても母国人としてのアイデンティティは希薄で、頼れる身寄りがない者も少なくない。こうした若者たちを不法移民として国外退去させることは米国にとっても有為な人材の損失につながるとして、バラック・オバマ前政権時の2012年に制定されたのが「若年移民に対する国外強制退去の延期措置（DACA）」であった。自らに責任のない状況で幼少時に入国し不法滞在者となった若者に対する国外退去執行を先送りにし、合法的に米国で就労を続けられるというプログラムで、約70万~80万人と推定される不法移民の子供たちがこの制度の恩恵を受けているとされる。ところがトランプ大統領は、２０１７年9月にこのＤＡＣＡを撤廃する意向を表明し、申請書の受理を停止したことから国際的に注目される事態へと発展した。このＤＡＣＡ制度廃止の決定への抗議の声は全米の各州で上がり、当事者のドリーマーたちのみならず、首都ワシントンを含む16の州政府から上・下両院議員に至るまで不支持表明が出され、労働力の一部をドリーマーたちに依存しているアマゾン、アップル、グーグル、マイクロソフトなどの著名な多国籍企業をはじめとする４００社を超える企業も総じて反対の立場を表明した。ＤＡＣＡ撤廃について複数メディアが行なった世論調査で回答した人の過半数がドリーマーの米国滞在を容認すべきと答えている。ドリーマーへの肯定的な世論が多いのは、彼らの多くが米国の法を犯すような「ならず者」の不法滞在者でなく、米国の公教育を受け、英語を理解し、一市民として米国社会に真摯に貢献している者たちとみられているからであろう。世論に押される形でやや姿勢を軟化させたトランプ政権だが、猶予期間とされていた6か月が経過した２０１８年3月現在でも、ＤＡＣＡ制度を廃止し不法滞在者を国外退去にする意向は変えてはいない。しかしＤＡＣＡを廃止する前提として、ドリーマーたちに合法的な滞在許可を与える可能性も否定できない。

（Ｇ・カレーニョ／長岡誠）

シアトル市のメキシコ系コミュニティが祝う
5月5日のメキシコ国祭日のチャロ隊
（Joe Mabel 撮影　CC BY-SA ライセンスにより許諾）

25

在米メキシコ人の出稼ぎ送金

★メキシコにとっての意味★

合法・非合法を問わずに多くの人々が世界中から米国へ入国しようとする。「アメリカに行けば豊かになれる」という夢、すなわち「アメリカン・ドリーム」を求めて人々は世界中から米国を目指す。米国人にとっては働く気になれないほどの低賃金であっても、開発途上国の人々にとっては大金であるからだ。そして彼らが懸命に働いて本国に残した家族に送金する額がたとえ月額100ドルであっても、母国における価値は大きい。メキシコ人の米国への出稼ぎの理由も「送金できる仕事」があり、多くのメキシコの家庭で米国へ出稼ぎに行なった家族ないしは親族からの送金は重要な意味を持っているからである。

メキシコ系移住者の場合、家族全員で同時期に移住するようなケースは多くない。誰かが移住した後で家族の誰かが合法・非合法を問わず米国に行くケースはあるが、たいていの場合まず男性が最初に渡米し、女性と子供は郷里に残る。メキシコ国内に残された家族は米国に出稼ぎに出た夫や息子の送金で暮らすことになる。ただしこの伝統的な傾向は近年変わりつつあり、男性だけでなく女性や若者の単身移住も増えている。

メキシコ政府の国家人口審議会（CONAPO）のデータによ

〈グラフ3〉　米国からの家族送金額の推移

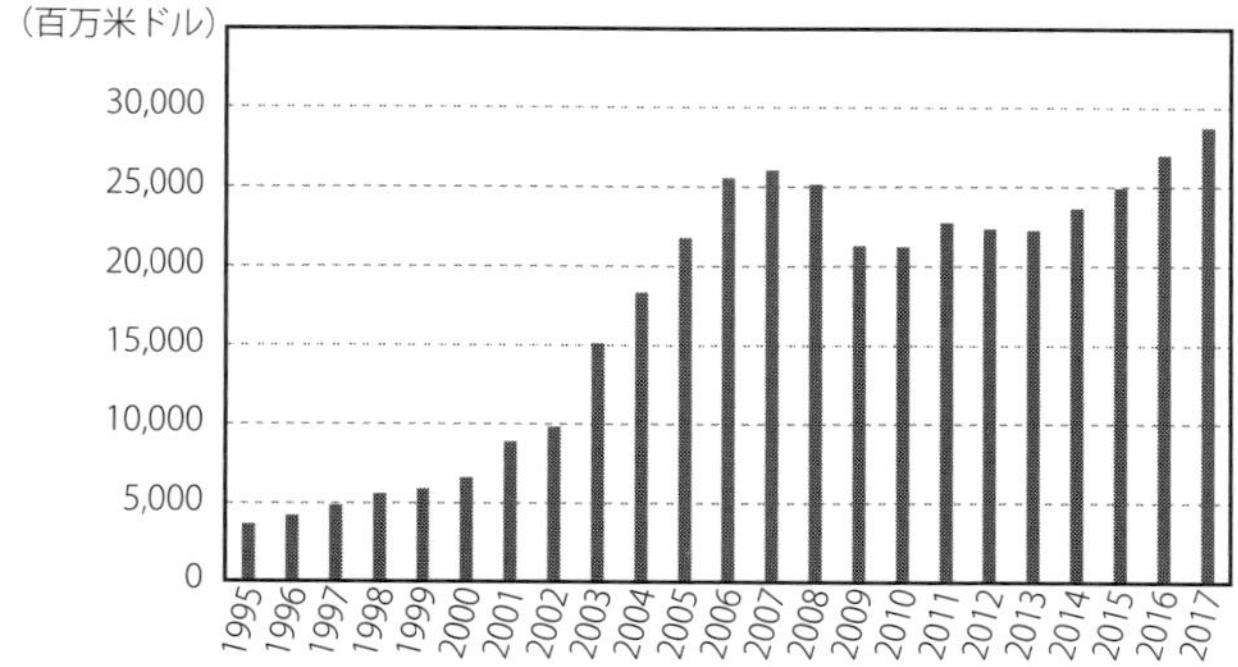

［出所］CONAPO, 2017.

ると、１９８０年の米国在住のメキシコ人の数は２２０万人であった。この数はわずか10年で倍増し、90年には約４４０万人となり、２０００年には８１０万人、10年にはメキシコ生まれの米国在住メキシコ人が１１９０万人にまで増えた。そして15年には３３９０万人に達し、そのうち米国生まれの２世は１２８０万人、３世は１１９万人を占めると推定されている。このようにメキシコから米国への移住者数が倍々ゲームで増加したことにより、米国からの送金額はメキシコ経済にとっても重要な外貨収入となってきた。とりわけ２０１６年と17年には自動車および部品の輸出（1位）と直接投資（2位）に次ぐ３番目の外貨収入源となっている。かつて重要な地位を占めた原油・石油関連製品の輸出は観光（4位）に次ぐ第5位であった。グラフ３でみるように、１９９５年の送金総額36億７３００万ドルは２０００年には65億７３００万ドルとなり、その5年後の２００５年には２１６億８８００万ドルと3倍に膨れ上がった。08年のリーマンショックでいったん出稼ぎ送金額も減少したが、14年から再び増加の傾向をたどって17年には２８７億７０００万ドル強であった。

　一方でこうした仕送りは、当然ながらそれを受け取る、郷里に残されたメキシコ人にも重要な意味を持っている。米国からの家族の送金によって暮らすメキシコの地方の人々には、2017年11月の送金取引件数は730万件、1件当たりの送金平均額は309ドル、送金されたお金の使い道は食料・衣類、借金の返済、自動車や自宅の購入費、医療費などに当てられるという。クリスマスと年末を控えた11月の送金は、毎年一番大きい。この月309ドルという1件当たりの平均送金額は、メキシコの単純労働に携わる労働者が得られる月収の約2倍にあたる。国民の約半数が貧困層に分類されているメキシコの最低賃金は米国の最低賃金の7分の1しかなく、米国への出稼ぎ移住はいかなる犠牲を伴おうと実現したい夢であることが理解できよう。米国での出稼ぎがメキシコ人にとってどれほど魅力的であるかは、この大きな賃金格差にある。

毎年1月1日に物価上昇率にスライドして改定されるメキシコの最低賃金は、2017年に1日88ペソ（4ドル強）となったが、同年の米国テキサス州の名目最低賃金は1日60ドルであり、メキシコの15倍という大きな格差があった。なお米国の最低賃金は州によりかなりの差があるが、メキシコの最低賃金は全国で統一されている。このような賃金格差からみる限り、不法に入国し、米国社会に潜り込んでひっそりと暮らして懸命に働き、孤独でつましい生活に耐えられれば、出稼ぎによって得られる収入はメキシコに残してきた家族の生活を十分に支えられるのである。

こうした出稼ぎ移民からの送金は、銀行ではなく米国側ではウエスタンユニオン、パイパル、エバイ、マネーグラムなどの専門業者を通して行なわれている。一方メキシコ側では、大手家電販売業が主たる業務であるエレクトラ、本来の銀行業務が主であるアステカ銀行、コンパルタモスが送金の受け取りの窓口になっている。なおウエスタンユニオンと提携するエレクトラおよびアステカ銀行はグループ企業である。メキシコの貧困層の多くは銀行口座を持っていないが、この手の送金サービスでは銀行のような口座開設は不要で、送金されたお金の引き出しは本人確認書類のみで可能である。大手銀行のほとんどは外国資本の傘下にあるため、大手銀行が出稼ぎ送金のビジネスにかかわることはない。

　メキシコにとって外貨獲得源の3位に位置する出稼ぎ送金にトランプ米大統領が激しい非難の矛先を向けたことは、メキシコに大きな衝撃を与えている。トランプ大統領は送金を没収し、それを「国境の壁」の建設費用に回すとさえ主張しているからである。２０１７年に米国からのメキシコへの送金額が過去最高になった背景には、こうしたトランプ発言に対するメキシコ系移民たちの警戒が影響しているとされる。

　メキシコで米国からの送金額が多い州は1位がミチョアカン州、2位がハリスコ州、3位がグアナファアト州であった。グアナファアト州は近年自動車産業関連の多国籍企業の進出ラッシュで大きく発展しているメキシコ中央部のバヒオと呼ばれる地域にあり、ハリスコ州とミチョアカン州の一部はバヒオ地域に隣接しているが、これらの地域では伝統的に米国への出稼ぎ者が非常に多い。近年、大規模な工業団地が次々に作られ、地域の産業構造や生活基盤が根本から変化している中でも、そうした工場の賃金工として国内の最低賃金プラスアルファの収入で生活するより、家族が米国にいるのであれば米国に行く方が手っ取り早く稼げて収入になると考える人々が多い。これらの地域の工場では、ある日突然出勤しなくなったと思ったら「アメリカに働きに行く」とだけ人づてに伝言を残して消えてしまう労働者が少なくなく、多くの企業において必要な人員の確保がままならず、生産に影響するという雇用主泣かせの状況が続いている。

（G・カレーニョ／長岡誠）

26

国境で分断された家族

★世代を超えた絆とメキシコ社会★

米国に出稼ぎを目的として移住したメキシコ人たちには、合法的に移住し、米国の市民権を得て暮らしている人々は少なくない。とくに第二次世界大戦中に米国の労働力不足を解消するためのメキシコ人労働者受け入れ策である「ブラセロ計画」は、多くのメキシコ人が米国に合法的に定住する転機となった。そしてそのような家族が次々と親類縁者を米国に呼び寄せてきた。この半世紀以上の間に米国社会に定着したメキシコ系アメリカ人が呼び寄せる移民の連鎖は、今日まで続いている。

メキシコ人が米国に定住する方法はさまざまだが、家族・親類・同郷などの絆がその中心的役割を担っている。情報もこの太いパイプで米国側とメキシコ側で共有されている。メキシコ人が米国内に定住する最も典型的な例は、観光ビザや就学ビザで入国し、滞在許可が切れたのちもそのまま滞在するケースである。職種を選ばない限り、働くことは難しくない。不法滞在にならないためにビザが切れる寸前に一度メキシコに戻り、再度米国を正式に訪問するという手続きを幾度か繰り返して、生活の基盤を作り、ビザが切れてもそのまま住み着いてしまう方法もある。そして非合法の滞在であっても、米国国籍の相手と結婚すれば、やがて永住権を得ることも可能である。米国側にも不法移民雇用者に対する罰則規定はあるが、米国側の雇用者ぐるみの違反行為はごく普通でもある。

メキシコ人が米国への移住を目指すのは、「アメリカン・ドリーム」が存在するからである。大きな賃金格差がある限り、どれほど過酷な条件があっても米国を目指して移動することになる。そして不当ともいえるほど安い労働力を違法な方法で活用する米国側の実態がある限り、非合法移民の流入は国境を越えて行なわれる麻薬や武器の移動と基本的に差はない。移民が「人権」を有するヒトであることによって、非合法的な手段で入国し不幸にして米国側の官憲に発見されて処分を受けることが問題視されているが、これこそ不幸なめぐりあわせに過ぎず、絶対的多くの不法入国者は先に紹介したようなさまざまな手段で「アメリカン・ドリーム」を求めて行動を起こすのである。

合法的手段であれ非合法であれ、入国したメキシコ人に共通するのは母国メキシコに家族や親族がおり、緊密な交流関係を保っていることであろう。25章で紹介した「出稼ぎ送金」がメキシコの外貨獲得に大きな役割を続けていることにみられるように、米国で暮らすメキシコ人たちは母国で暮らす家族や親族を支えている。ピュー移民研究所の研究によると、送金の受け取り人の第1位は母親で月400ドルを超し、叔父や叔母にまで送金をしている例も少なくない。月に100ドルほどの送金であっても、2018年のレベルではメキシコの高齢者が受け取る年金1か月分を大きく上回る。そのような事例を、米国各地に数百人の一族を拡散させて米国で暮らしているロドリゲス一族、カルメンとラモン夫婦、そしてグスターボの例で紹介しよう。

ロドリゲス一族は、第二次世界大戦をはさんだ時期に米国の労働者不足を補うためにメキシコと米国の間に結ばれた「ブラセロ計画」で一時的労働者として米国へ渡った曾祖父を持つ一族である。勤勉に農業労働者として働いた曾祖父は正式な定住者として米国内の居住権を得ると、2人の息子と3人の娘を米国に呼び、末っ子のマリアをメキシコに住む妻の許に残しておいた。米国に渡った5人の子供たちも永住が認められる「グリーンカード」を取得して米国に生活の拠点を築き上げ、同じ出稼ぎ労働者として米国に定住した祖父母を持つメキシコ人と結婚し、その子供たちは生まれながらに米国籍を取得した。母親と共に暮らし続けてメキシコに残ったマリアはメキシコ国内でメキシコ人と結婚し、そして離婚したのち、その子供たちは米国に住む従妹たちに招かれて若くして米国へ渡り、そのまま非合法な定住の道を歩み、ホテルやレストランの裏方の仕事をして真面目に働き、メキシコで暮らす両親と祖母のために送金を続けている。メキシコで専門教育を受けていない彼らは、不法滞在者として不安定な身分のままの生活を続けているが、母国メキシコに戻っても生活の目途はたたない。この間メキシコに残った家族への送金を途絶えさせたことはない。祖母も母親も送金の一部で家族が帰国したときのための家を建てる土地を購入し、家の新築資金を貯めて準備してきた。マリアは母親を連れて一度米国へ招かれて出かけたが、米国の生活に馴染めない母親のためにすぐに帰国した。自分たちの老後をどこで誰と過ごせるのかが切実な問題となっている。

マリアの例とはほぼ共通しているのがカルメン一家の例であろう。娘1人と3人の息子たちはアメリカ人と結婚して正規の手順で米国移住を実現させた。孫たちは米国人であり、スペイン語は話せない。ユカタン半島のメリダ市に一軒家を構えるカルメンと夫のラモンは70歳代に入り4人の子供たちが定期的に送金してくれる生活費で経済的な不自由はないが、身体の老化を意識し、どのように暮らしていけばよいかわからないでいる。子供たちは米国へ来るようにと促しているが、米国の生活にはまったく馴染めない。英語も分からないし、孫たちも大きくなって意思疎通も不自由であり、家から外出することすら困難である。家族は国境で二分割されたままで、メキシコに残った家族が先の見えない生活に心を痛めているのだ。

一方、深刻なのは父親がまず不法入国し、続いて子供を連れて夫の後を追い米国に不法入国したグスターボの例であろう。米国に渡ったときのグスターボはまだ3歳であった。それから10数年をへて、この間不法入国者であっても受け入れてくれたカリフォルニア州の公立学校に通い、中学生になって学校へ行かなくなり、農場で働きだした。農場で真面目に働き続けてきた両親は不法入国者のままであり、グスターボもそうである。ある日、両親が不法滞在であると訴えられて官憲に連行され、残されたグスターボと2人の弟も国境警察官に連れられて収容所へ入れられた。いわゆるトランプ政権が打ち出した強硬策である「両親と子供」を切り離して不法滞在者を収容する政策に取り込まれてしまったのである。グスターボたちは全く先の見えない世界に落ち込んだままでいる。

（G・カレーニョ／国本伊代）

メキシコの家族の許から米国へ戻る「国境の橋」
(TEMOC 撮影　2017年)

27

国境を越える麻薬と犯罪組織の活動

★市場と供給の関係からみる実態★

21世紀のメキシコは麻薬組織に支配されたかのような20年近い年月を過ごしてきた。そして2018年の大統領選挙を迎えた17年から翌18年にかけて麻薬に絡む犯罪は残虐な大量殺人事件から政治家・立候補者とその関係者・警官・報道関係者の殺害にまで広がり、戦争状態にない国としては国内治安が世界で最も悪化している国の1つとしてメキシコは名指しされた。この治安の悪化の根源にあるメキシコの麻薬問題は「北の大国」である米国と密接にかかわっている。

メキシコにおける麻薬取引の起源にはいくつかの説がある。まず20世紀初期に労働力として導入した中国移民が持ち込んだアヘンの原料となるケシの栽培がシナロア州を中心とする北部一帯ではじまったという説。また第二次世界大戦時には米軍兵士たちの精神管理用のモルヒネの原料となるケシの栽培をメキシコ側に要請したという経緯。60年代から70年代にかけたベトナム戦争の時期にも米軍は、兵士に与えるモルヒネやマリファナを大量にメキシコから輸入し、帰還した兵士だけでなく精神安定や刺激を求める消費者の増大に伴って、メキシコにおける麻薬の栽培と流通は国家の管理をこえた違法取引へと発展したという説がある。

このような経緯を背景にして国家によって推奨した麻薬生産にかかわった米国もメキシコも、ヘロインやLSDなどの麻薬取り締りに真剣に取り組んだ時期があった。国連が1961年に制定した「麻薬取締協定」に両国とも署名し、ニクソン米大統領（任期1969〜74年）は麻薬との対決を明言し、実行に移した。その後の米国の歴代政権もこれを継承している。しかしさらに精神的解放感や刺激を求める若者文化の流行で、南アメリカ大陸のアンデス地帯で栽培されるコカから精製されるコカインが流通ルートに乗って先進諸国に密輸され、米国はその最大市場となった。そしてコカインの密輸組織があらゆる手段を利用してコカインを米国市場に送り出す重要な通過地点となったのがメキシコである。

加えてメキシコが自由主義経済体制へ転換した90年代には農家が麻薬組織と結びついてケシやマリファナを大量に栽培するようになった。その結果、メキシコ国内には莫大な儲けになるコカインを中心とする麻薬を扱う集団が結成され、麻薬だけでなく多様な非合法的経済活動を通じてメキシコ社会を揺るがす組織犯罪集団へと変貌した。現在（2018年）、メキシコには10の巨大な麻薬犯罪組織が国軍と戦闘を交える武装能力を有し、組織同士の抗争に始まり、あらゆる犯罪にかかわっている。

麻薬組織犯罪がもたらす社会的問題は、組織間同士の抗争による治安の悪化と麻薬と無関係な一般市民を巻き込んで犯すその残虐な殺人行為である。「墓穴」と呼ばれる複数の死体を埋めた場所が頻繁に各地で発見されている。本人を確認できない状態の場合には、当局に持ち込んでDNAを調べる体制も出来上がっている。「墓穴」には数体から2桁台の大量死体が残酷に殺害された状態で埋められていることも珍しくない。しかし死体さえ発見されず行方不明の状態で年月だけが過ぎていく場合が多々発生している。その代表的な例が２０１４年9月26日にゲレロ州で発生した農村師範学校の学生43名を誘拐・殺害した事件である。ほぼ４年になる現在でも４名の遺体を除いて39名は行方不明者扱いされているため「誘拐・失踪事件」として扱われているが、殺害されたのはほぼ確実視されている。事件の内容は次のようであった。

首都から南西部のゲレロ州アヨチナパ農村師範学校の学生43名が毎年10月2日に首都で行なわれる１９６８年の「トラテロルコ三文化広場における学生虐殺事件」を追悼するデモ行進に参加するために分散して通常のバスに乗車した。これらのバスが途中で地元警察の検問で止められ、行方不明となった事件である。ほぼ1か月後に首謀者として地元のイグアラ市長夫妻が逮捕され、実行犯として地元警察と麻薬犯罪組織「ゲレロス・ウニドス」の構成員74名も逮捕された。そして翌15年1月に連邦検察庁の検事総長が事件の真相を記者会見の席で報告した。これによると「学生たちはゲレロス・ウニドスに殺害され、郊外のゴミ集積場で焼かれた」というものであった。しかしこの真相発表には多くの矛盾点が指摘され、犯罪者とされた人々も偽の証言をさせられたと主張し、さらに地元警察を指揮していたのは政府軍であると有力週刊誌『プロセソ』が指摘した。真相はまだ不明で、現在でも（２０１８年6月）首都中心部のレフォルマ大通りに面した連邦検察庁（ＰＧＲ）の前には真相究明を求めるグループのキャンプ用のテントが張られている。

しかしこのように一般市民だけが組織犯罪の犠牲者になるだけではない。警察自体が組織犯罪の対象となることもある。２００９年に起こった連邦警察官６名が麻薬戦争の危険地帯でもあるミチョ

メキシコ海軍に逮捕された麻薬運び人の若者2人　(TEMOC 撮影　2017年)

アカン州に派遣されたときに行方不明となった事件がある。６名の連邦警察官グループは組織犯罪グループに拉致されて殺害され、「墓穴」に投げ込まれていたことが、後日判明した。メキシコの警察は連邦警察、州警察、地方警察（地方自治体）の３つの組織に大きく分かれており、その装備と警官の質のレベルにはかなりの差があるが、麻薬戦争と呼ばれるほど組織犯罪が活発な地域であるミチョアカン州へ任務として送り込まれた精鋭の連邦警察官グループが殺害され、「墓穴」に埋められたこと自体が事態の深刻さを物語っている。その後も警官殺害事件は各地で起こっている。

先に紹介したように２０１８年の時点でメキシコを支配している主な麻薬犯罪組織は10を数える。メキシコと米国の国境地帯を支配している６つのカルテルは麻薬・武器密輸出入や資金洗浄などの違法活動をするだけでなく、さまざまな犯罪活動を展開している。また リーダーの死や交代で消滅し、新たな組織が出現するなど、実態は極めて流動的で、さらに世界的なネットワークを有している。

しかしメキシコにおける麻薬犯罪の拡大には米国市場の存在が何といっても大きい。米国から年間２００億ドルから３００億ドルの資金が流入し、１日平均２０００丁の銃器の密輸入があるとされる。連邦警察、州警察および地方警察が合同で展開した「ティラン作戦」の結果を２０１８年2月に報告した国家安全庁長官は、メキシコ国内の犯罪組織と治安の悪化が米国の麻薬市場と密接にかかわっていることを詳細に報告している。

（G・カレーニョ／国本伊代）

コラム4

米墨国境と麻薬問題の話題作が続くメキシコ映画

丸谷雄一郎

米墨国境沿いに関しては、トランプ大統領による壁の建設など話題に事欠かないが、今回は2006年12月のカルデロン大統領（任期2006～12年）就任以降激化している麻薬戦争をテーマにした映画の話題作が続いているので、その代表作3つを紹介する。

『ボーダーライン』はまさにタイトル通り米墨国境で巻き起こる麻薬戦争の闇を、2016年4月にあのブレードランナーの続編『ブレードランナー2049』の監督にも起用されたドゥニ・ヴィルヌーヴ監督が衝撃的かつリアルに描いたアクション映画である。エミリー・ブラント演ずる女性FBI捜査官がメキシコ麻薬カルテルを撲滅すべく召集され、暴力や死と日常が隣り合わせの現実を目の当たりにする姿を映した作品である。女性捜査官が目にするのは凶悪には凶悪の姿勢で対峙するしかない、腐食しきった犯罪現場である。2000年公開のスティーブン・ソダーバーグ監督の同じく麻薬をテーマにした『トラフィック』で麻薬捜査官を好演し、アカデミー賞助演男優賞を受賞したベニチオ＝デルトロが主人公と行動を共にする所属不明のコロンビア人を再び怪演した。彼は自身が製作総指揮も兼任する2014年公開の『エスコバル　楽園の掟』では、コロンビアの麻薬王エスコバルを演じている。

『カルテル・ランド』はボーダーライン公開翌月5月に公開されたドキュメンタリー作品であり、2016年アカデミー賞では長編ドキュメンタリー賞部門にノミネートされている。製作総指揮がイラク戦争中の爆弾処理班を題材とした『ハート・ロッカー』でアカデミー賞作品賞、監督賞を受賞したキャスリン・ビグローであるだけに、麻薬戦争の最前線の状況をしっかりと描き出している。麻薬戦争の舞台であるミチョアカン州では、市民たちの自警団「アリゾナ国境偵察隊」が麻薬カルテル「テンプル騎士団」に対して結成され蜂起したが、麻薬組織との癒着や賄賂が横行するような状況になっている。結末をみるとそもそもの問題は何だったのだろうと考えさせられてしまうが、麻薬問題の現実を理解する上では非常に有用な作品である。

『ノー・エスケープ　自由への国境』は上記2つの作品と異なり、米国への不法入国を試みるメキシコ移民たちが謎の襲撃者に狙われ極限状態に追い込まれる姿を描いたサバイバルスリラーである。監督は2013年『ゼロ・グラビティ』でメキシコ人初のオスカー監督となった父アルフォンソ・キュアロンと共同脚本を手掛けた息子ホナス・キュアロンである。逃げる主人公を好演するのは『アモーレス・ペロス』『天国の口、終りの楽園。』といったメキシコ映画だけではなく、『モーターサイクル・ダイアリーズ』では若き日のチェ・ゲバラを、『NO』ではピノチェト独裁政権の是非を問う国民投票における反対派のキャンペーン活動のリーダーを、『ネルーダ』ではネルーダを追う警視を演じるなど、ラテンアメリカ関係のテーマを描いた映画では欠かせない存在となっているガエル・ガルシア＝ベルナルである。

米墨国境と麻薬問題を取り扱った話題作が十分なキャリアを積んだ製作陣によって異なる視点や形態で製作されているのは、米墨双方にとって非常に高い関心のテーマだからであるといえる。

『カルテル・ランド』
DVD & Blu-ray 発売中
価　格：DVD 3,900 円（税抜）
　　　　B　D 4,800 円（税抜）
発売元：トランスフォーマー
販売元：ハピネット・メディアマーケティング

米国内のメキシコ系コミュニティ

米国カリフォルニア州サンノゼ市の5月1日メーデーの風景
（z2amiller 撮影　CC BY-SA ライセンスにより許諾）

米国カリフォルニア州サンディエゴ市の南部、メキシコ国境近くのサンイシドロにある送金所（TEMOC 撮影　2017年）

V

資源大国の経済運営

28

メキシコとNAFTA

★発効後24年の姿と新貿易協定USMCAの誕生★

２０１８年に発効24年を迎えた北米自由貿易協定（ＮＡＦＴＡ）は、いま新たに生まれ変わろうとしている。17年1月に就任した米国のトランプ大統領は、米国がメキシコやカナダに対して抱える貿易赤字の是正や、安価な労働力を求め、米国の製造業の多くがメキシコに生産拠点を移転したことで失われた米国の雇用を取り戻すためにＮＡＦＴＡ再交渉を行なうことをメキシコとカナダに通達し、２０１７年8月16日に交渉が開始された。一時は米国のＮＡＦＴＡ離脱も危ぶまれるなど綱渡りの交渉が続いたが、遂に18年8月27日に米国とメキシコの二国間での大筋合意に至り、その1か月後の9月30日に米国・カナダ間でも合意が成立し、およそ1年強の間続いた再交渉が決着した。新しく誕生した貿易協定の名称は「米国・メキシコ・カナダ協定（USMCA: United States–Mexico–Canada Agreement）」に決定した（スペイン語名称は、T-MEC: Tratado de México, Estados Unidos y Canadá）。

ＮＡＦＴＡは１９９１年6月に第1回閣僚レベル会議が開催され、3か国による交渉が開始された。自由貿易協定は、協定加盟国間の貿易および投資に関する障壁を互いに削減することで域内の貿易・投資を促進することを目的としているが、ＮＡＦＴＡは当時では珍しい先進国と途上国の間での協定であったため交渉の難航が予想された。しかし結果的には、交渉開始から僅か1年2か月後の１９９２年8月に基本合意に至るという驚異的なスピードで妥結した。１９９４年1月1日に同協定は発効し、譲許表に基づく移行期間を経て、２００８年1月1日までにほぼすべての品目における関税が無税となった。一部例外として、米国・カナダ間で乳製品などの関税は残ったが、米国・メキシコ間では「例外なき完全な自由化」が達成された。昨今締結される自由貿易協定においても、農業分野を中心に多くの例外品目が設けられるほか、先進国が譲歩する形の協定が多いなか、双方で１００%無税となるのは現在でも非常に珍しいケースと言える。

〈表3〉NAFTA３か国間の物品貿易額（* 億ドル）

	1993 年 *	2017 年 *	倍
NAFTA ３か国輸入の合計	296.2	1120.1	3.8
米国の輸入			4.1
カナダから	110.9	300.0	2.7
メキシコから	39.9	314.0	7.9
カナダの輸入			
米国から	100.2	285.5	2.8
メキシコから	2.9	16.4	5.6
メキシコの輸入			
米国から	41.6	194.4	4.7
カナダから	0.6	9.8	16.3

［出所］経済産業省『通商白書2018』を基に筆者作成。

経済産業省が発行する『通商白書２０１８』によれば、17年現在、域内の総人口は約5億人、ＧＤＰは20兆円の巨大市場を形成しており、域内における貿易額はＮＡＦＴＡ発効前の１９９３年と比較すると3・8倍にまで増加している。ことメキシコに関しては輸出の80%、輸入の46%を米国が占めており、突出して依存度が高いのが特徴的である。発効直後は、安価な米国産の農産物が大量に流入してメキシコの農業に打撃を与えるなど、ネガティブな側面を指摘する声も多かった。しかしＮＡＦＴＡの枠組みができたことで、日本、米国、ドイツなどの大手自動車メーカーを中心に多くの外国企業がメキシコに進出し、メキシコの経済発展にも大いに寄与することとなり、現在NAFTAは同国の経済を支える大きな柱となっている。

そのさ中に水を差すこととなったのが今回のNAFTA再交渉であった。再交渉の行方は当事国を含めた世界各国が固唾《かたず》を飲んで見守ってきた。一見米国からの無理難題にメキシコが振り回されてきたようにも見えるNAFTA再交渉であるが、その過程をみていると意外にも互角の交渉を行なうメキシコの姿が垣間みられる。メキシコは過去2回の金融危機以来、国を開き、海外の投資・技術を受け入れることで経済発展を果たしてきた。NAFTA以外にも日本やEUなど、実に46か国を相手にFTAを締結しており、その交渉については「エキスパート」といっても過言ではない。交渉中には、メキシコ・EUのFTAの近代化交渉を妥結させたほか、環太平洋パートナーシップ協定（TPP）についても加盟国中で一番早く議会の承認を得るなど、NAFTA以外の通商交渉にも積極的な姿勢を示してきた。また、ブラジルへ穀物買い付けミッションを派遣するなど、この再交渉を機に米国依存からの脱却も同時に模索している。2018年7月に行なわれた大統領選挙で中道左派のロペスオブラドール氏が勝利すると、一部報道ではNAFTA再交渉へのマイナスの影響が危惧された。しかし同氏のNAFTA再交渉に対するポジティブな姿勢が表明されたことから、同月に実務者協議が再開された。現政権のグアハルド経済大臣に加え、次期政権が指名した経済学者へスス・セアデ氏も加わったチームで集中的な交渉が行なわれ、交渉再開から2か月で大筋合意に漕ぎ着けた。米国とメキシコ間では大筋合意に至ったものの、米国とカナダの間では、例外となっていた乳製品等の農業分野などで折り合いがつかず、一時はNAFTAの消滅も危ぶまれたが、最終的には3か国による枠組みが維持されることとなった。

再交渉の最大の目玉であり、最も交渉が難航していたのが自動車・自動車部品に関する原産地規則であったが、今般発表された大筋合意内容ではより厳格化されることとなった。現行のNAFTAで自動車・自動車部品について無税の恩恵を受けるためには、域内付加価値率が62・5%以上である必要があった。これについて、今回合意に至った新しい原産地規則では、①域内付加価値率の75%以上への引き上げ、②エンジン、トランスミッションなど特定部品の域内調達の義務化、③完成車に使用される鉄鋼・アルミの域内調達率70%の義務化、④高賃金地域（時給16米ドル以上）での付加価値率40～45%の義務化、などといった条件となる模様だ。これらの条件はメキシコに進出している自動車メーカーにとってハードルが高く、日本やドイツなどの企業はもちろんのこと、アメリカ企業にも影響が出るとされている。一方、メキシコを含めた域内調達率の上昇を歓迎する声や、賃金に関する条項が加わったことでメキシコの工場労働者の賃金上昇に貢献するのではないかと期待する声など、多くの憶測や評価が出ている。詳細な計算方法などは今後明らかになる予定であり、その内容に注目が集まっている。

これまで再交渉が長引いてきた影響で日本企業をはじめとした企業のメキシコへの投資が鈍るなど、域内ビジネスが停滞してきたことは否めない。再交渉では、電子商取引や腐敗の防止など、現行NAFTA締結当時に想定されていなかったビジネス環境を反映した内容の交渉など多くの項目で近代化も行なわれた。新たな貿易協定であるUSMCAの下、再び活発なビジネスが行なわれることが望まれる。

（西尾瑛里子）

29

メキシコの地下資源

★恵まれた鉱物環境と高い外資依存度★

メキシコは世界でも屈指の鉱物資源に恵まれている国である。『世界金属統計年鑑』によると2017年の推定埋蔵量は、ビスマスが世界第2位、銅・亜鉛4位、鉛5位、銀6位、マンガン8位、モリブデン10位、金が11位であった。なお、水銀は植民地時代の精錬廃棄物からの回収分を含めると世界1位である。一方、2017年の鉱石生産量では、銀が世界1位、ビスマス3位、モリブデンが5位、鉛・亜鉛が各6位、銅7位、金が8位、マンガン11位と、上位を占める。16年の生産額割合（出荷額＋在庫額）でみると、金が37・4％、銅が19％、銀18％、亜鉛6・5％、鉄3・3％、鉛2・4％、モリブデン1・3％、その他（蛍石など）12・1％で、貴金属の金・銀の比重が55・4％と高いことがわかる。鉱山資源は地図4でみるように北・中部のサカテカス、チワワ、サンルイスポトシ、ドゥランゴの4州に集中している。この鉱山開発の主な担い手は、外資参入が認められた1992年以降投資を続けてきたカナダ資本（探鉱投資シェア64％）とメキシコの大手資本である。

このように豊かなメキシコの鉱業は2009年以降活況を呈し、投資額が2012年まで3年連続で増加して80億米ドルに

〈地図4〉21世紀の鉱山開発ブームを経験している主な州
（筆者作成）

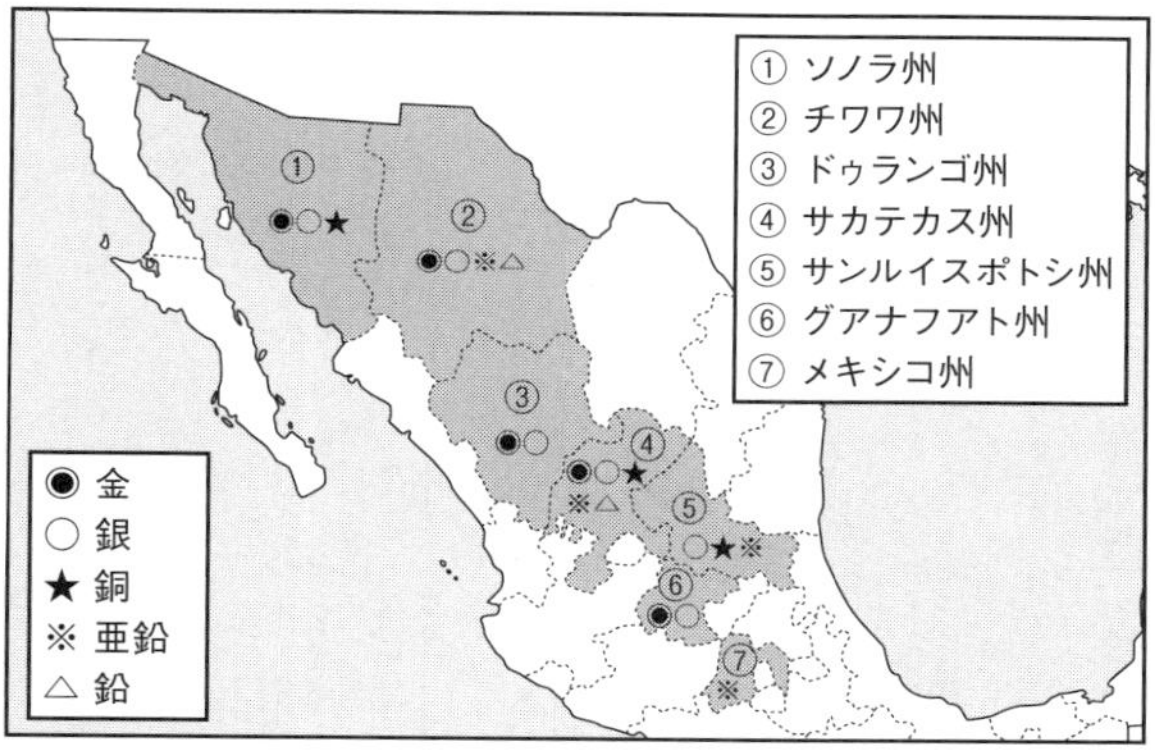

達するなど、探鉱・設備・新規プロジェクト開発などいずれの面でも顕著な伸びを示した。しかしその後、世界的な金属市況の下落・低迷に加え、14年1月に施行されたロイヤルティに当たる鉱業特別税と貴金属鉱業特別税の影響により、企業が探鉱・設備投資や維持管理費を抑制した結果、16年度の投資額は４年連続で38億米ドルにまで半減した。その後17年に入って市況が回復すると、外資・国内資本とともに貴金属を主とした探鉱・拡張・新規プロジェクトによ うやく前向きとなり、近年の地元資本の業績堅調と相まって鉱業全体で5年振りの投資増加が期待されている。

近年、鉱業生産額は順調に増加し、16年にはペソ安もあって１２５億米ドルと過去最高に達した。その対ＧＤＰ割合は２・９%、全産業に占める割合が９%、鉱業貿易収支は77億米ドルの黒字である。鉱業労働人口は35万人で全労働人口の０・７%を占めるにすぎないが、鉱山労働者の平均月収９２３米ドルはメキシコの労働者平均賃金の2倍以上である。

１９８０年代の累積債務危機を経て経済政策を保護主義から市場原理主義へと大転換したメキシコは、92年の憲法改正と鉱業法改正および翌93年の新外資法によって外資１００%の参入を認めるなど投資環境を改善して外資を積極的に導入してきた。国営企業中心の石油資源開発とは異なり、鉱山開発は外資・民間内資ともにすべて免許制であり、許可鉱区の開発期限は50年である。さらに鉱業事業者は環境影響評価を環境天然資源省（SEMARNAT）に提出して承認を受ける必要がある。

連邦政府は2013年5月に、国家の戦略的かつ優先的目標として「国家開発計画2013〜2018」を公布した。それを基に鉱業を所管する経済省（SE）が「鉱業開発計画2013〜2018」を14年5月に公布して、鉱業分野への投資促進による競争力強化、金融支援拡充、中小鉱業企業の発展促進、規制緩和と近代化など4つの目標を設定し、各目標に対する行動指針と横断的戦略を呈示した。傘下組織としてメキシコ鉱業センター（SGM）と鉱業振興信託（FIFOMI）があり、関係業法としては鉱業法がある。探鉱鉱区と生産鉱区の区別はない。

探鉱は大・中規模の開発事業はカナダを筆頭とする外資系企業と大手メキシコ企業によって行なわれ、中・小規模案件は地元中小企業が行なっている。2016年末での外国資本を中心とするプロジェクトでは275社による総件数が947件で、うち探索段階が635件（67％）、開発段階が44件、拡張工事が99件、着工延期が169件であった。外資ではカナダ企業が64％を占め、鉱種別では金・銀の貴金属が597件（63％）、多種類の金属139件、銅121件、鉄鉱石53件、その他37件である。

カナダの調査会社による投資環境世界ランキングによれば、メキシコの鉱業は投資魅力度で50位、地質学的潜在性で40位、鉱業政策で53位と、ペルー、チリ、コロンビアなどの太平洋経済圏諸国より劣り、特に治安は96位と極端に低い。頻繁に行なわれる税制改革による制度的不安定性もメキシコ鉱業開発のマイナス要因となっている。例えば、法人税・所得税・付加価値税などの一般税の増税に加えて、2013年に鉱区税・鉱業特別税（金利＋税金＋償却前利益＝EBITDAの7・5％）・貴金属鉱業特別税（売上の0・5％）など鉱業を対象とした特別税が新設され、それによる税収は企業が所在する地方自治体に50％、州政府に30％、残りの20％は連邦政府に配分されている。これに対してカナダ企業の現地法人が鉱業特別税は課税の公平性（貴金属への重課税）および均等性（価格ではなく鉱種ごとのキロやトンなど重量単位で課税）に反するとしてシナロア州憲法裁判所に異議を申し立てたが却下された。このような事態に対して、連邦政府も担当官庁の経済省に鉱山活動を監督・調整する鉱山担当次官ポストを新設（16年12月）するとともに、上記の特別2税を財源とした鉱業基金の新設（16年で約1億米ドル）や国際機関である「鉱業などの採取産業透明性イニシアティブ（ＥＩＴＩ）」への加盟（17年10月）、電力改革を通じて自家発電からの余剰電力売電による電力コストの引き下げなどの対応策を取っている。

しかし、メキシコの鉱業が現在直面している最大の問題は治安の悪化であろう。２０１５年初頭以降、麻薬マフィアによる鉱山労働者の誘拐・殺人・脅迫や、武装強盗による物品の強奪、麻薬カルテルによる違法鉱石の輸出などが頻発している。加えて労働法に基づく労働者への利益配分の不履行、労働組合員の不当解雇に対する組合員の抗議ストライキや鉱山の不法占拠、周辺住民による道路封鎖などが多発している。さらに共有地に係る地域住民との賃貸借・売買問題や、銅鉱山での浸出液流出事故など、安全面と環境汚染の問題も重なり、外資は条件の比較的良い案件に絞って投資するなど今後の投資への影響が懸念される。

日本はメキシコから２０１６年に亜鉛・銅・モリブデンなどの鉱石・地金を約25万トン輸入したほか、メキシコ州のティサパ亜鉛・銀・金鉱山（１９９２年）、チワワ州のロス・ガトス亜鉛鉱山（２０１４年）、ソノラ州のリチウム鉱山（２０１７年）などへ投資している。

（杉浦篤）

30

天国と地獄を往復した石油政策の軌跡

★石油開発の光と影★

20世紀初頭のメキシコは世界有数の産油国であった。国内需要を賄うだけではなく米国に対する重要な原油供給国となったが、20世紀のメキシコ経済は世界の原油価格の浮沈とともに天国と地獄を経験した。原油価格は21世紀に入っても、2004年以降の資源価格高騰、リーマンショック後の一時的落ち込みとその後の急回復、さらにその後の急激な落ち込みといったジェットコースターのような状況にあり、影響を受け続けている。

メキシコの石油開発は19世紀末に米国・イギリス・オランダの資本によって開始され、1910年に勃発したメキシコ革命動乱期においても油田地帯を守り続けた外国資本による生産が続き、1920年代には世界第2位の産油量を記録した。しかし1938年にラサロ・カルデナス政権（任期1934～40年）が国際石油会社が支配していた石油を国有化した後、輸出ではなく国内需要充足を重視する政策に転換したため、メキシコ石油産業は世界の石油市場から孤立した存在となった。外資から取り戻した油田の開発と管理のために設立されたメキシコ石油公社（PEMEX）は、多くの妨害や困難を乗り越え、探査・生産・精製・流通・販売を一貫して行なうラテンアメリカ最大の国営企業となり、現在でもその地位を保っている。他方、公社ならではの効率の悪さ、財務状況の悪化、資金難、労働組合の腐敗などにより、生産量減少が続き、国内需要の充足もおぼつかなくなった。

しかしこのような状況を一変させたのが1973年の石油危機であった。原油価格が高騰し、陸路で米国へ輸送できるメキシコ産石油の優位性が高まったからである。このような石油資源をめぐる国際環境の変化の中で発足したロペス＝ポルティーリョ政権（任期1976～82年）は、高騰した石油の輸出によって得た外貨を累積していた債務の整理とメキシコ経済の近代化に活用した。ロペス＝ポルティーリョ大統領は「神が与えてくれた石油を活用することによって今世紀中に旧宗主国スペインを追い越す」と公言し、石油政策の目的を国内需要充足から油田開発による輸出へと転換した。そして新油田の発見によって世界第2位の潜在埋蔵量となった石油を担保に諸外国の銀行から最大限の債務を導入する戦略を採用した結果、メキシコは空前の石油ブームを謳歌した。

しかし1980年代の石油価格急落は事態を一変させた。石油収入が減少する一方で、米国レーガン政権の高金利政策によって対外負債の金利負担が急増すると同時に、担保も目減りし、メキシコの返済能力に対する不安が高まり、外国資金が流出した。その結果として82年8月には対外債務不履行にまで追い詰められ、この金融危機によってハイパーインフ

PEMEXビル前のラサロ・カルデナスの銅像
（国本伊代撮影）

レが起こり、国内経済は究極の混乱状態に陥った。さらに85年の大地震、翌86年のサウジアラビアの原油増産によって生じた逆オイルショックも状況をさらに悪化させ、「失われた10年」を迎えることになった。カルロス・サリナス政権（任期1988〜94年）は94年の北米自由貿易協定（NAFTA）締結に向けて、保護主義政策から新自由主義政策に転換し、工業やサービス業における外資参入を促進するために外資参入規制を緩和していった。しかしメキシコ革命の金字塔であり、ナショナリズムの最後の砦とみなされた「石油」に関しては国有企業として存続した。石油は国民の統合・一体感・求心力の原点とされてきたからである。同時に、石油国有化は、植民地時代の宗主国スペイン、独立後のメキシコ経済を支配してきたイギリスや米国といった超大国から搾取され続けてきた「略奪の歴史」に唯一抗った偉業であったと語られることが多い。この背景には、第二次世界大戦前夜の国際環境の中における米国側の譲歩を引き出せる絶好の機会があったことを知る必要がある。

メキシコ革命の「聖域」であり続けた石油は2000年代に再び生産量減少による厳しい状況に陥り、10年以内に国内需要を賄えなくなるとの観測も出たことがある。生産量減少の原因は残りの埋蔵量の多くを占める海底油田の探査と開発の遅れにあった。その主な原因は国有化の負の側面にある。例えば、国庫納付金の拡大が内部留保金の取り崩しによる探査と開発の資金不足を招いたことや、「労組貴族」という特権階級が蔓延し、政治家となれ合った汚職と時代遅れの非効率な経営などによって財務が悪化した。結果としてPEMEXの国庫納入金が激減し、国家財政の赤字を増大させる要因となっている。

こうした状況は1997年にブラジルのカルドーゾ政権が石油分野に競争原理を導入し、内外の民間資本の参入を認めたのとは対照的である。ブラジルでもブラジル石油公社（Petrobras）が石油分野の事業活動を独占してきたが、競争原理導入後は同国の石油分野には外資のシェル、シェブロン、レプソル、ブリティッシュ・ペトロリアムなど世界有数の企業が参入し、技術力を高め、海底油田の探索と開発に成功している。２０１６年にはブラジルの原油生産量が日量２６０・５万バレルとなり、メキシコの２４５・６万バレルを上回った。これは両国の原油開発状況の優劣を象徴的に示している。

他方、２００６年以降の「シェール革命」は世界のエネルギー環境を一変させつつある。シェール層のガスやオイルを採掘するための「水平掘り」「水圧破砕」「マイクロサイスミック」という技術は１９６０年代後半から存在したが、これらの技術が最新ノウハウによって組み合わされた結果、本格的商用化が実現してシェール革命と呼ばれ、世界のエネルギー環境を一変させたからである。シェール層のガスやオイルの多くはメキシコ石油の輸出先である米国に埋蔵されており、この新たな資源開発によって米国は世界の石油生産国の上位に位置するようになった。石油ガス関連の情報サービス企業ライスタッド・エナジー社の統計によれば、米国の未開発原油の半分以上はシェール・オイルとされる。現存する油田と新プロジェクトや最近発見された油田、まだ発見されていない油田の予測値などを含む同社の試算では、ロシアやサウジアラビアといった上位国を抜いて世界第1位である。もっともシェール資源に関しては、水質汚染リスクなどの環境問題が指摘され、全てが開発可能か否かは不明である。なお、シェール革命の恩恵はメキシコにも一部もたらされつつあり、メキシコ政府は２０１８年9月にメキシコ湾西岸タマウリパス州の陸上シェール・ガス鉱区の入札を実施する予定である。

（丸谷雄一郎）

31

国営企業PEMEXの21世紀の課題

★民間資本との協調に向けて★

２０００年の大統領選挙で勝利し誕生した国民行動党（ＰＡＮ）政権の下で、メキシコは石油国有化の呪縛《じゅばく》から解放され、石油産業の上流部門から下流部門に至る独占を緩和し、民間資本との協調を進めていく路線に舵を切った。しかし中道右派で企業家集団との関係が深いＰＡＮ政権によるこの路線変更は大規模な反対デモを誘発し、与党が過半数を持たない議会は混乱した。そのような中でも2代12年間にわたるＰＡＮ政権は議会での粘り強い交渉を行ない、当初案よりかなり後退したものの２００８年10月に石油政策改革案が上下両院を通過した。

２０１２年に2期ぶりに政権を奪還した制度的革命党（ＰＲＩ）政権は、12年間政権を担当したＰＡＮ政権の石油政策を踏襲し、さらに石油の開放政策を推進して13年に憲法を改正し、石油生産活動の外資を含む民間への開放を実現させた。18年の総選挙で政権獲得を目指していた主要3党は、ＰＥＭＥＸ改革自体の必要性に関する認識は共有していた。しかし求める改革の程度には差があった。改革実現のためには議会での野党の協力が不可欠であり、２０１２年に政権与党に返り咲いたＰＲＩは、石油改革に限らず教育など広範な経済・社会改革を実現するための枠組みとして、野党の国民行動党（ＰＡＮ）と民主革命党（ＰＲＤ）との間で、改革のための3党間合意である「メキシコのための協定」を政権発足と同時に結んだ。現行憲法内での緩やかな石油改革を求めるＰＲＤがこの合意から後に離脱したが、憲法改革を含む石油改革に関しては、前政権期に石油改革を推し進めようとしていたＰＡＮとＰＲＩの間では一致していた。このことが両党間での交渉を容易にし、石油産業における外資導入を容易にしてきた。なお合意の具体的内容は、(1)国による地下炭化水素資源保有の継続、(2)ＰＥＭＥＸの生産性向上、(3)炭化水素資源の探鉱・開発の拡大、(4)石油精製・石油化学・輸送分野における競争力の確保、(5)気候変動対策などである。ＰＲＩは交渉の中で野党ＰＡＮが主張する憲法第27条修正（コンセッション契約の導入）を受け容れ、外資参入を促進する内容となっている。

ペニャニエト大統領（任期２０１２〜18年）は２０１３年8月に、石油産業への外部石油会社の参入を可能とするために憲法第25条、第27条、第28条の修正案を議会に提出した。この歴史的な憲法修正案は上院と下院を通過し、さらに憲法改正に必要な全州議会の3分の2の賛成も得て、同年12月20日に大統領による署名によって成立した。憲法改正条項が示した理念と方向性に基づいて政策を具体化するための移行法（2次法）案も翌14年8月に議会で可決された。これによってメキシコの石油産業は、正式に外部石油会社の参加の準備が整った。憲法改正の要点は、炭化水素資源の国家所有を規定した第27条において、地下の炭化水素資源は国家に帰属するが、採掘され地上に出たものについては企業による所有を認めた点にある。これにより、契約内容によっては、外部石油会社は石油の処分権を獲得することが可能になった。それを受けて、移行法第４条では、外部石油会社との間で、サービス契約のみならず、利益分配、生産物分与、ライセンス契約という4つの形態での契約締結が可能となった。生産物分与とライセンス契約は石油の処分権を譲渡することになるため、最も政治的抵抗が強い契約形態であったにもかかわらず、比較的容易に制度化が実現された。さらに移行法第5条によって、外部石油会社が自らの財務諸表に操業中の鉱区の埋蔵量を資産として計上できることになっている。

２０１４年に石油改革は実行段階に入り、上流部門に当たる国外の民間企業に開放した油田の入札に関しては、4ラウンドに分けて行なわれることになった。1ラウンドは２０１４年12月11日に浅海の探鉱を対象にした入札から公開がなされ、翌15年7月15日に2鉱区が落札された。1ラウンドの対象は陸上油田から大水深油田の入札へと進み、翌16年12月5日に1ラウンドが終了した。1ラウンドでは日本の国際石油開発帝石株式会社（ＩＮＰＥＸ）がＰＥＭＥＸおよび米国のシェブロンと組んだコンソーシアムによって大水深の原油鉱区に係るライセンス契約が落札された。ＰＥＭＥＸは、メキシコより早期に改革が進んだブラジル石油公社やコロンビア石油公社と同様に、政府から独立した形態の組織となり、今回の落札も民間の日米石油会社とのパートナーを組む形態となっている。

2ラウンドに入り、陸上油田探鉱・生産の入札において、先住民問題が未解決なため鉱区が12鉱区から10鉱区に減少し、大水深油田探鉱・生産の入札において国立公園近郊の環境調査の検討で30鉱区から29鉱区に減少するといった一部の変更はあったが、入札は実施され続けており、今後も国家の管理下で4ラウンドまでの入札が継続的に実施されていくとみられる。

下流部門における改革も進められている。２０１６年にガソリン販売の民間参入が解禁され、翌17

ケレタロ市内のエクソン・モービルのガソリンスタンド
（上島篤志撮影　2018年）

年３月にはブリティッシュ・ペトロリアムがメキシコ市郊外ナウカルパンに解禁後最初の外資によるガソリンスタンドを開業し、ロイヤルダッチシェルが同年９月に同じくメキシコ市郊外トラルネパントラに、エクソン・モービルも12月にケレタロに８店舗を設置し、各社は今後とも積極的な投資を行なっていくことを発表している。

２０１８年４月には民間との協調に向けてさらなる動きがみられた。ＰＥＭＥＸトレビーニョＣＥＯ（最高経営責任者）がロンドンで開催された国際的な石油関連イベントである「国際石油サミット２０１８」でＰＥＭＥＸ上場に言及した。上場の具体的方式に関する言及は避けたものの、世界の石油輸出を支えてきたサウジアラビア国営石油会社サウジアラムコの上場手続き進展を念頭に置いた発言であり、想定する上場形式は政府支配権を一定程度維持する発行済み株式50％未満の売り出しだとみられる。このＣＥＯの言及が上場に直結するわけではなく、２０１８年12月に大統領に就任する中道左派政党の国家再生運動（ＭＯＲＥＮＡ）のロペスオブラドールが前政権の実施してきたエネルギー改革に反対していることからも、上場の実現は容易ではないであろう。しかしＰＥＭＥＸの将来の発展のためには資金調達が不可欠であり、民間との協調が今後さらに順調に進めば、一部株式上場については将来的には選択肢となりうると考えられる。

（丸谷雄一郎）

32

メキシコ経済と外国資本

★最強先進国米国に隣接することの活用★

メキシコ経済は、産油国であることと最強先進国米国と隣接していることによって支えられてきた。本章では、米国と隣接していることを活用することによってメキシコ経済発展を支えてきた外国資本について述べていく。

メキシコは1980年代初めまで輸入代替工業化政策と呼ばれる保護主義経済政策を採用しており、73年に制定された旧外資法によりあらゆる外資投資の比率を最高49％に制限するなどにより、外資参入を厳しく制限してきた。例外は65年に「国境工業化計画」により制度化されたマキラドーラ（保税加工制度）であり、米墨国境沿いの限られた地域において、安価なメキシコの労働力を活用して米国製造業を誘致し下請けを行なうという制度であった。当時においてはあくまでも石油がダメなときの補助的な役割を担う制度に過ぎなかった。

しかし2度の石油危機直後の対外債務が、こうした状況を変化させた。デラマドリ政権（任期1982～88年）は債務返済のために補助的な役割であったマキラドーラを重視し、サリナス政権（任期1988～94年）もその政策を継承し、94年の北米自由貿易協定（NAFTA）締結によって、マキラドーラから始まった外国資本進出促進のための制度は補助的な役割から主要な経済政策として定着することになった。結果的に、マキラドーラが本格導入されたエチェベリア政権（任期1970～76年）発足時の70年とNAFTA発効を受け北米向け保税制度が一旦廃止された2000年の直前の99年を比べると、マキラドーラ工場は236から3297へ、従業員数は6万7200人から119万人へと急増した。なお、現在のマキラドーラ制度は06年11月に新たに制定されたものである。

NAFTA締結以降、外国資本はメキシコ経済を支える主役となり、石油や電力などいくつかの特定分野を除いて参入が可能になった。1993年の新外国投資法と99年の大幅規制緩和により外資開放が加速した。その後、北米市場への輸出主体である企業を多く輩出する欧州や日本にもその門戸は開かれて、2000年にヨーロッパ連合（EU）と自由貿易協定（FTA）を結び、05年には日本と経済連携協定（EPA）を締結した。日墨の貿易額は、2005年のEPA発効後08年まで大幅に増加し、翌09年にはリーマンショックに端を発する世界的な経済危機の影響により一時減少したが、15年には152億2000万ドルとなり、発効前の04年の73億6400万ドルに比べ、貿易総額（輸出額と輸入額の和として算出）は倍増した。

NAFTA締結の際にはサパティスタ民族解放軍の武装蜂起（9章を参照）など国内の一部に強い反対があったが、8割以上を米国への輸出に依存する極端な状況下ではこのような反対はマスコミで取り上げられることはあっても経済政策に反映されることは少ない。この依存は多少緩和されているが、メキシコ経済省の2016年の統計によると総輸出額の約81％を米国が占め、輸入も約47％に及んでいる。規制緩和により進出が進む外国資本のうち、米国出身の世界最大の小売業者であるウォルマー

〈表4〉2016年メキシコ外資ランキング・トップ10

外資順位	総合順位	企業	出身国	分野
1	3	ウォルマート	米国	小売
2	6	ゼネラル・モーターズ	米国	自動車メーカー
3	8	フィアット・クライスラー	米国	自動車メーカー
4	11	BBVA バンコメル	スペイン	金融サービス
5	12	日産	日本	自動車メーカー
6	15	フォード	米国	自動車メーカー
7	16	フォルクスワーゲン	ドイツ	自動車メーカー
8	17	バナメックス（シティグループ）	米国	金融サービス
9	22	テチント・グループ	イタリア／アルゼンチン	財閥
10	27	ホンダ	日本	自動車メーカー

［出所］『エクスパンシオン』2017年6月15日号より筆者作成。

トが最大の成功企業であり、国内大手小売業の統合を進める程の影響力を持つに至っている（44章を参照）。マキラドーラからＮＡＦＴＡへ転換する中で受益を獲得し続けている日・米・独系の自動車メーカーがウォルマートに続いている。

こうした状況はメキシコ大手経済誌『エクスパンシオン』の２０１６年５００大企業ランキングでも裏付けられる。同誌によれば、ウォルマートは外資1位であるだけではなく、メキシコの全企業を含む総合ランキングでも第3位である。その後に続く日・米・独の自動車メーカーは北米市場で覇権を競っており、これらの自動車メーカーは外資トップ10のうち6社を占めている。中でも米出身ビッグスリーは全てトップ10入りしており、ゼネラルモーターズが外資2位（総合6位）、フィアット＝クライスラーが外資第3位（総合8位）、フォードが外資6位（総合15位）である。日系ビッグスリーと独系3強のうち3社がトップ10入りしており、１９６６年にクエルナバカに同社初の海外工場を設置するなどメキシコ進出に積極的であった日産が外資5位（総合12位）、日産には遅れたがＮＡＦＴＡ発効直後の95年に生産を開始したホンダが10位（総合27位）であり、ドイツ3強の一角フォルクスワーゲンが外資7位（総合16位）である。日系ビッグスリーでメキシコ進出が後発であるトヨタも17位（総合46位）と2015年ランキングの外資25位（総合61位）より大幅に順位をあげ、ドイツ3強の残りの2社であるBMW（外資20位・総合50位）とダイムラー（外資33位・総合77位）もメキシコでの生産には前向きである。

なお自動車メーカーではないが、自動車関連ではNAFTA締結国カナダ出身の自動車部品メーカーであるマグナ・インターナショナル（自動車部品業界ではドイツのボッシュ、日本のデンソーに次ぎ世界第3位）が母国に有力自動車メーカーが存在しないにもかかわらず、外資14位（総合41位）と健闘していることも注目される。

それ以外では、欧米外資に2000年代初頭に買収された結果外資となった金融グループと韓国の家電2社が注目される。金融グループでは2000年にスペインBBVAに買収されたバンコメルが外資4位（総合11位）であり、01年に米国シティ・グループに買収されたバナメックスが外資8位（総合17位）と続き、スペイン大手傘下の外資13位（総合34位）サンタンデールを含むメキシコ金融グループ3強は全て外資となっている。ちなみに国内資本では日本のみずほコーポレート銀行と三菱UFJ銀行と業務提携している4位バノルテが外資3強に対抗している。

韓国系家電2強はかつて世界を席巻してきた日系家電メーカーにとって代わりつつあり、サムスンが外資11位（総合28位）で、欧米日以外で唯一トップ10入りを目指せる位置に付け、LGも外資18位（総合47位）と続いている。トップ10で異色なのがイタリアとアルゼンチンを主要拠点とするテチント・グループ（外資9位・総合22位）である。鉄鋼・鋼管・石油・ガス・建設・産業機械・ヘルスケアなど幅広く展開し、メキシコでは鉄鋼メーカーのテルニウムを経営している。

（丸谷雄一郎）

33

メキシコ民族資本

★継続する家族による所有・経営支配★

メキシコにおける民族系民間資本（以下、民族資本）は石油公社と電力公社に代表される政府系企業、32章で紹介した外資系企業とともに経済を支える3つの主体の1つである。このことは民族資本がメキシコ経済誌『エクスパンシオン』の企業ランキング上位50社のうち25社を占め、外資系企業20社、公営企業5社を上回っていることからもわかる。

メキシコの民族資本の特徴は家族による所有・経営支配にある。家族による所有・経営支配はメキシコの上位20グループのうち19グループを占める。例外は協同組合加入者を出資者とする主要乳業メーカーを有するララ・グループのみである。

所有・経営を支配する代表的一族は、企業ランキング10位以内の企業を輩出するスリム一族、モンテレイ・グループ（ガルサ＝ラグエラ一族、ガルサ＝メディナ一族、サダ＝ゴンサレス一族で構成）、セルビヘ一族、サンプラーノ一族などである。

上記の一族の中では『フォーブス』誌の世界の大富豪ランキングで2009年と10年にトップとなったカルロス・スリムの率いるスリム一族が最も有名である。彼はレバノン移民2世であり、彼が率いるカルソ・グループは、メキシコ石油公

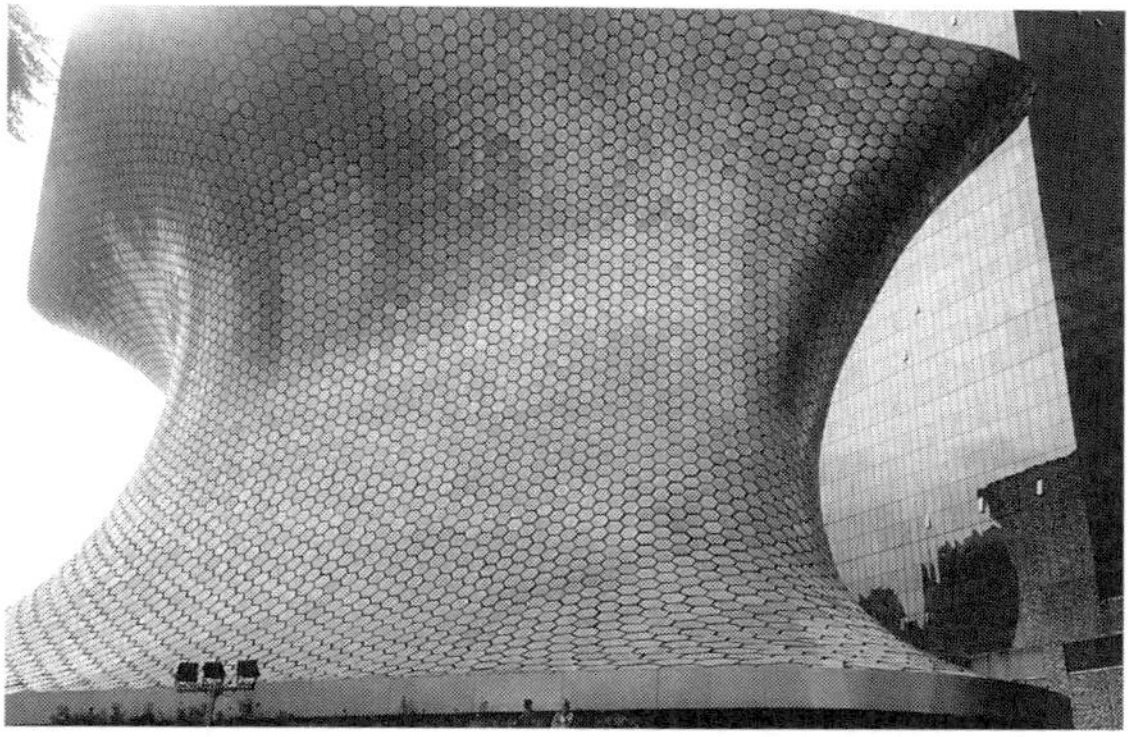
世界一の富豪となったカルロス・スリム一族繁栄の象徴ソウマヤ美術館の外観（筆者撮影　2017年）

社（PEMEX）に次ぐ企業ランキング第2位のアメリカ・モビルなどの電気通信事業を中心とするグループを形成している。同グループの発展は1980年代以降の公営企業の民営化の受け皿となったことによるところが大きく、90年にメキシコ電話公社（TELMEX）の株式を取得したことが台頭する契機となった。当時日本でも民営化により誕生したNTTが携帯電話事業者NTTドコモを生み出して成長したように、メキシコでも90年代以降携帯電話事業が成長した。こうした絶妙のタイミングでの買収以降、獲得した資金力を活かしてその他の事業買収と売却を繰り返すことによって収益を高め、世界の大富豪にまで昇りつめた。現在では電気通信事業以外にも、金融業・自動車部品製造業・金属鉱業・金属製造業・小売業・飲食サービス業・土木建設業など、他のグループに比べて多岐にわたる事業を展開している。なお、メキシコ市中心部のポランコ地区には、同グループが運営するインブルサ水族館やソウマヤ美術館がある。特にカルロス・スリムの亡き妻の名前に由来する特徴的な外観のソウマヤ美術館は世界一の富豪となったカルロス・スリムが保有する6万6000点に上るコレクションを所蔵しており、入場無料であることもあり、市民の憩いの場となっている。

モンテレイ・グループは1890年にモンテレイで創業したビールメーカーが発祥である。モンテレイは19世紀末に対米通商の拠点となってから急成長を遂げたメキシコ第2の都市で、マキラドーラ（保税加工制度）による外資進出やNAFTA締結によってその重要度を高めてきた。モンテレイ・グループからは1936年にサダ＝ゴンサレス一族のビトロが分裂し（企業ランキング154位であるが、現在でもメキシコの上位20グループには入っている）、73年にガルサ一族がフェムサを支配するガルサ＝ラグエラ一族とアルファを支配するガルサ＝メディナ一族に分裂した。

ガルサ＝ラグエラ一族の所有するフェムサは、ビール製造からガラス瓶・王冠（ビール瓶用）・モルト・梱包用段ボール・王冠用鉄鋼・ラベル印刷・プラスティック成型（梱包・容器用）へと事業を多角化し、1979年に現在の同グループの主要企業であるコカコーラ・フェムサを創業し、その販売店としてオクソをチェーン化し、コカコーラ・フェムサと最大手のコンビニチェーンとなったオクソが中核事業となった。他方、テカテ、ソル、ドスエキス、ボヘミアなど多くの人気ブランドを有したビール事業は、2010年にグローバル化を進めるオランダのビールメーカーであるハイネケンに株式交換により売却され、交換により獲得した株式も17年にその4分の1を約25億ユーロで売却し、主要事業の基盤整備の原資にあてられている。

ガルサ＝メディナ一族の所有するアルファは一族の分裂翌年の1974年にロベルト・ガルサ＝サダが創業し、マキラドーラ産業の発展の中心となった地元出身の工業発展の担い手として、自動車部品・石油化学・化学繊維・食品・通信といった多角的な事業展開を行なうことによって持続的な成長を続けている。複数の異業種を傘下に持つことがリスク分散につながり、リーマンショック後に多くの自動車関連企業が苦境に立った時期にも安定した事業運営が展開された。

セルビヘ一族はスペインからの移民で、1945年にメキシコ市で世界的パンメーカーとなったビンボを創業した。ビンボという名称はビンゴとディズニーキャラクターのバンビを合わせた造語である。ロレンソとロベルト兄弟らの創業世代は、メキシコ全土に食パンから菓子パンまで多様なラインナップのパン製品を展開し、メキシコ最大のパンメーカーになった。97年にロレンソの息子ダニエルがCEOとなると、買収を含めて、米国・ブラジル・中国・カナダ・イギリスなど積極的な海外展開を行なうようになった。特に世界的に有名なシャンプーブランドであり、ヘインズなどのアパレルブランドなども有するグローバル消費財メーカーの米国サラ・リー社から2010年に実行した北米パン事業買収は世界的にも注目を集め、現在世界最大のパンメーカーとなっている。

サンブラーノ一族は1906年メキシコ北部モンテレイ市内にイダルゴ・セメント工場を建設して創業し、国内セメント事業の同業者を次々に買収し、89年のセメントス・トルテカ社（業界第2位）買収によりメキシコ国内市場を盤石のものとした。92年以降、欧州、ラテンアメリカ、アジア、アフリカへと買収対象を世界全体に拡大し、欧州の英国出身ラファージュホルシム、ドイツ系ハイデルベルグセメントと並ぶセメントメジャーの1つとなった。なお、同社がメキシコにおいて行なった低所得者向け住宅建築資金確保プログラムは、BOP（ベース・オブ・ザ・ピラミッド）市場対応の先進事例としてプラハラード著『ネクスト・マーケット』でも紹介され、世界的に注目を集めた。（丸谷雄一郎）

34

観光資源

★豊かな観光資源と開発の現状★

メキシコは世界の観光大国である。2016年の観光客受け入れ人数で世界第1位のフランスの8257万人には遥かに及ばないものの、3407万人がメキシコを訪れており、世界第8位の観光大国であった。因みに同年の日本が受け入れた観光客数は2404万人（世界16位）である。有力紙『エクセルシオール』によると、2017年の外国人観光客の入国者数は3930万人に達し、世界ランキングも6位へと上昇した。

このようにメキシコは、29章で紹介されているような地下資源に恵まれていると同時に、多くの世界遺産を登録した観光資源にも恵まれた国でもある。ユネスコに登録された世界遺産の数は2017年の時点で34あり（世界第7位）、その内容は27の文化遺産と6つの自然遺産および複合遺産が1か所となっている（55章を参照）。ちなみに第1位のイタリアは文化遺産48、自然遺産5である。メキシコの観光資源の特徴は、1492年のコロンブスの新大陸「発見」以前に北アメリカ大陸で栄えたメソアメリカ古代文明圏に位置することからくる考古学的遺跡、約300年間続いたスペイン植民地時代に建設された歴史的建造物と多様な自然環境が生み出す地理的・地形的条件に由来する風光明媚な観光地に恵まれていることである。

太平洋と大西洋に面した長い海岸線は常夏の気候と白い砂浜に恵まれており、大規模な観光開発によって広く世界に知られた海浜リゾート地が数多い。太平洋岸中部に位置するアカプルコは多くの映画の舞台となって世界的に知られているが、１９７０年代に開発されたユカタン半島のカリブ海に面したカンクンはアカプルコをはるかに追い抜いて、メキシコ人と外国人観光客でにぎわっている。しかも古代マヤ文明の遺跡群が近くに数多く残っているカンクンは、カリブ海域の白浜と海浜スポーツだけのリゾート地ではなく、カンクンを拠点にしてユカタン半島の各地に点在するマヤ文明が残したピラミッドなどの遺跡群を容易に訪れることができると同時に、バリャドリ市やメリダ市など、植民地時代に建設された都市へのアクセスがいいことである。さまざまなツアーが用意されており、外国人観光客だけでなくメキシコ人のバカンスの地となっている。

古代文明に関連する遺跡類も数多く登録されている。１９８７年に最初の世界文化遺産として登録された5件には、南部チアパス州に位置する古代都市パレンケと中部メキシコ州に位置する古代都市テオティワカンが含まれており、残りの3件はスペイン植民地時代に重要な都市として発達したメキシコ市、プエブラ市およびオアハカ市の旧市街地が歴史地区として登録された。その後、古代都市ではユカタン半島のチチェン・イッツァ（１９８８年）、ウシュマル（１９９６年）およびベラクルス州のエルタヒン（１９９２年）が追加登録されている。２００７年に文化遺産として登録されたメキシコ市南部に位置する大学都市は、１９５０年代に建設されたメキシコ国立自治大学の広大な中央キャンパスそのものが世界文化遺産であり、20世紀のメキシコ壁画運動のなかで作成された数々の壁画が建物の壁を飾っている。大学都市そのものが世界文化遺産となっている例は珍しい。

一方、内陸部には16世紀から17世紀の黄金時代に銀山開発で繁栄したグアナファトやサカテカスおよび交通の要所として発展したモレリア市とケレタロ市の植民地時代の遺産を色濃く残す旧市街地が歴史地区として世界遺産に登録されている。また植民地時代を通じて絶大な権力を握っていたカトリック教会のバロック様式をふんだんに取り入れた礼拝堂や壮大な教会建造物は観光客を魅了する。南北アメリカ大陸を二分してスペインが支配した北部のヌエバエスパーニャ副王領の首都であった現在のメキシコ市には、植民地時代の市街地であった一角が南部の湖水に人造された農耕用の浮島群と一緒に世界遺産に登録されている。その他、気候に恵まれた高原地帯には主として欧米人を対象とした年金生活者を誘致してさまざまなサービスを提供している都市もあり、短期訪問の観光客だけでなく、長期滞在者の受け入れにも積極的に取り組んでいる。

また2010年にメキシコ料理がフランス料理と同時にユネスコの無形文化遺産に登録されたことも、メキシコの観光産業に大きな魅力をもたらしている。正確には「ミチョアカン地方の料理」として登録されたが、トウモロコシ、フリフォール豆、チリ（唐辛子）を共通の食材とするメキシコ各地の多様な料理を含めて「世界無形遺産となったメキシコ料理」として有名になっており、メキシコ観光の広報を担っている。メキシコ料理の他に無形文化遺産として登録されているものに、11月1〜2日の死者の日の祭礼、マリアッチの弦楽器と歌唱、伝統馬術のチャレリアなどがあり、メキシコの観光資源の一翼を担っている。

その結果、メキシコのGDPに占める観光産業の重要性も高い。2017年の外貨収入では第4位につけた。しかしメキシコの観光産業はその資源を十分に生かし切れていないのが現状である。世界経済フォーラム（ＷＥＦ）の『観光競争力報告書』（２０１６年）に掲載された「観光競争力世界ランキング」によると、メキシコは総合で世界第22位にあり、１位のスペインや4位の日本などに大きな後れを取っているからである。「観光競争力」指数は４部門に分けられ、さらに14のカテゴリーに分けられた項目は合計で93もある。これらの統計指数に加えて世界各国の企業トップへのアンケート調査によって総合順位が算出されている。大きく分けられた4部門は、①事業環境・社会環境の整備、②観光政策、③交通・観光インフラ、④自然・文化観光資源となっている。競争力を算定する過程で検討されている項目と評価基準を細かくみると、メキシコの「観光力」そのものはほとんどスペインやフランスなどの最上位国に負けない観光資源を有していることがわかる。

しかしサービスや手続きなどの項目で大きく後退しており、観光立国と呼ぶには全般的に改善の余地を大きく残している。メキシコの「観光競争力」の世界順位を下げているのは、治安の悪化や公共交通網とサービスの未整備など改善の余地が大きい部門における低順位である。先に紹介したように、２０１６年にメキシコを訪れた観光客の数は３５０８万人で7位であったが、観光競争力では22位であった。このように競争力で大きく後退しているメキシコの観光産業の問題は第１に治安問題である。国民生活を脅かしている治安の悪さは、観光客が窃盗・ゆすりのレベルから誘拐や殺人事件にいたる被害の対象となる可能性が高いことにある。それにもかかわらず政府観光省の資料によると、２０１５年から一貫して観光客が増加しており、17年には４０００万に近い観光客がメキシコを訪れていること自体が不思議なくらいである。それだけの魅力があるからであろう。

（国本伊代）

コラム5

メキシコ新国際空港の建設

国本伊代

市の中心から東へ8キロメートルにある現在の国際空港は、どの方向から飛来しても着陸態勢に入るとメキシコ市の真上を低空で滑走路へ降りるスリリングなコースをとることから、周囲を3000メートル級の山並に囲まれた盆地に広がる巨大都市の姿を眼下に一望することができる。この地形的な問題とすでに離着陸数が許容度をオーバーしている状況を抜きにすれば、これほど都心に近い空港は世界的にも少ないであろう。

しかし1990年代には現在の国際空港が限界に達したことから、新空港建設の必要性が議論され始め、2000年の選挙で当選したフォックス大統領が新国際空港の建設計画に意欲をみせ、2か所を確定して公募に踏み切った。決定したのはメキシコ市の北東部の国有地であったが、民有地買収が紛糾し、反対派と警察隊の衝突で死者を出し、新空港建設計画は02年8月に断念された。そしてすでに利用状況が規定をオーバーしていた既存の空港に第2ターミナルを建設したが、これも数年にして満杯状態になった。12年に政権の座に就いたペニャニエト大統領の下で計画が練られ、14年9月2日に発表されたのが現在建設工事中の新国際空港である。すべての土地が国有地であることで私有地買収問題が省かれ、最終的な完成を2060年に設定した壮大なる新空港の建設である。

第1期工事は完成2020年を目指した96ゲートからなるターミナル1棟と長さ4～5kmの3本の滑走路からなり、しかも3本の滑走路で同時離着陸ができる計画である。現在の空港が2つのターミナルを合わせても計56ゲートで、長さ3900メートルの滑走路が2本であり、しかも同時には離着陸できないことを考え

コラム5
メキシコ新国際空港の建設

ると、新空港の巨大さが想像できるであろう。2017年の年間空港利用者数4400万人は定員の30%増しとなっていたが、新空港第1期完成後の利用者数は年間7000万人を予定しており、最終的な完成時には年間利用者数1億2500万人を予定している。取り扱う貨物の量も現在では年間50万トンであるが、新空港になると一挙に4倍の200万トンとなる。

　2018年半ばにおける工事状況は空港の心臓部である管制塔とターミナルの建設など全体の30%まで工事が進んでいる。完成すると、同時に離着陸できる3本の滑走路を有するラテンアメリカ最大のハブ空港となる。インターネット上で動画が流されている設計図と工事の進捗状況から判断すると、非常に斬新な設計である。しかもこの巨大な公共事業は確実に雇用を生んでおり、間接雇用を含めて45万人の雇用を創出しているとされる。

『レフォルマ』紙に掲載された新国際空港を鳥瞰した完成予定図（筆者撮影）

　この新国際空港は2018年の大統領選挙戦で野党による格好の攻撃材料となった。PRI政権の賄賂と汚職問題が追及され、最有力大統領候補であったロペスオブラドール（AMLO）は、選挙戦当初には空港建設の撤回を叫び、やがて民間資金での建設へと方針を変えた。その結果、メキシコ空港建設グループ（GACM）は選挙直前に、当初に合意されていた国庫分担率55%を24%に変更した。選挙で2位以下を圧倒的差で破り次期大統領の座を得たAMLOは、新国際空港建設の破棄を撤回し、完全な民営化を模索して経済界と調整することを表明している。

銀鉱の町から世界遺産の観光都市へ

グアナフアト市中心部（柳沼孝一郎撮影　2016年）

サカテカス市中心部（国本伊代撮影　2018年）

VI

21世紀のメキシコ社会

35

男女平等社会形成への取り組み

★ジェンダー・クオータ制による女性の政界進出★

13章で紹介した史上最大規模の総選挙において、メキシコの政界は男女平等の姿にいっそう近づいた。大統領および州知事という最重要ポストのレベルで女性の進出が遅れているとはいえ、中規模国家と同じほどの人口規模と経済力をもつ首都メキシコ市の市長選挙では4つの主要政党と選挙連合体のいずれもが女性候補者を立てた結果、7名の候補者のうち5名が女性候補者となった。そして当選したクラウディア・シェインバウムは、大統領を誕生させた国家再生運動（MORENA）と労働党（PT）および社会結集党（PES）が選挙協定を結んだ「共に歴史を創ろう」から立候補したMORENA党候補者であった。

一方、連邦議会議員選挙の結果をみると、女性の政界進出は著しい。連邦議会では上院の議席の48％と下院の議席49％を女性議員が占め、ほぼ男女同数が達成された。2018年7月の時点では、このメキシコ政界への女性進出率は世界第3位に入ったとされる。ちなみに毎年1月1日付で世界各国の議会に占める女性議員の割合を発表するスイスのジュネーブに本拠地をおく列国議会同盟の2018年1月の発表では、メキシコはすでに議席の41・4％を女性議員が占めて世界第8位であった。なおこの時点での日本の女性の政界進出度はわずか13・7％で、191か国中140位という状態である。グラフ4でみるように、メキシコの連邦議会における女性の占める割合は21世紀に入ってから著しく高まってきた傾向がわかるが、それを実現させた原動力は先進国を含む多くの国が採用しているジェンダー・クオータ制（議席あるいは候補者枠における女性割当制）である。国連主導の男女平等を旨とする男女共同参画社会の実現を目指す取り組みの過程で、メキシコ政府は積極的にジェンダー・クオータ制を受け入れたが、このメキシコと対照的なのが日本であろう。

ジェンダー・クオータ制とは、公職選挙や企業の人事において、ポストに一定数の女性枠あるいは男性枠を設けることによって、ジェンダー格差を積極的に解消しようとする仕組みである。ジェンダー・クオータ制は、21世紀の国際社会においては男女平等・共同参画社会の確立を目指す努力を表わす象徴的用語である。政界における男女同数による議会運営は平等社会を構築するための要の1つであるという国際社会の合意を示すものでもある。世界の多くの国で、議会や企業において過少代表となっている女性に特別枠を割り当て、あるいはパリティ（男女同数）を義務付けて、強制的にジェンダー格差を改善・解消する努力が行なわれてきた。既得権を保持しようと抵抗する男性社会を20〜30年という短期間で平等社会に変えるには、これ以外の方法はないと考えられている。

政界におけるジェンダー・クオータ制は1970年代にノルウェーで始まり、北欧および西欧諸国で順次採用され、1979年に国連女性差別撤廃条約が採択されて、政治を含めたあらゆる分野で女性への差別をなくすことが世界的課題となった。そして95年の第4回世界女性会議で、女性代表枠

30％という具体的な数字が示され、男女差別撤廃に向けた行動計画が始動した。30％という枠は、影響力を確保するために最低必要とされる「クリティカルマス」である。30％を下回っても女性関連政策が無視されるとは限らないが、30％を超えると女性議員の発言が著しく強まり、組織の改革につながりうるという理論から導き出された数値である。

メキシコの場合、世界のどの国とも同様に、政治は伝統的に男性の占有分野であった。メキシコで女性が参政権を得たのは１９５３年で、その後１９８０年代まで女性の連邦下院における女性議員の割合は、最大でも現在の日本の数値に近い10％台にすぎなかった。しかし前述したような国連主導による男女平等に向けた改革の中で、90年代に政権を担ったサリナス大統領（任期１９８８〜94年）とセディーリョ大統領（任期１９９４〜２０００年）は国連の提言を積極的に受け入れた。これを時系列的に整理すると、１９９３年に連邦選挙管理機構（ＩＦＥ）が政党に対して「女性候補の採用」を勧告し、さらに96年に「同性の候補者上限を70％枠とする」という具体的な数字を提示した。これが義務化されたのは２００３年で、さらに08年の選挙法改正で同性候補者上限が70％から60％に引き下げられ、違反に対する罰則規定が定められたほか、男女同数への将来的な努力も勧告され、政党助成金の２％を女性政治家の育成に充てることが義務付けられた。そして12年に政権の座を取り戻したペニャニエトＰＲＩ政権は14年にパリティ法案（男女同率50％枠）を成立させた。

この時系列的に紹介した選挙法改正による連邦議会の議席に占める女性議員の割合の推移をグラフ4でみてみよう。このグラフの数値は毎年1月1日を基準にして作成する列国議会同盟の統計であるため、選挙の結果を直ちに反映していない。しかし女性議員の増加傾向が明確にわかる。女性枠30％

が導入された後の２００６年に初めて議会における女性議員の数が20％台に達し、その後14年に成立したパリティによって15年に実施された選挙では女性議員の占める割合が37・1％に増加した。そして18年7月1日の選挙で48・5％というほぼ男女平同数の議席を実現したのである。

しかし２０１８年の総選挙の結果はそれだけではなかった。一般的に地方レベルでは男性の優位性が強く残っているが、選挙が行なわれなかった5州を含めて、メキシコ市を含む全国32州のうち12州で女性議員の占める割合が50％以上となり、40％台を達成した州は24州にのぼった。女性議員が最高の70％を占めたモレロス州では、落選した2名の男性候補者が「男性差別である」として地方選挙裁判所に訴えて敗訴となった。これには比例代表制と多数代表制を採用している上にジェンダー・クオータ制による女性枠が重なり、複雑な票の配分を行なうことからくる男性側からの強い不満があったといえる。しかもメキシコにおける女性の政界進出は実力派の女性政治家が活躍する時代に入っている。メキシコ市長選挙で当選したシェインバウムは、環境学で博士号を持つ有識者であるだけでなく、メキシコ市内の区長を経験しており、次期大統領に当選したロペスオブラドールのメキシコ市長時代（２０００〜06年）のメキシコ市政の公共交通や環境整備の政策立案と実施にかかわってきた人物である。（国本伊代）

〈グラフ4〉連邦議会の議席に占める女性議員の割合の推移

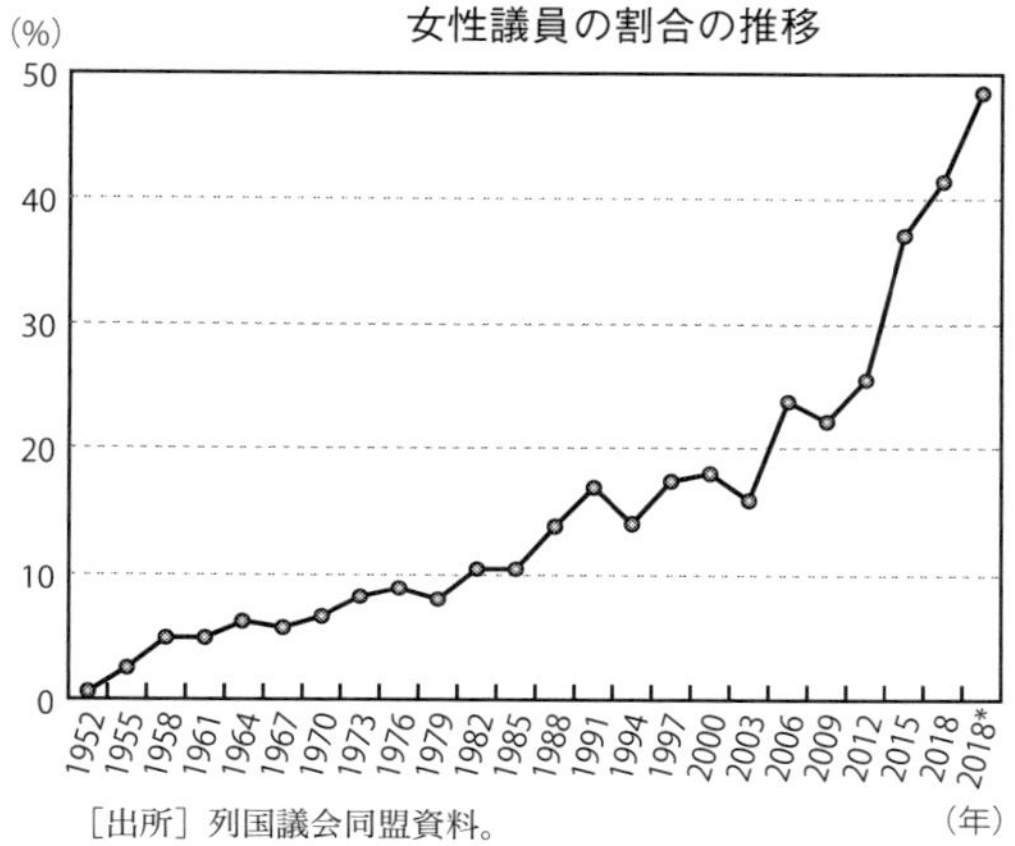

［出所］列国議会同盟資料。
注：各年1月1日の時点の数字。
＊ 同年7月1日の選挙結果から筆者が算出。

36

女性の社会進出

★マチスモ社会の変化★

前章で紹介した女性の政界進出に先立って、女性の社会進出はさまざまな分野ですでに顕著であったが、最新の数値をまとめた表5でみるように管理職や研究者の分野では先進国の日本がはるかに及ばないレベルにまで達している。国際標準職業分類に従って国際比較する管理職は一般的な企業の管理職の他に公務員の管理職と議員が含まれている。経済協力開発機構（ＯＥＣＤ）の統計で把握されているメキシコの数字が不足しているため、メキシコの統計年（２０１５年）に合わせて日本の数字を選んで整理したのが同表の数字である。不十分な統計ではあるが、21世紀のメキシコの管理職のほぼ40％は女性である。それに対して時系列的に整理された統計数字のある日本の女性の管理職に占める割合は２０１５年にやっとメキシコの３分の１ほどに到達したレベルにとどまっている。

ここで紹介するもう１つの比較数字は、高学歴の人材が集まる研究職である。政府機関・企業・大学などで研究開発に従事する者と研究開発に従事する博士課程レベルの大学院生と研究生が含まれ、理工学系から人文・社会科学系まで広い分野にわたっている。２０１５年におけるメキシコの研究者の47％が女性たちである。それに対して、日本は2016年にやっと12％に達したにすぎない。

メキシコの女性の政界および社会進出の現状がほぼ欧米先進国並みの水準であるのに対して、日本の場合ほぼアジア・アフリカの発展途上国のレベルにとどまっている。この差をもたらしているのは、メキシコの場合、国連主導の男女共同参画社会への提言に対して大統領自身が率先して取り組んできたという、男性リーダーたちに恵まれたという幸運もあろう。しかしマチスモと呼ばれる日本の伝統社会と同様の男性優位主義が20世紀を通じて残っていたメキシコ社会の男性優位主義の伝統・慣例・思考が急速に変化した背景には、女性の高学歴化と女性も社会に出て働かねば帰属する階層に見合った生活が維持できないという、メキシコ独自の階層社会における経済的・社会的事情があることも考慮する必要があろう。女性が結婚して専業主婦になるという選択肢は、もはや限られた女性にしかないといっても過言ではない。高学歴の女性たちは階層に見合った生活を維持するために稼がなければならないと同時に、自分の人生を自分で選択して社会に出ることを望む女性たちが増加していることもある。他方、教育水準の低い下層の女性たちは生活を支えるためにどのような仕事にもつき、最低賃金で働く。こうしてわずか10年ほど前まで悪名高かったマチスモもその影響を受けて変化している状況は驚くほどである。

連邦政府女性庁（INMUJER）の調査によると、高学齢であればある

〈表5〉日本との比較でみるメキシコ女性の社会進出度（%）

国名＼分野	国会議員 *	管理職 **	研究職 ***
メキシコ	42.6	40.0	47.0
日本	13.7	13.0	12.0

* メキシコ連邦議会上・下院、日本参議院と衆議院の総議席数に占める割合。
** 民間・公務員の課長相当以上に占める割合。
*** 専任・パートタイムを含む博士課程以上の専門研究者に占める割合。
［出所］OECD 2018年。

ほど男性が家事・育児の負担を引き受ける割合が高まり、家事・育児を妻との対比で約40％を男性が担っているという。皿を洗うだけとか子供をお風呂に入れるだけのレベルの負担ではない。買い物から調理まで引き受け、夫婦とも自分の車で通勤し、家計費の分担もほぼ折半し、自分自身の家庭外の社会活動もする。夫の生き方に従属するという妻の姿は大きく変わった。他方で、国民のほぼ半分が貧困層であるとされる中間層下位からさらに下層の人々の生活では、妻の稼ぐ収入は最低生活を守るために必須である。低学歴で低収入しか得られないレベルの層はほぼ同じレベルの男女が家庭を持つ傾向が強いため、夫婦が共に働くのは当然であり、収入は生活費を賄うだけでなくなってしまう。子供の社会上昇を期待する場合、低レベルの公立学校ではなく全日制の私立学校に行かせたいと願うが、学費は夫婦の収入を合わせても支払えないほど高く、下層の子供たちは将来大学に進学することなどは夢にすぎない。しかし夫自身の経済力の低さと「家庭をもっていることの有難み」を認識する男性たちの多くは積極的に家事・育児に協力し、貧困層ほど家族の存在が幸福感をもたらすという世論調査がある。日曜日の午後の公園は子供連れの家族でいっぱいになる。

しかしマチスモの伝統でもある男性の家庭内暴力は健在である。家庭内の暴力はときには相手を殺すほど激しい例もあり、夫が妻を殴るのは珍しいことではない。しかし公的・非公的な組織がこの類の事件に身近で対応しており、殴られる妻も即離婚の手続きを取り、子供を抱えて困窮する生活を強いられても、さまざまな公的支援がある程度整っている現在では、かつてのように殴る男のそばで耐える道を選択する女性は多くない。また法的な手続きを経て結婚する意味は有産階級以外ではあまりなく、それゆえにどうしようもない相手と暮らす道を捨てるのは簡単である。その結果、子供を持つ単親家族が増え続けている。同時に、娘には息子よりも教育の機会を優先的に与え、自立して生活できるように育てる。この傾向もまた定着しており、両親のもとを離れて自立する娘に対して、娘名義のアパートの購入を支援するのも普通である。金融資産をもたない中間層以下の場合、不動産を自分名義で持つことは女性の自活を支える大きな柱であるからだ。

女性の社会進出は政界への進出に先駆けて進み、前章で紹介したような女性政治家を輩出させる原動力となった。その重要な要因は女性の教育水準の向上である。２０１６年における25〜54歳の年齢層の高等教育を受けた割合は、男性の18・７％に対して女性は16・９％であった。大学院修了で博士号を持つ割合は男性の０・３％に対して女性は０・２％である。女性の就学年数と高等教育機関への進学率の微増傾向が20年以上にわたって継続してきた結果、女性の高学歴層が厚くなっている。またこのような高等教育を受けた女性たちの社会進出も多様化している。しかも女性の高等教育への進学率は男性より若干低いものの、修了率は男性より高く、弁護士・医師・薬剤師・看護師・会計士・建築士・研究職・大学教授などの専門職に占める割合は国際比較でも高い。そして２０１８年の選挙でメキシコ市長に当選したクラウディア・シェインバウムは高学歴メキシコ女性の典型的な道を歩んできた人物として紹介できる。環境学を学び、博士号を取得し、結婚をして子供を育てながら研究活動に従事する過程でそれを実践する立場を求めて政治家の道に進み、この間に離婚をし、子供を自分で育てたという、典型的な現代メキシコの高学歴女性の人生である。そしてテレビのコマーシャルで流れる育児休暇を取った父親が主夫業に専念する映像は、数年前には想像もできなかったものである。

（国本伊代）

37

家族の多様化

★核家族・ひとり親家族・ディンクス・生涯独身者★

メキシコの国立統計地理情報院（ＩＮＥＧＩ）が発表した「２０１６年の全国家族調査」によると、１億２２３０万人余の総人口は３２９０万余の世帯で構成されており、平均的な家族は３・７人で、核家族が89％を占める。人口規模２５００人を境に地方と都市に分けた核家族の構成人数は地方の４人と都市部の３・６人で、大きな差はない。ただしこの調査には、婚姻関係が法的手続きを経て世帯を構成しているのかどうかは項目に入っていない。

メキシコの家族形態には法的な婚姻届けを出さない同居婚が多い。また米国へ出稼ぎ移住して長年帰国しない場合やパートナーの突然の失踪によって、女性が世帯主として家庭を支える例も多い。婚姻届けを出さない理由は単純である。資産のない庶民には、愛情で結ばれた同居で十分であり、婚姻届けを出すメリットは通常の場合ない。賃金に扶養手当がつくわけでもなく、給与所得者の専業主婦に将来の年金支給が約束されているわけでもない。一方、離婚は理由なしで一方的に宣言するだけでできる。したがって家庭は愛情によって結ばれた最小の社会集団で十分だと考える傾向も強い。また、子供がいても単親家族や同棲婚も社会的に認知されている。そして子供をもたないカップルも増えている。

このように家族の形態は多様である。伝統的な大家族同居型は絶対的少数派となり、21世紀のメキシコ社会では核家族が圧倒的多数を占めているだけでなく、両親のそろった家族は56％で、子供のいないディンクスが約26％、ひとり親家族が約17％となっている。しかしこれらの数値は全国の平均値で、首都メキシコ市に限ると、女性が世帯主である例は35％となる。問題は、女性世帯主の家族の圧倒的多数が貧困層に属することである。中間層の生活をしていた家族が女性世帯主となった場合、ほぼ貧困層のレベルに陥る。1人の収入で中間層の家計を維持することは男性であっても難しく、圧倒的多数の女性の労働賃金は最低賃金に等しいために、子供を養育することは困難である。相手が安定した仕事を持っている場合は養育費を要求することは可能であるが、インフォーマル経済で働く相手から養育費をとることは難しい。しかし困窮する母子家庭を支援する政策もあり、また個人の努力で社会上昇を果たすことは厳しいが存在する。次の事例は典型的な実例である。

マリオ（仮名）は母子家庭の長男として幼いころから母親を助けて暮らしてきた。中学校を中退して17歳で未婚の母親となったマリオの母親ローサ（仮名）は25歳で再婚したが、さらに2人の子供をもうけたのちに夫は失踪してしまった。十分な教育を受けていないローサが子供を育てながら働ける仕事は日雇いの家政婦ぐらいである。それも、子供たちが小さいときには長時間労働が不可能なため、理解ある中産階級の複数の家庭で時給の家政婦として働き続けた。そのため、マリオは小学校時代から幼い弟と妹の世話をし、料理までするようになった。このような家庭で育った子供の多くは中学校を中退してしまうが、マリオは中学校を修了して高校へ進学した。その真面目さから非行に走らず、成績もよく、国立大学の理工系に進学し、奨学金も得て無事に卒業してフォーマル経済の環境の中で働き、母親と弟と妹の生活と就学を支えている。このマリオの例は、経済的にも精神的にも自立できない母親をもった長男が真面目に歩んだ人生の例である。現在、母親は新しいパートナーと暮らしていているが、フォーマル経済の中で働く男性ではない。心優しいが伝統的な男女の役割分担に馴染んだ女性が自立することは容易ではなく、繰り返し男性に依存して暮らすのも下層の女性たちのたどる姿である。

しかし21世紀のメキシコ社会にはローサとは正反対の生き方をする女性も少なくない。マルタ（仮名）は高校生時代に妊娠し、中退して娘を産み、同棲をした。相手の若い夫が地方都市からメキシコ市に移住することを決めた結果、ローサもまた幼子を抱えて身寄りのないメキシコ市に移った。しかし相手はすぐに失踪してしまった。間借りしていた一部屋に残されたマルタはあらゆる仕事をし、近隣の人々に支えられ、10年後に8歳年下の男性と一緒に暮らすようになった。この間に彼女が選んだのは通信教育で高校卒業資格を得て大学に入学し、学士号をとることであった。国立大学は学費がほぼ無料で競争率は高いが、開かれた高等教育機関である。働きながら大学に通い、娘を育て、家事もこなし、40歳をすぎて会計士になった。メキシコでは大学の専攻は職業の選択と給与に直結するため、会計士となれば普通の事務職の2倍以上の給与がもらえる。このような母親の姿をみて育った40歳代になる長女モニカは小学校から優等生で、奨学金を得て高校を卒業して国立大学へ進学した。しかも物理学を専攻して最短時間で博士号を取得し、大学の専任のポストも得た。大学院生時代に同級生と結婚し、2人の男の子に恵まれ、夫婦ともども大学の専任のポストを保持している。マルタは現役で働きながら2人の孫の世話を楽しみにする若い「おばあちゃん」となった。しかし彼女は、正式な結婚をしていなかったために重傷を負ったパートナーの病院での重要な手続きで正妻としての権利がないことを初めて知り、58歳でほぼ30年一緒に暮らしてきた8歳年下のパートナーと正式な結婚の手続きをしたのである。メキシコ社会でも正妻の権利は法律で守られている。

ディンクスには、専門職に就いている高学歴の男女が選択するパターンが多い。大学以上の学歴を持つ女性の割合が男性よりも高いため、高給の専門職に就く機会が多い。学歴と職種における賃金格差の大きいメキシコでは、優秀で真面目に働く女性がそれ相応の生活を享受することは可能である。そして専門職であるがゆえに仕事に集中するようになり、それなりの社会的レベルの友人を持つようになる。その結果、20歳代で結婚するのは珍しく、晩婚傾向にある。高学歴の男性たちも、自立しない女性との結婚を避ける傾向があるといわれ、このような男女が結婚しても子供を欲しいと思わないという。一方、初めから結婚に甘い夢を持たない若者も増えている。高学歴層に多い。全国平均の結婚年齢は男性の28歳と女性の25歳であるが、メキシコ市に限るとそれぞれ34歳と31歳となる。30代の未婚率は男性の44%、女性の38%である。

地下鉄の中で出会った80歳代の独身姉妹
（筆者撮影　2018年）

21世紀のメキシコ社会で中間層にとどまることができるのは、超高給をとることのできる高学歴の専門職にある夫と専業主婦のいる家庭か、夫婦2人がフォーマル経済の中で仕事を持っている家庭である。子供がいても2〜3人が普通である。家族計画が定着しているメキシコでは、女性が生涯に産む子供の数を示す2017年の合計特殊出生率は2・23人にすぎない。

（国本伊代）

38

悪化する 21 世紀のメキシコの治安

★日常生活における暴力と犯罪★

21世紀に入ってからのメキシコの治安は全国的に悪化の一途をたどり、2017年から18年には従来から発生していた麻薬組織間の抗争だけでなく、選挙戦ともからんで候補者および選挙関係者への襲撃と殺害事件が多発した。17年に記録された年間殺害件数約5000人、届け出のある行方不明者だけでも約3000件で、月に平均4~5件の「墓穴」と称される死体を遺棄した場所が発見された。2018年9月にベラクルス州で発見された「墓穴」では168人の死体が白骨化した状態で見つかり、遺留品から数名の行方不明者の死体と特定されている。また年齢に関係なく女性を残虐に殺す「女性殺し」も頻発している。このように2010年代のメキシコでは、日常生活の中でいかに犯罪に巻き込まれずに暮らすかを常に考えながら暮らさなければならない状態が続いている。

銀行や公共施設の出入り口に防弾チョッキを着け、拳銃を所持する警備員がいるのは当たり前である。マンションも警備員を配置している。巨大団地ともなると、住民は居住者であることを示す身分証明書を常に所持して、複数の警備員が待機する出入り口を通過しなければならない。団地から出る車両は必ずトランクをチェックされる。アパートの鍵は3重にかける。地震警報が発せられる度に外に出るには、この厳重な3重のカギをいつでも開けられるような態勢を整えておかねばならない。夜の徒歩での外出は厳禁である。送迎の車両の確保がない限り、夜は出歩かない。

公共交通手段が発達している首都メキシコ市で中間層が無理しても自家用車を所有して通勤するのは、公共交通機関のラッシュ時のすさまじい混雑を避けるためと見栄だけが理由ではない。公共交通手段は便利であると同時に危険地帯でもあるからだ。市内を12路線が走り、一律5ペソ（約30円）で乗り換え自由に遠距離を移動できる地下鉄では、ラッシュ時に警備のために複数の警官が各プラットホームに配置される。しかし混雑する各車両にまでは乗り込まない。そしてラッシュが過ぎた時間帯は警察官の姿も半減してしまう。このような地下鉄を利用する筆者にとって、外出時の心構えは大げさに表現すると「戦場に向かう気分」である。もちろん貴重品は所持せず、中身がわかるビニールのケースにノートとボールペンを入れただけの携帯品で、胸ポケットに現金を一定額入れておき、数か所に現金を隠しもって外出する。万一襲われたときには、相手が納得するくらいの金額を入れたポケットから現金を差し出すことにし、所持品は中身の見えるビニール・ケースによってわからせ、奪うほどのものを所持していないことを事前に示しているつもりである。これが当たっているのかどうかはわからないが、このような外出を毎日する割にはメキシコ市で犯罪にあったことは一度もない。

奇しくも有力紙『エクセルシオール』が地下鉄を舞台とする4大犯罪集団の実態を8月30日号で特集した。この記事で詳細に報告された最も危険路線とされる路線を、筆者は頻繁に利用している。2018年の1月から8月にかけて地下鉄で起こったこれらの犯罪グループによる犯罪件数は逮捕された件数だけでも488件あった。狙われるのは財布と携帯電話で、始発の5時から最終便の夜中の12時まで時間帯に関係なく起こっているという。ラッシュ時には後ろから押すように襲いかかり、財布と携帯電話を強奪して、素早く立ち去る。ラッシュ時以外では2〜3名からなるグループで取り囲み、抵抗されれば暴力をふるっても狙ったものを奪うという。周辺の乗客は誰も助けられない。

バスの場合、幹線道路の固定専用路線を走り、無料のWi-Fi《ワイファイ》まで備えたメトロバスは比較的安全だが、市内を広くカバーしている旧来の路線バスは、車体そのものから座席の座り心地、料金の支払い方、運転手の質に至るまで20年以上前とほとんど変わらない。このようなバスでは携帯電話と財布を狙う犯罪が多発している。日中の比較的空いた時間帯を襲った銃を所持する2人組強盗が、1人が運転手を脅して走行を続けさせている間にもう1人が乗客全員に携帯電話と財布を要求し、バッグから携帯電話を取り出すのに時間を要していた乗客をその場で射殺した事件があった。

毎日、ニュースに必ず流されるのは行方不明者の発生・誘拐事件・死体の発見である。その多くは麻薬犯罪組織の抗争によって引き起こされるものとは限らない。ちょっとした盗みが簡単に殺人事件へと発展してしまう社会的風潮が恒常化してしまっているのだ。その結果、いつでも、誰でも、大小の犯罪に巻き込まれる危険があり、巻き込まれれば運命であるとしか言えない状態にある。さらに深刻な事態が続いているのは、麻薬組織が引き起こす極悪の殺人事件と誘拐事件である。殺人事件は組織間の抗争で殺し合いが行なわれるだけでなく、治安確保に派遣された警察や軍隊までが武装力では引けを取らない麻薬団の組織員によって殺されることである。誘拐事件は特定の目的で行なわれているかどうか不明なほど年齢・性別・貧富に関係なく多発しており、行方不明者探しに家族が乗り出し

〈グラフ5〉　治安状況に対する国民の危機意識の推移

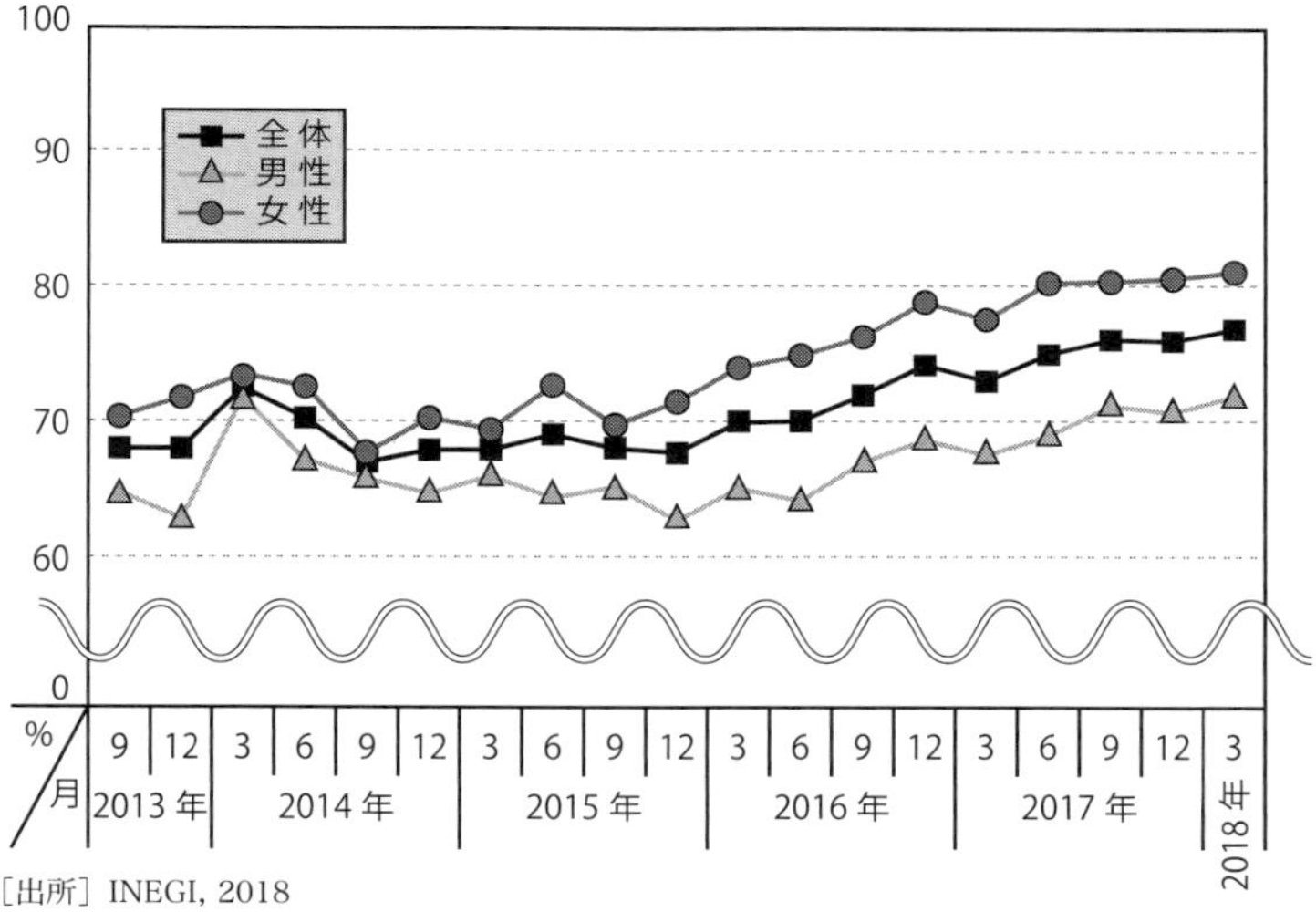

［出所］INEGI, 2018

ても検察や警察の動きは鈍い。4章で紹介したアヨチナパ農村師範学校の43名の殺害事件は、公式には行方不明事件として扱われているが、現在まで広く認識されている実態は組織犯罪・地方と中央の政治家がかかわった誘拐殺人事件で、死体は焼却されたという説であろう。

国立統計地理情報院（ＩＮＥＧＩ）が２０１７年に発表した資料によると、年間殺人件数は２０１０年以降２万人台を保っており、改善に向かう傾向はほとんどない。またＩＮＥＧＩが18年に発表した国民の治安に対する意識調査によると（グラフ5）、治安に対する国民の認識度は15年末からさらに強まり、18年３月の数値では国民の４人に３人は治安の悪さを認識していた。この認識度には男女間で10ポイントほどの差がある。誘拐され、安易に殺害される女性の被害者が男性よりも多いことに由来するのであろう。

（国本伊代）

39

多文化社会のなかの先住民

★保護ではなく対等な立場を求めて★

世界中から移民を受け入れているメキシコは、現在あらゆる面でグローバル化が進んだ多文化社会である。また歴史的にみると、メキシコ社会の成立そのものがマヤ文明やアステカ帝国をはじめとするさまざまな先住民文化が混交した多文化社会であった。いわゆる「先住民」と総称される人々の人口は、現在にいたるまで南北アメリカ大陸諸国のなかで最大規模となっている。

メキシコには現在、68の先住民族言語がある。2015年政府統計によると先住民人口は738万2785人で総人口の6・5%を占める。一方、国立先住民開発委員会（CDI）は、同年の先住民人口を2569万4928人、メキシコ総人口の約21・5%を占めると発表している。このように数値に大きな違いがあるのは、政府統計が先住民言語を母語とする人を先住民と定義するのに対し、CDIの調査では「自分を先住民だと思うか」という設問に基づき、スペイン語を母語としながら自分たちの慣習に沿って暮らす人々も先住民ととらえているためである。

スペイン植民地時代の先住民はスペイン国王の臣下として

「保護」の対象であり、スペイン人とは異なる法体系の下で実質的には搾取を受けてきた。1821年の独立後も先住民が置かれた状況はほとんど変わらないままであったが、1910年に勃発したメキシコ革命によって先住民文化がメキシコ国家の原点として位置づけられ、ナショナリズムの中心に据えられた。しかし現実に彼らが置かれた政治・経済・社会環境はほとんど変化しなかった。伝統的な農村社会で暮らす多くの先住民の生活環境は改善されず、革命政権によって農地改革が実施された後も、革命前に奪われた土地の権利回復を求める農民運動がしばしば展開されてきた。さらに先住民問題が、アイデンティティの確立と貧困からの解放に向けた運動として真の意味で取り組まれることになるのは、1980年代末以降のことである。

コロンブスのアメリカ大陸「発見」500周年の1992年に向けて、これを先住民の視点でとらえ直した「先住民族・黒人・民衆の抵抗500年キャンペーン」がラテンアメリカ各地で展開され、メキシコにおいても先住民文化の尊重を求める運動が起こった。この時期は、89年に国際労働機関（ILO）が「独立国における原住民及び種族民に関する条約」(第169号条約) を採択するなど、多文化主義の潮流が世界的規模で広がっていた。メキシコは90年に同条約を批准し、92年に憲法改正を行なって多文化国家として先住民文化を尊重することを明文化した。教育分野では、初等教育における二重言語教育の取り組みが60年代に始まり、81年に先住民教育局が設置されたことで制度化されていた。2001年にインターカルチュラル二重言語教育総調整局が創設され、高等教育にも拡充された。これに基づき高等機関の建設が進められており、持続可能な開発や言語文化を学ぶためのインターカルチュラル大学が全国11か所に開校されている。

21世紀に入ると、文化保護だけでなく実態としての先住民の権利の実現が進んだ。その大きなきっかけとなったのが1994年に南部チアパス州で起きたサパティスタの蜂起である（9章参照）。サパティスタ蜂起後、先住民運動が活発化し、全国の先住民運動のネットワークである全国先住民議会（CNI）が立ち上げられた。サパティスタと政府の交渉が行なわれるなかで「先住民の自己決定権」が議論され、これまでタブー視されてきた先住民自治が明確な要求として掲げられるようになった。その結果、2001年に再び憲法改正が行なわれ、憲法の範囲内という条件つきで先住民の自治権が明文化された。その後、交渉が決裂したサパティスタのように政府とは一線を画して自治権を行使しようとする運動がある一方、行政体としての地位を獲得した自治の動きもある。たとえばミチョアカン州チェランでは、06年頃から麻薬カルテルの影響で治安が著しく悪化していた。行政に訴えても一向に改善しないことに業を煮やした住民たちが共同体警察を組織し、先住民の慣習による自治権行使を宣言した。14年に最高裁はチェランの自治議会を正式な行政議会と認め、州政府予算の交付を決定した。慣習に基づく議会は、オアハカ州など先住民人口が多い地域で一部行なわれていたが、裁判によってその権利を勝ち取ったのは初めてのことである。

徐々にではあるが政界への進出も進んでおり、現在下院には6名の先住民議員が在籍している。2018年の選挙では各政党の候補者名簿にクオーター制を導入すると選挙管理委員会が発表し、先住民議員の増加が期待されている。さらに17年10月にはハリスコ州トゥスパン出身のナワ系先住民マリア・デ・ヘスス・パトリシオ（通称マリチュイ）が大統領選への立候補を表明した。彼女はCNIが創設した先住民統治議会（CIG）の広報官であり、CNIの後押しを受けての立候補となった。独立系立候補者が正式候補となるには、有権者の1%に当たる86万人の署名を集める必要があった。4か月かけて全国各地を回ったが、署名は25万票台にとどまりメキシコ史上初の先住民女性大統領候補誕生には至らなかった。とはいえ、署名の不正取得が横行するなか彼女の署名は93%が有効と認定されており、強い支持があったことを示している。CIGは、先住民問題の可視化を目指して設けられたものである。「上からの押し付けではなく、コミュニティレベルから問題を発信するための組織化を推進する」という当初の目的は達成されたと言えよう。

写真を掲げてマリチュイ支持を訴える人々
（国本伊代撮影　2018年）

以上みてきたように、現在の先住民像はかつてのような保護されるべき弱者ではなく、政府と対等に渡り合うたくましい存在となっている。とはいえ、全体としてみれば経済的に不利な状況に置かれているのは確かである。教育・経済・住環境の劣悪さを数値化した周縁化指数は先住民人口が多い地域ほど高くなっており、経済格差はいっそう拡大している。メキシコで目指されている先住民自治は、国からの分離独立を目指すものではない。先住民としてのアイデンティティと独自の慣習を保ちながら、メキシコ人として居場所を持ちたいという希望である。そのためには法制度だけでは不十分であり、経済格差をどのように解消していくかが課題となっている。

（柴田修子）

40

メキシコにおけるリーガルプルーラリズム

★潜在的多元性から公認された多元性へ★

ここ数十年の間にメキシコをはじめとするラテンアメリカ各国で次第に見聞きする機会が増えた言葉の1つ、それが「プルラリスモフリディコ（リーガルプルーラリズム）」である。一般的な辞書を参照すると、プルラリスモは「多元性、多元主義、多元論」を意味する名詞であり、フリディコは「法的な、法の、法律上の」を指す形容詞である。したがって辞書どおりに日本語表記するならば、プルラリスモフリディコとは「法的多元性」や「法多元主義」を指す。では、法的多元性あるいは法多元主義とは一体どういう意味なのか。日本語に置き換えたところで、この言葉の言わんとしていることがまだよくわからない。そもそも日本に暮らす私たちにとって、法が意味するのは制定法（立法機関により一定の手続きを経て定められた法）であり、法的なものと多元性とは容易には結びつかないからだ。

実は20世紀末ごろまでのメキシコの状況もこれとそれほど変わらなかった。確かにメキシコ国内に複数の異なる民族集団が暮らしているということは当時すでに周知の事実であった。法人類学者ローラ・ネイダーの著書『ハーモニーイデオロギー』のなかで描かれているように、都市部から物理的に距離のある山間の集落などでは、連邦・州政府によって制定された法律の強制力はあくまで限定的であり、むしろその集落に暮らす民族集団のルールの方が優勢となることが珍しくないことも報告されていた。とはいえ当時は、そのような状況は国内の近代化や公式な司法制度の浸透に伴いやがては消滅する、あくまで過渡的なものだと考えられていた。つまり、ある集落内で実践される紛争処理方法や治安維持あるいは処罰の仕組みなどは、近代国民国家における唯一の法であるべき制定法へと進化する前の、未熟なしきたりにすぎないという見方が永らくなされてきたのである。

特定の民族集団ないしその集住地域の内部で機能する紛争処理や治安維持の仕組みに対するメキシコ連邦政府の評価が、少なくとも表向きに変化し始めるのは、「先住民族」という国際的な概念が形成され、国際人権法によってその権利を保障する動きやそれに応答する先住民族の権利回復運動が活発化する1990年代ごろからである。例えば1989年に採択された国際労働機関（ILO）第169号条約では、基本的人権に矛盾しない場合において先住民族が自己の慣習および制度を保持する権利を有すること（第8条）や、その構成員の犯した犯罪を慣習的に処理する権利を有すること（第9条）が明記された（メキシコは翌1990年に同条約を批准）。また、2007年にはメキシコも賛成票を投じて先住民族の権利に関する国際連合宣言（UNDRIP）が採択された。同宣言では、先住民族が自らの文化的伝統と慣習を実践しかつ再活性化する権利を有すること（第11条）や、国際的に承認された人権基準に従って、自らの組織構造およびその独自の慣習・精神性・伝統・手続き・慣行、および存在する場合には司法制度または慣習を促進し、発展させ、かつ維持する権利を有すること（第34条）が明示された。

先住民族を合言葉にしたこのようなエンパワーメントが国際的に展開されるなか、メキシコ国内ではサパティスタ民族解放軍（EZLN）が武装蜂起し（1994年）、連邦政府との間でサンアンドレス合意が成立する（1996年）など、活発な権利回復運動が展開された。これと並行して1992年にはメキシコ合州国連邦憲法第4条（当時）が修正され、メキシコが多文化国家であることや、先住民族が当事者となる裁判においては彼らの法的実践と慣習が考慮されうることが明記された。さらに2001年には、合州国連邦憲法の基本的原則と矛盾しない場合においては、先住民族の独自の司法システムにしたがって内部で起こった紛争を調整し処理することができる旨が明記された（第2条）。

なお、メキシコ合州国を構成する32の州のうち少なくとも10州（カンペチェ、ドゥランゴ、ハリスコ、モレロス、オアハカ、プエブラ、キンタナロー、サンルイスポトシ、タバスコ、ユカタン）の州憲法に、制定法から成る国家の規範体系とは異なる先住民族の規範体系として、先住民族という範疇に入る人々による紛争処理の実践を容認する旨の条文が含まれている。例えばオアハカ州憲法は、先住民族の裁判管轄権も保障する条文を含んでいる（第16条）。ここまでみてきたように、以前は潜在的なものにすぎなかった、今から振り返ってみると法的多元性と呼べそうな状態が、ついに政府にも公的に認知されたということから、近年、プルラリスモフリディコへの社会の関心が高まったのである。

こうした動きに伴い、根強い課題も明らかになっている。2017年11月29日付のメキシコ主要新聞『エクセルシオール』は、「〈邪術〉で告発された女性たちの保護、急務」という見出しでオアハカ州の先住民族ミヘの女性たちについて報じた。同記事によると、オアハカ州サンフアンマサトラン（ムニシピオ）のミヘ女性8名が同じ集落に暮らす住民たちによって10日間監禁されていることが、近隣住民の通報によって発覚した。同記事は、近隣住民の発言として「（同集落の）住民たちは（同集落では）慣習のシステムが有効だという主張から一方的にそのような〈懲罰〉を科すことを決めた」という一言を引用し、オアハカ州住民人権擁護局が本件に関する調査を開始したということを伝えている。この種の記事からは、プルラリスモフリディコが公的に認められるようになったといわれる今日においてもなお、先住民族の司法システムには「未熟さ」というネガティブなイメージがつきまとっているというメキシコの実情を読み取ることができる。

表向きには公認されたように見えるプルラリスモフリディコの下で、先住民族の司法システムが飼い慣らされているのではないか、と指摘する声もある。司法領域における政府の経済的負担を軽減するために、あくまで政府にとって都合の良い範囲において先住民族の紛争処理方法が尊重されているにすぎないという批判もなされている。

翻って私たちの暮らす日本をみてみると、実は法的多元性と呼べそうな状況が私たちの身近にもない訳ではない。メキシコという視点から、日本国内に暮らす「外国人」やアイヌ民族の現状にも一度は想いを馳せてみてもいいのではないだろうか。

（額田有美）

2016年2月にメキシコ市内で開催された第1回「リーガルプルーラリズムと先住民族の言語権行使に関する国際会議」のポスター

41

多文化・多民族社会のメキシコ

★受け入れられた欧米・中近東・アジア系移民社会★

メキシコ社会の多文化・多元性は、オリヒナリオ（原住民）とも呼ばれる先住民インディヘナ、すなわちコロンブスによるアメリカ大陸「発見」以前からこの地に住んでいた多様な集団からなる住民以外の、諸外国から移住してきた多民族・多文化社会にも見出せる。

21世紀のメキシコは米国を中心とする他国へ移民を送り出す国であるが、19世紀には積極的な移民受け入れ国であった。1821年の独立以降のメキシコは、外国移民、それもヨーロッパ系白人移民を熱心に誘致する政策を21世紀に至るまでとり続けている。メキシコは、植民地時代に形成された絶対的少数派のスペイン人を中心とした多数の先住民と混血メスティソから成る独立国家を白人多数派社会に変えるために、ヨーロッパ移民の受け入れを積極的に進めたのである。いわゆる国民の「白色化」政策である。しかし19世紀に新大陸へ移住した多くのヨーロッパ移民は米国へ向かい、メキシコには入国しなかった。そのため広大な未開拓地にアングロサクソン系の入植を認めた北方の領土は、結果としてテキサスの独立へと発展し、さらに米国に合併されたテキサスをめぐる対米戦争でメキシコは敗北し、現在の国土面積を上回る領土を米国に割譲したという苦い経緯をもっている。実質的に奴隷状態に置かれた先住民人口を独立以降も「劣等人種」として扱ってきた根深い思想と「白色化」願望の強い移民政策は、21世紀のメキシコ社会の中にもまだ残存する。

広大な国土の開拓政策のために誘致を試みたヨーロッパ移民が、大挙してメキシコに押し寄せることはなかった。しかし少数ながら家族単位で、あるいは単身者がメキシコへ移住してきた。その多くは貧しいヨーロッパ系白人で、路上の物売りから始めて家族や親類の呼び寄せを重ね、ほぼ1世代の時間的経過のなかでメキシコに根を張ったコミュニティを形成した。さらに2世と3世の世代になると、さまざまな分野で活躍する「何々系メキシコ人」が誕生した。またどのコミュニティも出自の自覚を子孫に植え付ける努力を惜しまず、特に宗教色の強いコミュニティはその信仰による結束力によってコミュニティ全体の保全に成功して21世紀のメキシコ社会に根を張っている。その代表的な存在がユダヤ系社会であり、メノナイト宗教共同体である。後者はメキシコ国民になることを拒否しながら数世代にわたって暮らすメノナイト信徒集団であるが、これとは対照的なのがメキシコ社会に溶け込みながら強い民族意識と結束力を保っているユダヤ系社会である。

スペイン植民地時代にはスペイン人カトリック信徒以外の新大陸移住が禁止されており、独立後は政治・経済の不安定な状況が続いたことから、メキシコに外国人移民が入国するのは1880年代以降である。従って現存する多様な外国系コミュニティの形成時期には大きな差はない。しかし21世紀にみるそれぞれの社会の結束力の差は大きい。日系社会については63章で紹介されているので、ここではユダヤ系社会、メノナイト集団および中国系コミュニティを簡略に紹介しよう。

ユダヤ人のメキシコ移住が頂点に達したのはドイツにおけるユダヤ人迫害の時代であるが、第一次世界大戦前からユダヤ系コミュニティはメキシコの主要都市で形成されていた。互助組織をつくり、新たに転住してきた仲間の定住を支援し、最初のシナゴーグの建設をメキシコ市が認めたのは1906年である。メキシコにいったん定住したユダヤ人の多くが米国へ転住したのちも、ユダヤ系コミュニティはその宗教的度合いの差異はあっても、対メキシコ政府との交渉を要する政治的課題やコミュニティの結束が必要な問題では、比較的容易に結束してきた。しかし21世紀のメキシコにおけるユダヤ系社会には、強固な保守派であるシリアのアレッポ出身者からなるマゲンダヴィド・コミュニティから日常生活のほとんどをメキシコ社会で暮らすユダヤ系メキシコ人まで、その生活および宗教的活動で大きな差異のあるグループが存在する。ユダヤ系人口については2000年にメキシコ・ユダヤ人中央委員会が約4万人と発表した以外の公的な統計数字は存在しないが、コミュニティ情報誌などから、2018年のメキシコにおけるユダヤ系コミュニティ人口は約7万人と推定されている。

一方、その存在がほとんど知られていないメノナイト信徒集団は、世界メノナイト協会の統計数字によると、約5万人が2017年のメキシコにおけるメノナイト信徒の推定人口であった。メノナイトは洗礼を受けるまで人口統計には含まれないため、公式統計と実態とはかけ離れている。しかもユダヤ系が主として商業活動によって生活の基盤を築き、その子孫の多くが広い専門職に就いてメキシコ社会に溶け込んでいるのに対して、メノナイトは独自の信仰を守るためにコロニーを形成し、農業に従事している。1910年代の革命動乱期を過ぎたメキシコ革命政権のオブレゴン大統領時代の1923年に「同化政策」を決定したカナダを脱出したメノナイト信徒集団が「完全な自治権と大土地の取得」を認められ、さらにメキシコの公教育と兵役の義務の免除も認められた協定書を交わしてカナダからメキシコに転住したその子孫たちである。絶対的平和主義と独自の信仰によってのみ生きることを主張し続けてきたメノナイト信徒集団は、最初に取得したチワワ州の大農園跡地に始まり、21世紀にはサカテカス州、ドゥランゴ州、タマウリパス州、カンペチェ州に大規模な土地を集団で取得して独自の排他的な集団生活を送っている。21世紀には、進歩派集団が近代的な営農による大規模農牧業で豊かな農村社会を出現させている一方で、近代的利器を否定し、スペイン語教育を拒否し続けている保守派のコロニーはメキシコ人農民と同様の貧しさの中で暮らしている。

メキシコ市内の中華街（筆者撮影　2017年）

アジア系メキシコ人のコミュニティには、63章で紹介されている日系社会よりも古い歴史をもつ中国系メキシコ人コミュニティがある。初期中国人移民は19世紀後半に北部国境地帯の開発を手掛けた米国のコロラド川土地開発会社が労働力として導入したことで、多くの中国人がメキシコに入国した。現在でもバハカリフォルニア半島から北部および太平洋岸諸州に初期移民の子孫からなるコミュニティが存在する。中国人労働者の多くはメキシコ人女性と家庭を持ったために混血が進み、中国系メキシコ人のカトリック信徒も多く、中国系コミュニティからは各界で活躍する人材を誕生させている。メヒカリ市やメキシコ市に存在する代表的な中華街は、メキシコと中国とカトリックの祝祭を華やかに繰り広げることでも知られている。

（国本伊代）

コラム6

メキシコ人の肥満

J．エルナンデス／長岡 誠

メキシコには〝ゴルディート・フェリス（幸せな太っちょ君）〟という子供への褒め言葉がある。このようにメキシコ人は肥満に対して文化的に寛容な国であった。しかし最近では事情が大きく変わってきている。2012年の国民健康栄養調査（ENSANUT 2012）で既にメキシコ人の平均寿命が長くなった一方、糖尿病や高血圧などいわゆる生活習慣病が増加していたことが判明した。さらに同調査は、高齢者増加に伴う社会保険費用の上昇に加え、国民の35．4％が過度な肥満であると指摘した。すでに2010年に米国を抜き世界一の肥満国となっていたメキシコ人たちは自らの〝メタボリックな現実〟を直視せざるを得なくなっていたはずである。しかし2017年の成人の肥満率は72％とさらに悪化している（国立保健研究所＝INSP）。

「他の民族と比してメキシコ人の肥満は遺伝的要素が高い」という学説もあるが、近年のメキシコ人の肥満傾向は生活環境の変化による要因が大きいと言われる。伝統的に炭水化物の多いトウモロコシを原料としたタコスやタマレスなどを主食として食べ、これらに加えて街頭の屋台でよく売られているトルタと呼ばれる具だくさんのサンドイッチや、揚げたトルティーリャに具をたっぷり載せたトスターダスといった〝ビタミンT（頭文字がすべてTのため）〟と揶揄される高脂肪・高カロリーの軽食をとることがメキシコ人のメタボ文化に寄与してきたとされる。また産業のグローバル化と技術革新は、高カロリーで低栄養価の食品を増やしてきた。果物や野菜など地元でとれる栄養価が高く優秀な食品は年々食卓から遠ざけられ、安価で手っ取り早いファストフードやスペイン語で「チャタラ」

コラム６
メキシコ人の肥満

と呼ばれるジャンクフードの消費が増えたのである。さら国民の４人に１人が毎日飲んでいるという調査結果がある炭酸飲料や清涼飲料水の消費傾向も肥満の大きな要因と考えられている。

　肥満率は所得レベルとの関連性が知られ、低所得者層ほど肥満傾向が強いといわれている。低所得層の人々の手に届く食品には比較的糖質と脂肪が多いのも事実である。タコス、ケサディーリャ、あるいは豚の皮を揚げたチチャロンといった伝統的な食べ物にせよ、工場で生産されたスナック類にせよ、低栄養価で高カロリーな食品である。しかし高所得者層における肥満も軽視できない状況となっている。

　そうした状況に手を打つべく、メキシコ政府は近年、積極的に国民に向けた肥満予防策を打ち出してきた。飲む水の量を増やす、甘味のある果物や野菜を食べて砂糖類の摂取量を減らすといった生活習慣改善のキャンペーン、ジャンクフードを子供たちに食べさせない運動、国民の運動不足解消のための施設設備の建設や制度改革などである。低栄養価かつ高カロリー食品や飲料は課税され、それらの食品はテレビ広告の時間帯も制限され、さらにメキシコ市では大手清涼飲料水メーカーとの提携によって、駅でスクワット運動を行なうことで地下鉄やバスの乗車券が１回分無料となる珍キャンペーンまで出現した。

　とはいえ、そうした一連の政策導入から４年が経とうとしている２０１８年現在、メキシコ人のメタボ度に大きな改善があったようには見えない。確かに砂糖を使わない低カロリー清涼飲料水や食品は市場に増えた。しかしそれまでの砂糖入りの製品と置き換えられたわけではないし、〝ビタミンＴ群〟の高カロリースナックも依然として健在である。長い歴史で培われた生活習慣を変えるのはそう単純なことではない。

「肥満」が深刻なメキシコ社会

日曜日のメキシコ市レフォルマ大通りでは舞台上の若いリーダーに率いられて、老いも若きもリズム体操に参加する（国本伊代撮影　2016年）

メキシコ市の市街ではどこでも肥満な人でいっぱいである
（国本伊代撮影　2018年）

VII

21世紀のメキシコにおけるビジネス環境

42

メキシコにおけるビジネス環境

★改善が進む現状と課題★

近年、日本の自動車関連企業のメキシコへの進出が急増している。しかし、流動的なメキシコのビジネス環境に不安を抱く企業や人々は少なくない。とくに米国のトランプ大統領がメキシコに対して保護主義的通商政策を打ち出したことでメキシコのビジネス環境の先行き不透明感が高まったことから、メキシコへの進出を検討していた企業が進出を見直すなどの事態にまで発展している。この背景には、日本側に「メキシコへの進出を検討するための情報」が十分にないという状況があるように思われる。そしてこの情報不足は、メキシコ進出後においても企業の発展を妨げることにつながっているため、意識的に関連情報の収集を継続して行なう必要がある。

世界銀行は、２０１６年9月にメキシコのビジネス環境に関する調査報告書を発表した。当報告書では、強い自治権を有する各州政府の頻繁な政策変更、煩雑な各種許認可取得の手続きや税務事情に加えて政府が管理する書類のデジタル化の遅れによる問題などが指摘されている。しかし年々これらの問題が改善されつつあるのも現実であり、ビジネス環境が改善されつつあることを世界銀行は詳細に紹介している。具体的な例では、タマウリパス州内で企業が購入した不動産の登録手続きが完了するまでに要する時間が２０１４年と比べて16年には平均して8日減少し、申請手続きが簡易化されたことによって3種類の手続きが不要となったことや、プエブラ州内で建設工事を行なう際に必要となる許認可手続きの種類が13から7に減少した事例が紹介されている。メキシコ国内で法人を設立する際の申請手続きの煩雑さや法人設立に当たって必要となる高額な費用が長年問題視されてきたが、バハカリフォルニア州では法人の設立が完了するまでに要する日数を８日短縮し、必要経費を引き下げた。これらの具体的な改善例からみられるように、企業がメキシコに進出する際の大きな障害であった各種申請および許認可関連にかかる手間や時間は明らかに改善されつつある。

１９９４年1月の北米自由貿易協定（ＮＡＦＴＡ）の発効以来、欧米企業および日系企業はメキシコを生産現場とし、米国を販売市場とする事業戦略を年々強めてきた。そしてグアナフアト州やアグアスカリエンテス州が位置するバヒオ地域が生産現場の拠点として注目を集めてきた。メキシコ経済省外国投資局の統計によると、メキシコに進出している日系企業の数は２０１７年10月時点で１１８２社とされている。２０１０年４月の推計では３５５社であったことから、7年程度で企業数は3倍以上に増加したが、主な進出先はこのバヒオ地域である。国立統計地理情報院（ＩＮＥＧＩ）が２０１７年に発表した「全国事業所統計ダイレクトリー」によると、２０１７年末時点で自動車部品製造業の事業所数は全国で２２２９か所と09年末の数値の２・3倍に増加しており、特に自動車関連企業の進出著しいグアナフアト州では４・７倍と急増していた。

バヒオ地域では、建設許可料の免除や新規設立企業の所得税の一時免除および州税の減額などの投資奨励を外資企業に対して積極的に行なっている。またメキシコ連邦政府関係者による国外での投資セミナーを通じて国外の企業や自治体に対して奨励策や市場の魅力を伝えてきたことで、外資企業の誘致を実現した。1966年から日産自動車の製造拠点となっているアグアスカリエンテス州は、世界銀行が発表したメキシコにおけるビジネス環境に関する報告書で「2016年のメキシコで最もビジネスがしやすい州」として選出されたことがある。2010年前後から自動車関連企業の進出が著しいグアナフアト州もメキシコ国内でビジネスがしやすい州の6位に挙げられており、外資企業の主な進出地域におけるビジネス環境は比較的良好だといえる。

このような優位性がある一方で、解決されるべき課題も多い。メキシコ国内の全国各地に存在する工業団地や幹線道路沿いであれば、既存の道路や鉄道などの公共インフラを利用することが可能であると一般的には考えられ、その利便性もメキシコ市場の魅力の1つとなっている。しかし鉄道は時代遅れの運行で、道路事情も必ずしも十分ではないのが実態である。また太平洋側とカリブ海側の双方に複数の港湾が整備されており、北米のみならずアジア圏とヨーロッパ圏への輸送が容易である点も特筆すべきメキシコの優位性であるとみなされてきた。しかし道路と鉄道などの公共インフラの不十分さと港湾設備および税関手続きの非近代性は深刻である。メキシコ国内の通関士は免許制であるものの、免許取得にかかわる試験が20年以上実施されておらず、実態としては世襲制であることに加えて自社通関ができない事情なども企業活動の妨げにつながっている。

労務や税務の分野においても、メキシコ特有の課題や特異性が顕在している。その1つは労働者利益分配金（PTU）と呼ばれる独特の制度である。これは労働者への利益分配を指すが、2018年

1月現在では税引前利益の10％を労働者利益分配金に充てる義務があり、メキシコの法人税は30％であることから企業は税引前利益から40％をこれらの支払いに充てる必要が生じる。この税負担が企業経営に与える影響は大きい。以前はメキシコ国内の派遣会社を介して従業員の雇用と派遣を行ない、直接的な雇用契約を結ばないことでＰＴＵを回避する方法が多くの企業で採られていたが、２０１２年に労働法が改正されたことによってＰＴＵの回避は現在困難である。労働者利益分配金制度にみられるように、メキシコは労働者保護制度が整った国であるということは意外に知られていない。労働者に関する法解釈において疑義が生じた場合には、労働者に有利な解釈がなされる傾向にあるため、メキシコ連邦労働法に基づく労務関連の知識は重要である。

アグアスカリエンテス州に生産拠点を置く日産自動車の外観（筆者撮影　2018年）

メキシコ政府は２０１７年10月現在、46か国と12の自由貿易協定を結んでいる。北米やヨーロッパのみならずアジア諸国との関係構築にも近年積極的である。しかし依然としてメキシコの輸出に占める米国向けの比率は80％前後で、米国への輸出に依存しているのが現状である。現在、米国とカナダおよびメキシコで交渉中のＮＡＦＴＡの行く末次第では、メキシコを生産現場とし米国を販売拠点と考えてメキシコに進出した企業にとっては大きく販売戦略を変えざるを得ない状況に発展する可能性もあろう。前述したように、メキシコのビジネス環境にはさまざまな課題が存在しており、常に各種法律および協定や環境の変化に注視する必要がある。

（西側赳史）

43

メキシコにおけるEコマース

★アマゾン参入により本格普及へ★

メキシコにおけるEコマース（電子商取引）の普及は、ラテンアメリカにおける大国ブラジルとアルゼンチンに比べると、かなり遅れている。全小売販売に対するEコマース販売の割合は、２０１８年の時点でブラジルの６・３％およびアルゼンチンの４・９％に対してメキシコは３・１％であり、早期の小売近代化が全国的になされてきた経済協力開発機構（ＯＥＣＤ）加盟国チリの３・３％に近い状況にある。ブラジルやアルゼンチンに後れを取った背景として挙げられるのは、近代的小売業者の早期の普及と通信業界に関する規制である。

メキシコで近代的小売業者の全国展開が始まったのは、１９９０年以降の規制緩和に伴う外資参入によってであった。米国出身の世界最大の売上を誇る小売業者ウォルマートが91年に当時メキシコ小売シェア1位であったシフラ社に資本参加し、95年のメキシコ通貨危機という絶妙のタイミングで同社を買収し、完全子会社化した際に始まったといっても過言ではない。ウォルマートは、その後も反米感情が強いメキシコ国民への配慮から買収という負のイメージを払拭するために前面には出ず、買収したシフラ社が保有していた倉庫型ディスカウントストア

（ボデーガ）を現地資本でもそれまで展開できなかった地方の低所得階層にまで浸透させることによって、世界的にみても稀有な大成功を収めた。

１９８０年代まで共存してきた大手民族資本は、ウォルマートとの競争によって追い詰められた。90年代以降急速に全国展開を進めた北部出身のソリアーナ社は、ヒガンテ社とコメルシアル・メヒカーナ社というシフラ社とともにかつて3強を形成していた2社を買収し、民族資本3社を1社に統合した（44章を参照）。

近代的小売店舗の早期の普及は、Eコマース普及にとっては必ずしも好ましい状況とはいえない。新参者であるEコマース専業者は従来の有店舗小売業者にとってライバルとなり、築いてきた牙城を乗っ取られかねない脅威だからである。メキシコ小売産業において支配者となったウォルマートは、本国の米国ではアマゾン・ドット・コム、中国ではアリババといったEコマースを牽引する新たなライバルに苦しめられている。そのため、ウォルマートは世界全体のEコマースを牽引する存在となったライバルの脅威を最も敏感に感じとっており、米国に次ぐ成功市場であるメキシコにおいて、Eコマース普及の準備を着実に進めつつも、ソリアーナ社やオクソ社といった民族資本のライバルも巻き込む形で業界団体を形成するなど、時間をかけてEコマースの段階的な普及を模索してきたのである。

ネット小売普及に不可欠な電気通信に対する規制も阻害要因となっていた。このことは２０１３年以降の電気通信産業規制緩和によって、決済と配送に不安がある状況であるにもかかわらず、若年層のインターネット人口増加に伴ってEコマース市場自体が急成長していることに表われている。12年ぶりに政権に返り咲いた制度的革命党（ＰＲＩ）のペニャニエト政権（任期２０１２～18年）によって電気通信改革が推進され、13年6月に憲法改正が行なわれ、9月に新たな規制当局である連邦通信院（ＩＦＴ）が設立された。翌14年7月には憲法改正の2次法案である連邦通信放送法が連邦議会の上下両院で可決され、同月14日に公布された。この電気通信改革により、電気通信事業には競争促進政策が導入され、ＩＦＴが電気通信分野で最大手のアメリカ・モビルと関連会社を「支配的企業」として認定したことから、非ドミナント規制（支配的だと判断される通信事業者に対し他事業者より厳しい規制を課す規制）を導入したことにより競争環境が整備されつつある。

この規制緩和によって、米国通信大手ＡＴ＆Ｔ社が２０１４年に経営再建中で携帯電話市場第3位であったイウサセル社を25億ドルで、翌15年にも同じく経営再建中で携帯電話市場第4位であったネクステル・メキシコ社を18・5億ドルで買収した。ＡＴ＆Ｔ社は2社買収後、メキシコ市場を米国市場に次ぐ主力市場として位置付け、光ファイバー通信網やＬＴＥ対応通信網に設備投資を行ない、電話料金の低下と携帯電話サービスの普及率の上昇を促すという結果をもたらした。

Ｅコマース普及を遅らせてきた近代的小売業者の早期の普及と通信業界に関する規制という2つの要因はもちろん強く関連しており、２０１４年の通信規制緩和と同時に、世界のＥコマースを牽引するアマゾンがメキシコ市場に本格参入し、ウォルマートら既存小売業者が本気でＥコマースに対して取り組むという状況を作り出しつつある。アマゾンは規制緩和後を見越して、２０１３年に携帯読書用端末キンドルにより利用可能となる電子書籍の販売を開始し、15年にはスペイン語のサイトにおける本格的な商品販売を始めた。メキシコのＥコマースにおける同社のシェアは２０１４年の１・０％から15年の2・9％、16年の5・6％、17年の8・8％と躍進し、Ｅコマース市場首位を堅持してきたメルカード・リブレ社の８・５%を上回り首位に立った。メルカード・リブレ社はアルゼンチン出身企業であるがブラジルにおいて南米市場における基盤を確保し、メルカード・パーゴと呼ばれる独自の決済手段を提供することによって一定の存在感を発揮している。

２０１４年はメキシコにおけるＥコマース普及元年といっても過言ではない。ウォルマートも米国での苦い経験を踏まえて、アマゾン本格参入とほぼ同時期にネット投資を積極的に行ない、17年にはネット小売シェア４・５%を占めて２強に次ぐ地位を確保した。現在、Ｅコマース普及の最大の課題は物流といわれるが、アマゾンが牽引する形で状況が改善されつつある。アマゾンは顧客への配送に関しては、17年３月にはアマゾン・プライムをラテンアメリカで初めてメキシコに導入し、初年度の年会費を半額の４４９ペソ（約23ドル）に抑え、18年から８９９ペソ（約46ドル）として、メキシコ市、グアダラハラ市、プエブラ市、ケレタロ市では当日、主要30以上の都市では翌日、その他でもほぼ２日以内、米国からの輸入品も６〜９日程度での配送を実現している。決済システムに関しても、17年４月に米国で導入したアマゾン・キャッシュ（バーコード式プリペイドスマホアプリ）を同年10月に早々と低所得階層向けに導入している。

メルカード・パーゴの決済端末
（筆者撮影　2017年）

（丸谷雄一郎）

44

統合が進む国内小売資本

★主役ウォルマートと統合を進めるソリアーナ★

メキシコ小売産業は、北米自由貿易協定（NAFTA）締結以降に、段階的に統合が進んだ。この統合の影の主役はNAFTA締結以前には北部を中心に店舗展開を行なってきたソリアーナとの統合を促したウォルマートであった。統合が進む1980年代までのメキシコの小売産業は旧外資法により外資から保護され、シフラ、コメルシアル・メヒカーナ（以下コメルシ）、ヒガンテといった国内資本が中心となって欧米の手法を段階的に取り入れる流通の近代化が行なわれてきた。

1990年代前半の北米自由貿易協定（NAFTA）体制の構築に向けた規制緩和の流れの中で、小売参入規制が撤廃され、外資参入ブームが起こった。メキシコにおいてこの分野に強い影響を及ぼしてきた米国出身のウォルマートとコストコ、フランス出身のカルフールとオーシャンが、当時3強を形成していたシフラ、コメルシ、ヒガンテという国内資本との合弁による参入を行なった。しかし、上記の企業のうちNAFTA発効後の通貨危機以降もメキシコ小売市場で生き残り、成功したのはウォルマートのみであり、その他の企業は早々に撤退した。

ウォルマートのメキシコにおける成功要因は、参入時のパートナーの選択、パートナーを救済するようにみせかけることに成功した絶妙なタイミングでの買収、買収後の現地化の巧みさにあった。パートナーとなったシフラは当時小売シェアトップを誇るメキシコの名門小売業者であり、立地が重要な小売産業ではメキシコ市など大都市でよい立地を確保していたことは有利であった。NAFTA発効後に起こった通貨危機という絶妙なタイミングでの買収は名門企業を救済したとみせることにつながり、反米感情が高まることを防いだ。同社が厳しい状況にあることを世間に認知させるために、新規出店を2年間凍結すると発表するなど、反米感情が根強いメキシコで米国資本が現地名門を札束で買いあさるという印象をなくすための努力を入念に行なった。

買収後の現地化は最も評価すべき要因であり、地元小売業者すら対象としてこなかった低所得階層向けに小売業態（倉庫を意味するボデーガと呼ばれる倉庫型ディスカウントストア）を全国展開することによって、近代化が進んでいなかった地方においても庶民に対して流通の近代化の恩恵を届けた。こうしたウォルマートという強力な外資の存在がメキシコの国内資本の統合をもたらしたのである。

国内資本の主役ソリアーナはウォルマート参入時にはトップ3の中には入っておらず、第4位の一地方企業であった。マキラドーラ産業の構築以前にはそれほど注目されてこなかった北部を基盤とし、NAFTAの恩恵を最も受けた地域において地域の発展とともに力を蓄え、NAFTA締結以降に勝ち組企業となった。マキラドーラ制度が導入された1965年の直後の68年に北中部の都市トレオンで創業し、早々に本社をマキラドーラの中核となる都市モンテレイに移し、地域の発展とともに成長してきた。しかし1990年代前半までは、トップ3の後塵を拝する地方のいわばニッチ・リーダーにすぎなかったのである。

統合を進めるソリアーナ社が展開する店舗（筆者撮影　2017年）

トップ３が外資をパートナーとして生き抜こうとする中で、４位であった同社は地道に出店地域を拡大し、２００７年までに首都メキシコ市以外の主要都市への出店を果たした。同社の出店地域拡大は当初順調にみえたが、大都市の好立地は既にビッグ３に押さえられており、最難関は圧倒的な存在を誇る首都メキシコ市への進出であった。２００８年にメキシコ市の好立地確保のため、トップ３の一角ヒガンテの主要業態を買収し、店舗数を２６１店舗から４５８店舗に急増させた。

ソリアーナ社はこの買収以前に既にウォルマートに次ぐ地位を概ね確保し、この買収により第２位の座を盤石なものとしていたが、代償も大きかった。ヒガンテは落ち目であったとはいえ、かつてのトップ３の一角を占める伝統的小売業者であり、社内にはそれなりのプライドもあった。こうした状況は、日本においてイオンがかつてのライバルのダイエーやマイカルを買収した後、改革に苦労を強いられたのと同様である。ソリアーナ社は２００８年以降ヒガンテとの経営統合にかなりの経営資源と時間を割いた。立地が重複した店舗の業態転換といった消費者に接する部分（フロント・システム）の統合は内容の伴わない看板の掛け替えといった事態を生み出した。その結果、類似した形態の店舗が同じ商圏に複数の名称で多数維持される状況が当初多くみられ、非常に効率の悪い店舗配置となった。

さらに深刻だったのは、消費者には見えない店舗の運営を支える部分（バック・システム）の統合の困難さであった。異なる企業文化を有する両社は在庫のとらえ方も異なる。しかし成果を早く求めるあまり、企業文化の共有を十分にできないままに、配送システムなどのバックヤードの統合を拙速に行ないすぎてしまった。このことがかえって裏目に出た。ユーロモニター社のデータによれば、こうした統合の困難さは出店の停滞をもたらし、２０１６年にはコンビニエンスストアのオクソを全国展開するフェムサ社に小売シェアランキング第2位の座を奪われている。オクソが出店を積極的に行なってきたのに対して、ソリアーナ社はヒガンテとの統合に資金も時間も費やしてしまったため、新規出店がほとんどできなかったためである。

同社はこうした混乱を経験しながら、２０１５年末までに統合を完了した。翌16年には残る一角であったコメルシの主要業態１４３店舗を買収した。ユーロモニター社のデータでは、コメルシは２０１６年の小売ランキングでは8位であり、かつての輝きはなく、経営を縮小して生き残りを図っていた。ソリアーナ社はかつての名門企業を買収することにより、再び小売シェアにおいてソリアーナ社の3・3％とコメルシの1・2％を合わせた4・5％となり、数字上はもり返した。オクソの4・7％に近づいたとはいえ、ウォルマートの小売シェア11・8％の半分にも及ばない。同社がヒガンテとの統合において「統合のノウハウ」を獲得し、この数字上のシェアを維持することができるのか、今後の同社の動向から目が離せない状況にある。

（丸谷雄一郎）

45

メキシコのベンチャー企業

★台頭するベンチャー企業を取り巻く環境★

メキシコ人の若者はもちろん、米国や欧州から一念発起してやって来た若手起業家がメキシコ国内で日々増加している。企業の紋章をデスク上に掲げ、各々がコンピューターに向かって昼夜にわたって働く光景は、他国のベンチャー企業の姿と変わらない。

米国を中心に世界中の主要都市で共有オフィスを提供する「ウィーワーク」は、メキシコ市内に8か所の共有オフィスを展開している。配車アプリ「ウーバー」を運営する米国企業ウーバー・テクノロジーズは、メキシコ市内の一等地であるレフォルマ大通りの高層ビルにオフィスを構える。洗濯物を自宅からコインランドリーまで運び、コインランドリーでの洗濯を終えた後に自宅まで配送するサービスを展開する「ラバデーロ」、ウェブ上で商品を販売するEコマースのプラットフォーム「キチン」。そしてメキシコ市内の渋滞問題および環境問題を解決すべく誕生した「エコノデウセ」は電動スクーターのレンタル事業を行なうなど、メキシコ国内では社会問題や課題への取り組みを目的に誕生したベンチャー企業が増加しつつある。

またメキシコではフィンテックやスマートキーなどの事業を

手掛けるテック企業の成長や活躍が特段に著しい。２０１７年時点でメキシコのフィンテック関連企業は２３８社存在し、関連企業数はブラジルを抜いてラテンアメリカで1位に躍り出た。「ブロクセル」や「セニョールパゴ」ではスマートフォン上のアプリで第三者へ支払い振り込みができるサービスを展開している。メキシコ人の銀行口座保有率は２０１６年時点でわずか39％であったため、銀行口座を持たない人々にとってこれらのサービスを活用することで簡単に口座を開設できることや、通常の銀行窓口での取り引きと比較すると容易に決済や振り込み手配が行なえることから、若年層を中心にこれらのサービスの利用者数は急増している。グアダラハラ市のフィンテック企業「クエスキ」では一般市民が金融機関から融資を受けることが困難であるという問題を解決すべく、インターネット上で消費者向けに融資を行なう事業を開始した。メキシコ国内の金融機関の窓口における顧客対応の質は決して高いとは言えず、また厳格な規制が存在する融資事情などに対して国民は長年不満を抱き続けてきた。この状況をビジネスチャンスとしてとらえ、新しいサービスを通じて課題の解決に取り組む企業が注目されつつあるのだ。なおフィンテック関連の法整備は他国と同様にメキシコでも進められており、２０１７年10月に「金融テクノロジー機関規制法（ＬＲＩＴＦ）」の法案が議会に提出されている。急激に浸透するフィンテックがより発展するため、官民が協力して法整備を進めようとしている。

　これらの背景には、メキシコ国内のベンチャー企業が増加し、成長していく環境が整い始めたことがある。例えばメキシコ市、ユカタン州府メリダ市、バヒオ地域のレオン市とケレタロ市の4都市に拠点を置く団体「スタートアップメキシコ」は、各拠点でスタートアップ支援やイノベーション推進につながる取り組みを行なっており、定期的に国内の各都市で起業家と投資家を集めた交流会などを実施して、新興勢力の台頭を促進しながら、各拠点には弁護士や税理士などの専門家が常駐し未熟なベンチャー企業の間接部門や管理業務の手助けや助言を行なっている。「スタートアップメキシコ」は、起業家を国内の大学や教育機関へ派遣し、学生に対して起業することや事業を行なうことの楽しさやノウハウを伝えることで学生のアントレプレナー（企業家）精神の育成にも取り組んでいる。また政府機関やベンチャーキャピタルなどが各地でビジネスコンテストを共催している。主に社会問題の解決につながる企画やアイデアを募集し、コンテスト優勝者に対して資金援助を行なっている。カスペルスキー社が政府機関および民間企業と共同で２０１８年3月に開催したコンテストでは、最優秀賞受賞者に対して35万メキシコペソが支援された。一般市民の創業意欲を後押しし、それを通じてメキシコ国内の社会問題の解決を手助けする企業や団体の取り組みが充実することは、新興企業の成長にもつながっていく。

ただし、メキシコにベンチャー企業が誕生し、成長する環境が十分に整っているわけではなく、多くの課題が存在している。その1つは、メキシコ国内にはエンジェル投資家やベンチャーキャピタルの数が圧倒的に不足していることである。メキシコ国内の富裕層は不動産への投資や海外への投資には積極的であるものの、ベンチャー企業への投資に対して消極的であるのが現状である。21世紀を牽引する米国企業の代表例であるアマゾン、アップル、グーグルやエアビーアンドビーなどの場合でも、株式発行を伴う第三者からの資金調達による資金的援助が無ければ、短期間で急速かつ大きく成長できなかった。企業のイノベーションや新しい価値の創造に対して投資を行なうことは、新しい産業の創出にとって必要不可欠である。ブラジルではベンチャーキャピタルへの投資に対して免税措置を行なうなどによる投資家に対する優遇措置を行なっており、現在は１３０以上のファンドが存在している。より多くの企業がメキシコで生まれ、成長していくには、政府による支援やベンチャー投資を行なう上でのメリットなどについてメキシコ国内の投資家たちが理解する必要があると考えられる。

またメキシコ人は親族を大切にする国民であり、彼らにとって最も優先すべき存在は家族や親族である。この考え方は私生活のみならず、公的な時間でも多く見受けられる。例えば両親や子供の誕生日に、どれだけ重要な商談や面会が入ろうとも、家族との時間を優先する。また親族とのつながりや思い入れが強いことから、能力や適性を鑑みることなく親族を部下として迎え入れることや、親族が経営する企業に業務の外注や商品の発注を行なうことも一般的である。これらの文化によって、優秀な人材であったとしても親族の人脈が無ければ昇進しにくい企業形態にあることは、有能な人材の活躍や台頭を妨げている。前述した企業の背景や傾向による文化や国民性からも、メキシコ人が企業を興すことに積極的でないことは理解できよう。しかしベンチャー企業や創業に興味を抱く人々を取り巻く環境や企業文化および国民性に変化が生じることでより多くの社会問題の解決や新しい価値の創造がメキシコで生まれ、発展する雰囲気が、すでに２０１８年には十分に感じられる。

（西側赳史）

ベンチャー企業で働く若者たちが「ウィーワーク」へ向かう光景（筆者撮影　2018年）

46

メキシコにおける シェアリングエコノミー

★成長と課題★

世界中でシェアリングエコノミーが拡大している。シェアリングエコノミーとは、乗り物・住居・家具・衣服など、個人所有の資産を他人に貸し出しする、あるいは貸し出しを仲介するサービスを指す。近年、欲しいものを購入するのではなく、必要なときに借りればよい、他人と共有すればよいという考えを持つ人のニーズが増えており、そのような人々と所有物を提供したい人々を引き合わせるインターネット上のサービスが注目を集めている。メキシコにおいても、シェアリングエコノミーは拡大の一途をたどっている。

メキシコでは2017年時点で、18歳から59歳までの人口の約70％がスマートフォンを所有していることから、スマートフォンのアプリを通じたサービスが大多数の国民に受け入れられる状態にまで成長している。その結果、急成長を遂げつつあるシェアリングエコノミーは国民と外国人在住者の暮らしや観光客の滞在の仕方、さらには団体や企業の活動にさまざまな影響を与えている。その代表的な例はウーバーであろう。

2009年に米国で誕生したウーバーは、一般人が空き時間と自家用車を使って第三者を運ぶサービスをスマートフォンのアプリを通じて提供するものであるが、メキシコにおいても2017年時点では利用者数700万人、ドライバーは22万人を超え、利用者数は米国、ブラジルに次いで世界第3位を誇っている。

メキシコ国内ではウーバーのような配車サービスが浸透するまで、タクシーメーターの不法改造やタクシーメーターを作動させないことで法外な料金を請求する、タクシードライバーに土地勘がないため目的地の到達に至らない、あるいはタクシードライバーが強盗に早変わりするなど、観光客のみならず一般市民にとっても問題の多い状況が起こっていた。これらの問題の解決につながるサービスがウーバーであるともいえる。乗車サービスの決済が全てクレジットカードやデビットカードで行なえることから、キャッシュレス決済も可能であり、利用者にとって明瞭かつ安全な移動方法として急激に国民の生活に溶け込んでいる。しかしながらタクシー業界や既存のタクシードライバーからは、無許可で配車サービスを行なうウーバーに対する根強い反発があった。激しい抗議デモが各地で発生し、幹線道路を封鎖する事態にも発展したが、2015年7月にライドシェア（相乗り）を運行するための法律258号が制定されたことでウーバーなどのサービスが法的に認められ、よりいっそうのサービス普及につながっている。

事実、旧来のタクシーの利用率はこれらのサービスの台頭によって年々低下しており、タクシードライバーの収入は減少の一途をたどるなど、一部の業界や人々に対しネガティブな現象が生じているが、一般市民や外国人在住者、観光客にとって安心して移動できる手段が誕生したことでマイナスの影響よりもプラスの影響の方が大きいと考えられている。驚いたのは、メキシコ州の僻地へ出張で訪れた際でも、ウーバーの配車アプリで移動を試みると5分程度で運転手が到着し、快適な運転でメキシコ市周辺まで送り届けてくれたことである。ウーバーサービスはメキシコ市内とその周辺に限らず地方都市でも普及しつつあり、この勢いは今後も続くものと考えられる。なお各自動車メーカーはウーバーの運転手向けに特別な自動車ローンを設けており、ウーバーなどでの活用を目的とした車両の購入については金利や頭金額の低減を行なっている。

また都市部では、一定の区域内で自転車のレンタル及び返却ができるサービスの普及が加速している。メキシコ市では「エコビシ」、ハリスコ州の州府グアダラハラ市では「ミビシ」と呼ばれる自転車が主に街の中心街近辺で利用されている。エコビシは年間400ペソで自転車を借り放題になるサービスであり、登録に当たってはパスポートなどの身分証に加え、クレジットカードもしくはデビットカードが必要となる。トルーカ市（メキシコ州府）、プエブラ市（プエブラ州府）、パチューカ市（イダルゴ州府）、ケレタロ市（ケレタロ州府）でも類似したサービスが展開されている。メキシコ市をはじめとする都市部の交通渋滞は年々悪化しており、特に中心街は昼夜を問わず大渋滞に見舞われる。渋滞問題に加え環境問題も深刻化する状況を改善する目的で、2010年にメキシコ市当局はこれらの問題解決に向けてエコビシを立ち上げた。なおエコビシはメキシコ市政府資本の企業「クリアチャンネル」によって運営されている。2017年時点で自転車の貸し出し場所はメキシコ市の都心部を中心に480か所前後あり、自転車の総数は6800台を超える。

エアビーアンドビーは空き部屋を貸したい人と、旅行などで部屋を借りたい人をマッチングするサービスであり、世界192か国の3万3000の都市で80万以上の宿を提供している。メキシコ市内では2016年に約100万人が当サービスを利用しており、メキシコ国内全土で普及が進んでいる。しかしながらウーバーの普及に伴うタクシー業界からの反発と同様に、メキシコ国内のホテル業界や団体からの反発を受け、２０１７年６月より当サービスを介して予約された宿泊費の３％が徴税されることとなった。今後も、民泊サービスに関連する法規制や税制の変更が適宜行なわれていくと考えられる。

シェアリングエコノミーは、車両や住居などの資産活用によって国民の所得向上につながり、今後中間層が増加していく上で重要な役割を担っていくと考えられる。２０１６年時点で成人人口の82％がクレジットカードを所有せず、61％が銀行口座を保有していないという状況の中で、シェアリングエコノミーの浸透と年々高まるスマートフォン所有者の増加によって、今後は銀行口座とクレジットカードおよびデビットカードを保有する必要性が高まるであろう。そして以前にも増して、米国を中心としたシェアリングエコノミー、またそれに付随したサービスがメキシコでも短期間で浸透すると考えられる。ただし、シェアリングエコノミーが普及することで、前述の通り、既得権益者の反発が生じるのは避けられないことも事実であり、また未整備の法律やルールの策定などが必要となるため、政府と各団体との交渉や折り合いをつけていくことがこれらの事業を行なう民間企業にとって大きな課題となるであろう。またメキシコでは各法規制の変更が突然生じるリスクがあるため、常に最新の動向に注目しておく必要がある。

メキシコ市内レフォルマ大通りにあるエコビシ貸し出し場所（筆者撮影　2018年）

（西側赳史）

47

アエロメヒコ航空と全日空の直行便

★再び活況を呈する日墨航空路線★

日本とメキシコとの間で締結された経済連携協定（日墨EPA）締結後、日本の対メキシコ直接投資額は急増し、自動車メーカーや自動車部品メーカーがバヒオ地区で新工場や販売会社を設立するなど、新規・追加投資案件が続々と発表されてきた。２００８年のリーマンショック後をみても、直接投資額は12年の８１８億円から16年には２７６３億円と３倍強となり、進出企業数も１１１１社となっている。

こうしたビジネス需要の高まりは、アエロメヒコ航空と全日空というメキシコと日本の大手航空会社の直行便就航に結びつき、全日空のライバル日本航空（ＪＡＬ）も巻き込む形で競争が激化している。２００６年11月のアエロメヒコ航空日本路線就航に続き、17年２月に全日空（ＡＮＡ）がメキシコ市直行便を就航した。同年10月にはＪＡＬがアエロメヒコ航空との提携を発表し、18年９月にコードシェア（共同運航）を始めると発表するなど、日本とメキシコを結ぶ空の便の改善に向けた取り組みが活発である。

アエロメヒコ航空は２００６年11月に成田路線を就航したが、当初は現在のメキシコ市直行便ではなく、ボーイング７７７型

第47章
アエロメヒコ航空と全日空の直行便

機を使用した米国との国境の都市ティフアナ経由の週2便体制であった。当初は総代理店に営業を任せていたこともあり、日本人利用者は1～2割に留まっていた。同社は２０１０年1月にボーイング７６７を導入し、成田発便のみではあるがメキシコ市直行便を開設して、同年３月には週３便体制を構築した。ツアー客が多い日本人利用者を取り込むために日本支社を開設すると、日本人利用者も増加していった。しかし現在の利用客の中心客層は当初の観光客からビジネス客に移行している。

メキシコ市発成田直行便は長距離フライトの上に、メキシコ市が高地で酸素が薄く、離陸時の偏西風の向かい風もあり、困難を極めたが、従来機より軽量化し燃費が向上したボーイング７８７－８の初号機を日本線に導入した２０１３年10月からの２年３か月間の試行錯誤を経て２０１６年1月にようやく実現した。

アエロメヒコ航空によると、同社の強みの１つは国内線やラテンアメリカ諸国を中心とする海外便への乗り継ぎの良さにある。同社の成田発メキシコ市便が午後2時過ぎに到着する第2ターミナルはナショナルフラッグのアエロメヒコ航空専用であるだけに、ターミナルの移動が必要な他社とは異なり、国内45都市に就航する豊富な国内便への乗り継ぎが同じターミナルで完結できる。実際、２０１８年6月には日墨の国内線をそれぞれ20路線以上をＪＡＬとの共同運航に切り替えることを発表している。自動車産業の発展によりビジネス需要が高まっているバヒオ地区などへの国内移動のニーズが増加していることを踏まえると、この強みは今後とも有効であるとみられる。また、ペルー便など特定国からの乗り継ぎに際しては非常に時間的ロスが少ない設定になっている。

さらに、ＪＡＬとの共同運航が始まれば、日本国内への乗り継ぎに関しても改善が進み、更なる集客が期待できるとみられる。世界の航空会社は自社のみで網羅することが厳しい路線を補完するために、スターアライアンス、ワンワールド、スカイチームという3つの航空連合を組んで共同運航便の運航や提供するマイレージの相互利用などを積極的に進めてきた。3陣営のうちＡＮＡはスターアライアンス、ＪＡＬはワンワールドに現在加盟している。アエロメヒコ航空はスカイチーム設立以来の加盟社で、日本の航空会社と航空連合内での提携ができない。そのため、アエロメヒコ航空は多くの日本国内路線を有するＪＡＬと共同運航を開始することになった。

ＪＡＬはかつてカナダのバンクーバー経由で成田―メキシコ市便を運航していたが、２０１０年の経営破綻を契機に撤退した。ＪＡＬは公的支援を受けて再建したため、国土交通省から投資や路線開設で制限をかけられていた。しかし17年の春になり、制限が解除され自由に事業展開できるようになったのである。

ＡＮＡは同社が注力するビジネス需要を取り込むために、メキシコ直行便に先駆けて２０１５年６月に成田―ヒューストン直行便を就航させていた。同便の乗客はこのヒューストンをはじめ、ロサンゼルスやシカゴなど、スターアライアンス加盟の米国ユナイテッド航空の米墨路線を利用することにより、メキシコの各都市に移動することができた。ＡＮＡはこうした航空乗り継ぎ便を利用するビジネス客が有するメキシコ直行便への高いニーズを踏まえて、アエロメヒコも苦労した高地ならではの問題という、かなり厳しい環境上の制約を考慮した上で、17年2月に成田―メキシコ市直行便の運航を開始したのである。同社は高地での離陸のためにボーイングの航空機「Ｂ７８７-８」用に新型エンジンを調達し、メキシコ市発の便では離陸時に偏西風の向かい風が強いことに対応し、客席を設定可能な最大席数より少ない最大169席に制限した運航を行なっている。

しかしANAは、就航後早期に既述のJALとアエロメヒコ航空との提携によって厳しい状況におかれている。ANAが加盟する航空連合「スターアライアンス」には、メキシコ国内線を運航する航空会社がない。そのためメキシコ国内の乗り継ぎに関して、アエロメヒコ航空と日本とメキシコの国内線に特別運賃を適用できる契約を結び、乗り継ぎ便も含めた割安な通し運賃を設定できるようにしていた。

直行便を就航しているアエロメヒコ航空の機体
（アエロメヒコ航空提供）

この運賃契約はJALの好条件の提示によるアエロメヒコ航空側の方針転換により、2017年夏以降適用できなくなった。既述のJALとアエロメヒコ航空との共同運航便就航により、今後提携したJALとアエロメヒコ航空との厳しい競争を余儀なくされるようになったのである。

こうした競争の激化は各社のサービスを向上させるといったプラスの側面もある。しかし、北米自由貿易協定（NAFTA）再交渉の行方などによってビジネス客需要が支えている日墨路線に関しては需要の不安定さが大きい。それだけに、ANA対アエロメヒコ航空・JAL陣営という構図となった日墨路線における競争が過熱しすぎると、せっかく厳しい環境の中で実現した路線が維持できなくなる可能性もある。それだけに、NAFTA交渉の行方とともに、両陣営の今後の動向から目が離せない。

（丸谷雄一郎）

48

メキシコの自動車産業

★外資主導による北米偏重度の高い輸出依存★

メキシコの自動車産業は国内総生産（GDP）の2・9%（2017年）、輸出の27%（16年）を占める21世紀の主要産業である。メキシコ自動車工業会（AMIA）によると、17年の生産台数（乗用車）は393万台と過去最高に達し、中国・米国・日本・ドイツ・インド・韓国に次ぐ世界第7位の自動車生産国となっている。そしてメキシコの自動車産業の特徴は、国内向けが生産台数の21%に留まる一方、輸出向けが北米自由貿易協定（NAFTA）の相手国である米国・カナダ向けを中心に79%（310万台）と圧倒的に高いことである。

高度な技術を要する3万点以上の部品の製造と組立てからなる自動車産業を、後発のメキシコが自力でテイクオフさせることは極めて困難であった。メキシコ政府は1980年代はじめまで自動車産業に部品の国産化を義務付け、輸入代替産業としての育成をめざして外資規制法の下で保護育成政策をとってきた。しかし82年8月の累積債務危機を転機として、89年12月11日に発令された「自動車産業の振興と近代化のための大統領令」によって自動車産業政策も自由化と輸出志向へ大きく方向を転換した。国産化率の段階的引き下げによる部品調達の自由化、組立メーカーへの貿易収支均衡義務の緩和、新車完成車輸入の自由化、部品製造分野における外資出資比率規制撤廃などが具体化した。さらに94年1月発効のNAFTAに始まり、太平洋同盟3か国、中米5か国、EU28か国、日本など46か国との自由貿易協定（FTA）や、それ以外の特恵貿易協定の締結によって関税が引き下げられ、今やメキシコの自動車産業は完全にグローバル化されている。生産・輸出拠点としての強みが一段と高まり、メキシコの自動車産業は自国メーカー保護の「規制型」から外資主導による「グローバル開放」へ大きく転換を遂げている。

ＡＭＩＡによると、大型車を除く２０１７年の生産台数は、米国系１７６万台、日系１３３万台、ドイツ系62万台、韓国系22万台など合計３９３万台で、外資の１００％支配下にある。主要外資系９社の販売先（国内と輸出）は、米国63％、メキシコ国内17％、カナダ７％、ラテンアメリカ諸国７％、その他６％であった。外資系各社の市場ターゲットはそれぞれ異なり、米国系メーカーであるＧＭ、フォード、ＦＣＡの３社は合計で75％が米国向けである。日系メーカーではメキシコ進出が早かった日産が米国向け42％、メキシコ国内向け41％で、特にセダン「ツル」（日本名「サニー」）の人気はメキシコでも高く、有力紙『エクセルシオール』によると２０１７年の盗難標的第1位となったほどである。トヨタは米国向けが圧倒的に多く、トランプ政権の圧力を機に新工場の生産車種をカローラから米国で人気の高いピックアップトラック「タコマ」に変更し、20年前半の稼働を目指している。17年の米国市場での原産国別販売割合では、米国・カナダ71％、メキシコ15％、日本11％、その他３％である。一方、メキシコ国内の販売は17年に１５３万台で、日系が65万台と米国系43万台を上回り、以下ドイツ系27万台、その他18万台である。

米国と長い国境を接し両洋に面した近代的港湾を持つメキシコは、NAFTAなどFTAによる関税メリットに加え人件費が圧倒的に安いため、割高な輸送費や電力費を差し引いても総コストでは米国で生産するよりはるかに大幅なコストダウンが見込める。このために米国・EU・日本・韓国など世界の主要完成車組立メーカーのほとんどがメキシコに進出し、北部国境沿いの6州、中部バヒオ地域の5州、首都周辺の4州に組立工場を展開している（地図5を参照）。2011年6月〜17年2月までの米国・日本・EU・韓国・中国の製造組立メーカー13社による19件の投資計画は196億米ドルに達し、これによる20年の生産能力は17年比で23％増の482万台に上ると予想されている。

一方、完成車輸出に加え、エンジンなどの主要構成部品に組み込まれて、NAFTAにより国産部品扱いとなる中間財としての構成部品の輸出も急増した。この分野でも、主要輸出先である米国市場で日米企業の製造コスト引き下げ競争が激化するにつれて、米国系・日系・ドイツ系のグローバル部品企業は人件費が安く距離的に近いメキシコの北部と中部地域に注目し、米国向け構成部品輸出拠点として大挙進出している。2010年前後から中部の穀倉地帯であるバヒオ地域が新たな自動車産業の中心地となり、グアナフアト州とアグアスカリエンテス州などを中心とする諸州が、工業団地の整備やさまざまなインセンティブを提供して工場誘致に熱心に乗り出し、組立メーカーとともに構成部品メーカーの進出も急増した。その結果、技術力と資本力のある外資の力が強まり、地元部品メーカーは外資との競争に押されて弱体化している。一方、二次部品以下の地元メーカーでは、金型・熱処理・表面処理・冷間・熱間鍛造・鋳造・ボルトなどの部品や、亜鉛メッキ鋼板・引抜鋼管、樹脂コンパウンド・エアバッグ用繊維など素材分野では依然弱体であり、最近は日系など外資系部品メー

〈地図5〉 自動車産業の集中著しいバヒオ地域5州、北部6州と首都周辺4州 （筆者作成）

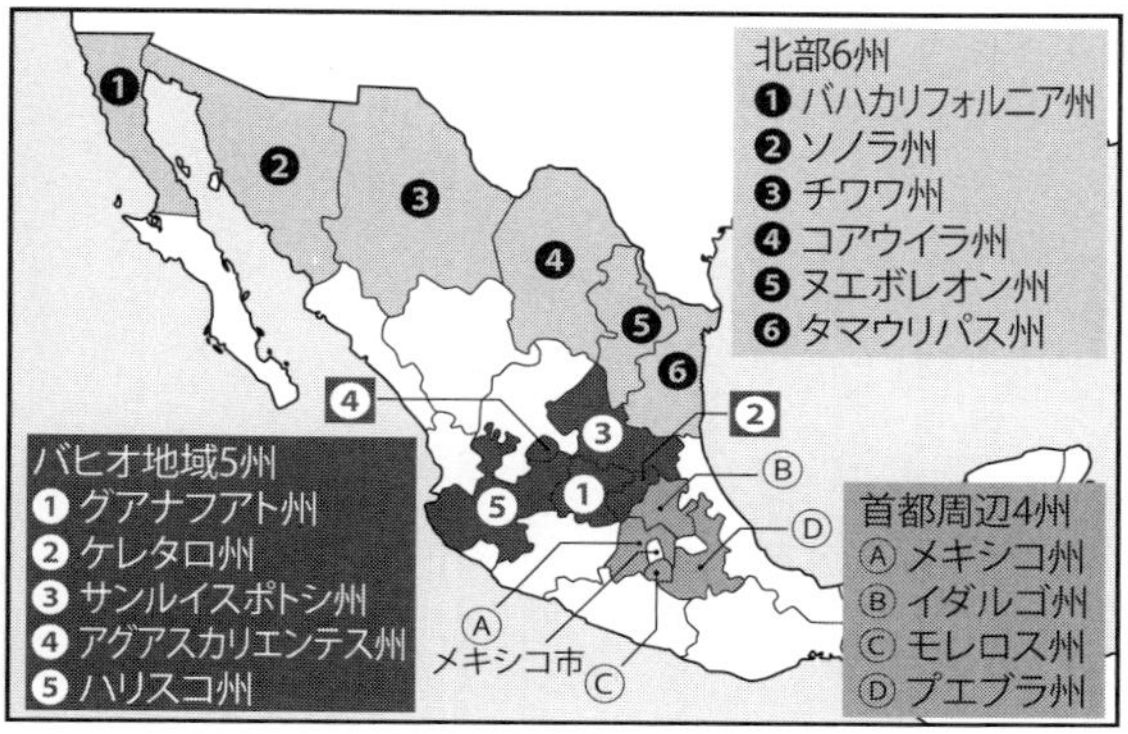

カーの進出がみられるものの、構成部品の現地生産には課題が残されている。このため、日本貿易振興機構（ＪＥＴＲＯ）は日系組立車メーカーや一次部品メーカーへのサプライヤーとなり得る地元メキシコ企業を発掘してデータベース化し、日系企業とのマッチングを進めている。

タイヤを除く自動車構成部品産業の２０１６年の雇用は71万人で、10年前の54％増しとなり、生産額は４３６億米ドルで２・８倍の大幅増加となっている。品目別では、ガソリンエンジンとその部品、電気電子系統、トランスミッションの三大部品が生産額の約51％を占める。地域別工場立地については16年の生産額ベースで、北部国境沿い６州で計54％、バヒオ５州計28％、首都周辺の４州の計15％と、15州に合計97％が集積している。全州の部品産業事業所数も09年末の９５６か所から17年末には２２２９か所と２・３倍に増えており、特にグアナフアト州では39か所から１９２か所と激増している。日本企業の進出も著しく、ＪＥＴＲＯによると17年にはメキシコ全体でも１１８２社と６年間で２・８倍に増えている。

日系自動車関係企業のメキシコでの事業拡大意欲は高い。投資環境面のメリットとしては、市場規模と成長性、人件費の安さ、比較的穏健な労働組合、取引先（部品納入先）の集積などがあげられる。他方リスクとしては、治安の悪化、不安定な為替、税制・税務・行政手続きの煩雑さ、政府の不透明な政策、高い離職率と専門職・技術職・中間管理職の採用難、地元部品産業の未成熟などの課題がある。

（杉浦篤）

コラム7

メキシコ石油と心中した邦銀の貴重な教訓

丸谷吉男

1970年代の2度の石油危機によって先進諸国が長期の経済停滞に苦しむ中で、史上空前の高度成長を謳歌したメキシコが82年に「外為市場を閉鎖し、外国への送金を禁止する」と発表したときの世界の金融界の受けた衝撃は、まさに「青天の霹靂《へきれき》」であった。

さらにそのメキシコの対外債務総額が800億ドルを超えており、ブラジルに次ぐ世界第二の重債務国になっていること、10年前までほとんど融資のなかった邦銀の融資総額がアメリカの銀行に次いで第二の大きさであることが明らかになると、「いつのまに、なぜこんなにも巨額を、メキシコに貸したのか」「融資については慎重なはずの邦銀が、なぜこれほどまでメキシコにのめり込んだのか」という驚きと疑問が広まった。金額の大きさもさることながら、メキシコ融資の自己資本に占める比率の高さが注目された。それらの背景を探ると、当時の特異な国際金融情勢、メキシコ側の債務に対する楽観的な認識、貸し付けた邦銀側の見通しの甘さなどが浮かび上がる。

当時の国際金融市場は、石油価格の高騰でアラブ諸国などの産油国に莫大なオイルダラーが流れ込んだが、近年のドバイなどにみられるような巨額の資金を要するビッグ・プロジェクトもなく、したがってそれらの資金はそのままユーロダラー市場へと流れ込んでしまい、ユーロ市場には余剰資金がだぶついていた。

次に当時のメキシコは、ロペス＝ポルティーリョ政権（1976〜82年）が野心的な高度成長路線を展開し、四大港湾開発、シカルツァ製鉄所建設、地峡横断石油パイプラインなど、積極的な開発計画を同時並行的に実施していたため、資金はいくらでも必要であった。

メキシコ石油と心中した邦銀の貴重な教訓

しかもメキシコの借り手は民間企業ではなく、政府系の公社、公団、事業団などであったため、倒産のリスクはないという安心感が貸し手側にあり、しかも石油がまたとない担保になるという「思い込み」があった。当時のメキシコの原油確認埋蔵量はサウジアラビアに次いで世界第2位、原油生産量では第4位であったことも貸し手側には、安心感を与えた。

このような状況の中で、メキシコは邦銀にとって格好の、手堅い融資先となった。戦後日本の高度成長の中で、護送船団方式による国内金融を中心に経営してきた邦銀がオイルショックによってビジネスモデルの転換を迫られ、それまで出遅れていた国際金融活動に乗り出したときに、メキシコやブラジル以外に大きな借り手が見つからなかったのである。

ともあれ、メキシコの債務不履行の影響は邦銀の経営に打撃を与え、その後の吸収・合併、倒産へとつながった。しかし、この苦い経験がトラウマとなったためにその後のサブプライム問題などでは邦銀の被害が相対的に少なくて済んだのは不幸中の幸いであった。

メキシコ石油のシンボル PEMEX タワー（国本伊代撮影）

メキシコ市のビジネス街にある奇怪な建物

メキシコ市ポランコのオフィス・ビル群に囲まれたソウマヤ美術館
(松本仁撮影　2018年)

メキシコ市サンタフェのオフィス街の通称ラバドーラ（洗濯機）
(国本伊代撮影　2017年)

VIII

メキシコにおける日本企業

49

メキシコの日系企業

★自動車産業と広がる日本人向けサービス企業★

現在メキシコにおける日系企業の数は、外務省が2017年10月に実施した調査によると1182社にのぼり、過去最高を記録した。日墨EPAが発効した05年当時はわずか326社を数え、ホンダとマツダが新工場建設を発表した11年の時点で464社であったものが、わずか3年後の14年にはほぼ2倍の814社、16年にはついに千社を超える1111社にのぼり、6年で700社を超える日系企業がメキシコへの進出を果たした（グラフ6）。

進出先を地域別でみると、メキシコ中央部に位置する6州からなるバヒオ地域の企業数が2013年を境に首都メキシコ市を上回り、17年ではバヒオ地域の日系企業数が632社に対しメキシコ市が218社となった。48章でも紹介されている通り、進出する企業の多くは自動車関連企業である。メキシコでは古くは日産が1959年に進出して以降、ホンダ、マツダ、トヨタの4社がメキシコに進出して完成車の製造を行なっており、その裾野産業である自動車部品企業の進出が相次ぐ形となっている。世界自動車工業会（OICA）および各国自動車工業会のデータによると、メキシコは2017年時点で世界

〈グラフ６〉進出日系企業数・在留邦人数の推移

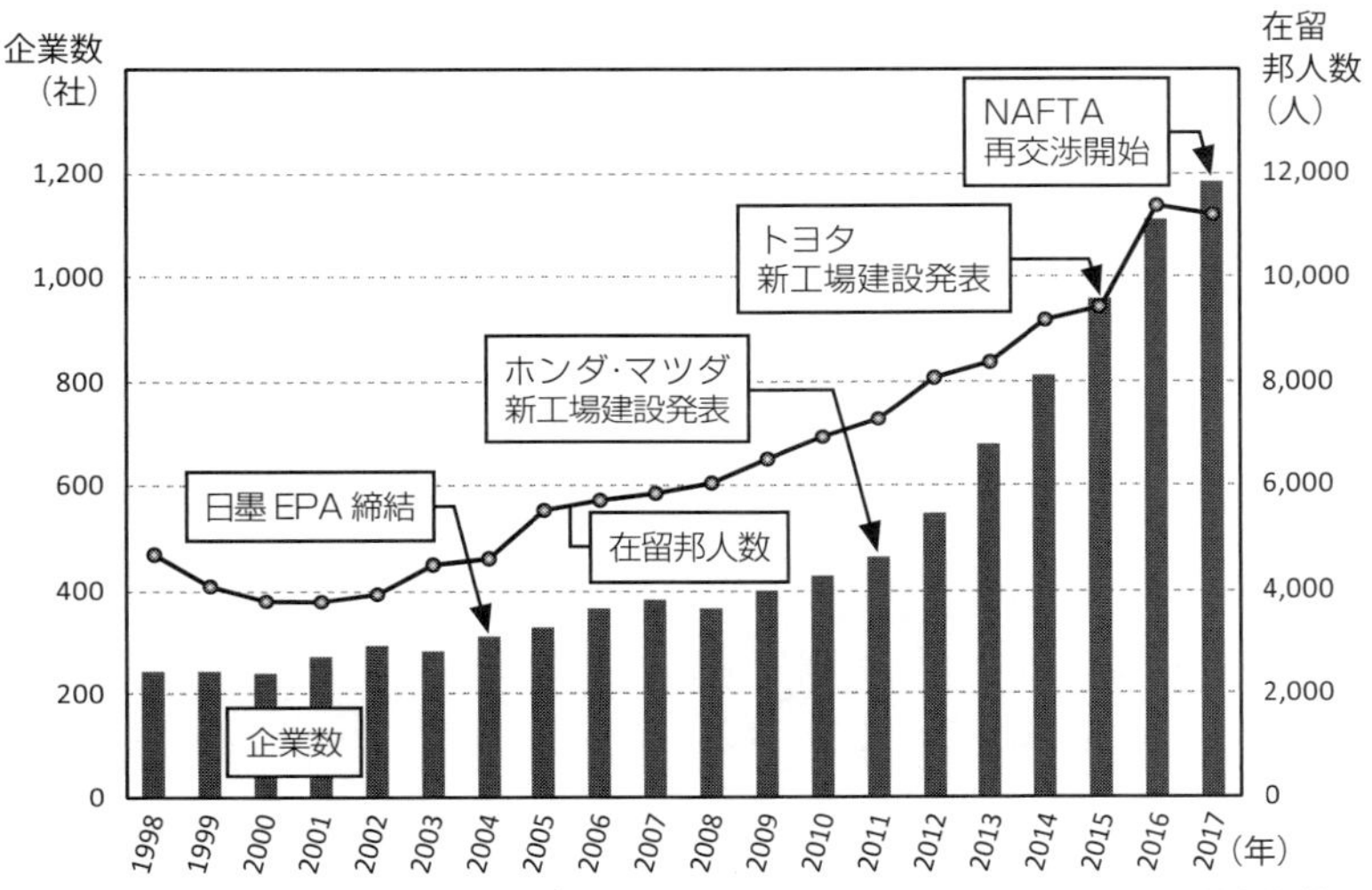

（外務省「海外在留邦人数調査統計」を基に筆者作成）

第７位の自動車生産国であるが、完成車日系メーカーの国別生産台数では日本、中国、米国、インド、タイに次ぐ６位で、年間１３３万台にのぼる。また２０１７年に日本貿易振興機構（ＪＥＴＲＯ）が実施した進出日系企業実態調査（アンケート調査）によると、メキシコ進出日系企業が投資環境上のメリットとして挙げた最多項目は「市場規模・成長性」で、回答率が79・７％に及んでいる。自動車産業の進出先としては既に成熟期と言えるタイでは同項目の回答率が49・６％であったことと比較すると、進出日系企業はメキシコの市場のさらなる成長に期待感を持っていることが伺える。

日系企業の進出に伴い在留邦人数も増加の一途をたどっている。２０１７年には１万１２１１人となっており、２００７年時点で５８４９人であったのと比較すると10年でおよそ２倍に増えた。そしてこれら１万人を超える日本人在住者向けサービスの企業も増加している。物流大手の日通やヤマト運輸などが日本人向け海外引っ越しサービスを提供しているほか、不動産仲介業のスターツが駐在員向け住宅仲介業を15年に開始し、最近では工業団地や日本食レストラン向け店舗の仲介サービスにまで急速に業務範囲を拡大している。またメキシコ国内出張などにも欠かせない旅行代理店では、メキシコ観光やビアヘス東洋など古くからの現地発企業のほか、エイチ・アイ・エスやＩＡＣＥトラベルなど新たな進出企業もみられる。日本食レストラン分野では、牛丼の店すき家を運営するゼンショーが11年にメキシコに進出し、ショッピングモールや路面店など現在14店の運営を行なっているほか、バヒオ地域の日系企業が集積する工業団地向けに冷凍牛皿を定期的に配送するというメキシコ独自のサービスを提供している。またメキシコで日本人オーナーによるレストランも増加中である。居酒屋風レストランのＫＵＲＡや、日本式焼き肉店のモグ・スミヤなどを筆頭に、本格長浜ラーメン店、お好み焼き店やベーカリーなど、専門店のオープンが相次いでいる。小売りの分野では、グアダラハラに拠点を持つトヨ・フーズはバヒオ地域を中心に日本食材店を展開しているほか、雑貨販売のドッコイは大手１００円ショップのワッツと提携し、メキシコ市に2店舗、バヒオ地区に2店舗の日本雑貨店をオープンしている。またその他のユニークな企業としては、エンカウンタージャパンがメキシコ在住の日本人向けの情報ポータルサイトを運営しているほか、日本企業向けのＰＲ映像やパンフレット作成、グアナフアトでのレストラン事業、広島県などの日本産食品のプロモーションなど幅広いサービスを提供している。またイベント企画のエクスポ・ジャパンは、日本酒やラーメンフェスティバル、春祭り、秋祭りなどさまざまなテーマのイベントを定期的に開催し、日本食、日本文化の普及に貢献している。しかし前出のＪＥＴＲＯの調査では、タイ進出日系企業が投資環境上のメリットとして挙げた最多項目が「駐在員の生活環境が優れている」の53・2％であったのに対し、メキシコでは僅か７・９％であった。昨今不安視されている治安の悪さなどの影響もあろうが、メキシコの駐在員の生活環境という点ではまだまだ改善の余地があり、逆の見方をするとこれらサービス関連企業のビジネスチャンスには伸び代があると言える。

最後に、これら日系企業の活動を支える、メキシコ日本商工会議所（カマラ）を紹介しよう。同会議所は、1950年に設立された貿易懇談会を前身にして、会員間の親睦、会員企業の利益の擁護と増進、日墨経済交流の促進への寄与を目的として64年に創設された。メキシコに進出する主要な日系企業が会員となっており、会員数は設立当初の30社から現在では480社を超えるまでになっている。カマラではメキシコでの日系企業のビジネス環境向上を目指し、日墨EPA締結時に設置された「メキシコビジネス環境整備委員会」での日本企業の要望のとりまとめを筆頭に、日本語での各種情報提供、会員間の親睦のイベント、メキシコ連邦・州政府当局へのビジネス上の問題点に対する改善提言など、さまざまな活動を行なっている。最近では北米自由貿易協定（NAFTA）再交渉への会員の関心が高いことから、国際交渉戦略委員会を立ち上げ、メキシコ経済省との定期協議を実施し、会員企業への情報のフィードバックや意見反映を継続的に実施するなど、企業のニーズに即した活動を行なっている。

このように、自動車関連企業の進出に伴い、駐在員やその家族向けサービスの拡充など、日系企業は数・種類ともに大きな発展を遂げている。2019年にはトヨタの新工場の稼働が予定されているなど引き続き新規進出が見込まれる反面、米国トランプ政権の政策や長引いたNAFTA再交渉などにより、その進出スピードにも徐々に影響が出始めている。しかし、ここまでメキシコで存在感を示すようになった日本企業である。今後も底堅い活動の継続に期待したい。

（西尾瑛里子）

50

メキシコに定着した日本の食品・雑貨ブランド

★消費市場を攻略する★

メキシコで最も知られている日本ブランドといえば、まず「マルちゃん」が頭に浮かぶ。「マルちゃん」のインスタントラーメンが、もはやメキシコの国民食とまで言われていることは、読者も一度は耳にしたことがあるのではないだろうか。「マルちゃん」を製造する東洋水産は１９７２年に米国カリフォルニア州に現地法人を設立し、77年より米国でカップ麺の製造・販売を開始した。90年代になるとアメリカに出稼ぎに来ていたメキシコ人の間で話題になり、彼らが大量の「マルちゃん」をお土産として母国に持ち帰ったことから、メキシコで広く知られるようになった。２００４年に東洋水産はメキシコに法人を設立し、本格的な販売に乗り出した。以来、「マルちゃん」は順調に売り上げを伸ばして、現在ではメキシコのカップ麺市場のシェア90％を誇る。

メキシコ国民に「マルちゃん」が受け入れられた理由は、何と言ってもその価格の安さにある。メキシコの主食であるタコスは、屋台を除く平均的な店で一個が10～12ペソ（およそ60～70円）程度で売られているが、「マルちゃん」のカップ麺は１個7～10ペソ（およそ40～60円）とタコスよりも安い。また、お湯を注ぐか、水を入れて電子レンジで温めて食べるという手軽さも人気の理由で、「マルちゃん」はＭａｒｕｃｈａｎという「手っ取り早い」という意味のスペイン語として使われているほどである。今や「マルちゃん」はスーパーやコンビニではもちろんのこと、路上の屋台や長距離バスのターミナルで販売されているほか、災害食、さらにはサッカーや国民的格闘技であるルチャリブレ観戦のお供としてなど、さまざまなシーンで親しまれている。メキシコではチーズ味やチキントマト味などさまざまなオリジナル味が展開されているが、一番人気はえびレモン味である。濃い味を好むメキシコ人向けにしては意外と薄味でさっぱりとした風味だが、これに独自にチリソースやレモンで味付けするのがメキシコ流なのである。このように「マルちゃん」はメキシコの低所得者層であるＢＯＰ市場を中心に幅広い層で受け入れられ、国民食としての地位を獲得した。

スーパーに並ぶ日本ブランドの即席麺
（筆者撮影　2018年）

この「マルちゃん」に対抗するのが日清食品である。日清はメキシコ国内シェアが10％と王者「マルちゃん」に大きく引き離されているが、スーパーやコンビニでは必ずといっていいほど「マルちゃん」の隣に陳列されている。メキシコではラーメンというよりもスープ感覚でカップ麺が食べられていることから、スプーンで食べられるほど麺を短くした「マキシ・ソパ・ニッシン」や、より辛さを強調したハバネロ（唐辛子の一種）味シリーズ、また最近では日本でお馴染みのカップ焼きそばである「ＵＦＯ」シリーズを投入するなど、差別化戦略で追い上げをみせている。

メキシコでもう1つ広く国民的に親しまれているのが、ヤクルトである。１９８１年にメキシコで営業を開始して以来堅調に売り上げを伸ばし、今では日本、中国、インドネシア、韓国に次いで世界で5番目の販売規模を誇る。現在メキシコ国内ではイスタパルカ市とグアダラハラ市の2か所の工場で製造されており、安定的な商品供給がなされている。スーパーの乳製品のコーナーでは必ずヤクルトが大きく棚を占有しているほか、路上の屋台では1本から買うことができる。また日本でお馴染みのヤクルトレディがメキシコでも活躍しており、スーパーやコンビニなどの出店が乏しい地方でも広く販売網を広げている。飲料分野ではヤクルトの他にカルピスも健闘している。メキシコ国内におよそ６００から７００もあるといわれているスシレストランでは、飲み物メニューにカルピスが頻繁に登場する。日本食には日本酒というスタイルが世界では浸透しつつあるが、メキシコではカルピスも日本食のお供に親しまれている。メキシコではプレーン味に加えてマンゴー味も販売されているほか、カルピスカクテルのメニューも豊富だ。

このほか、チョコレート菓子のポッキーが徐々に知名度を上げている。以前は日本食材店やスーパーのオリエンタル食品コーナーなど限られた場所でのみ販売されていたが、最近ではコンビニやカフェのレジ前コーナーなどで陳列されるなど、一般的な菓子として浸透しつつある。

食品から日用品に目を向けてみると、メキシコのスーパーでは昔懐かしい蚊取り線香を見かけることがあるが、この蚊取り線香はフマキラーが販売している。フマキラーは、蚊取り線香以外にも、電熱式マット型やゴキブリ捕獲器、エアゾールなどの商品ラインナップを取り揃えている。

また文房具に目を向けると、ぺんてる、ゼブラ、パイロットなどの日本でお馴染みのメーカーが並ぶ。販売シェアではフランス系のビック社が低価格戦略で圧倒的な首位を誇るが、なめらかな書き味や耐久性などを武器に売り上げ拡大を目指している。

このように日本ではあまり知られていないが、実は日本の食品・消費財もメキシコ市場で大いに健闘している。しかし、オムツなどの衛生用品や洗剤類、調味料など、多くのカテゴリーは軒並み欧米ブランドの牙城である。またアパレル分野でもZARAやH&M、GAPなど、欧米系の流行を採り入れつつ低価格に抑えたファストファッションブランドが主流で、メキシコにおける日本ブランドの存在感は限定的であり、まだまだ参入の余地がある。2018年のメキシコの人口は約1億3000万人で世界11位だが、10年後には1億4000万人で世界9位にまで拡大すると言われており、現在の人口の約半数は30歳未満であることから、国内消費は当面底堅く推移していくことが期待されている。またメキシコの産業構造をみると、製造分野では自動車のイメージが強いが、意外にも食品産業がGDPの約30%とシェアトップを誇る。

メキシコの大手企業といえば、コロナブランドで有名な飲料製造のモデログループ、パン製造のビンボなど軒並み食品産業であるほか、コカコーラ、ペプシコ、ネスレなど海外の大手食品企業も揃ってメキシコでの製造・販売を伸ばしている。ラテンアメリカでは人口が世界5位のブラジル消費市場に注目が集まり、メキシコは製造拠点としてのイメージが強いが、メキシコもれっきとした一大消費市場である。今後メキシコで活躍する日本メーカーの登場に期待したい。

（西尾瑛里子）

51

メキシコの教育市場と躍進する日本企業

★公文式からクイッパーまで★

12章で紹介されている通り、メキシコでは公教育の質の低さが社会問題となっている。政府は教育改革に着手しているものの、未だに抜本的な解決には至っていない。他方、ビジネスとしてのメキシコの教育市場に目を向けると、MBAなどのビジネススキルを学ぶコース、エンジニアリングなど専門分野に特化した職業訓練、語学や資格取得対策など、主に富裕層をターゲットにしたさまざまなサービスが提供されている。また昨今、世界的な広がりをみせているオンライン学習などの教育（Education）にデジタルテクノロジー（Technology）を活用した、いわゆるエドテック（EdTech）市場の成長も著しい。

特に活況なのが英語教育の分野である。米国との関係からメキシコにおける英語学習の需要は非常に高いが、街中ではまだ英語が通じないことが多く、引き続き市場としての伸びが期待できる。都市部を中心に多くの英会話学校が開校しているほか、英語学習用テキストも種類が豊富だ。また前出のエドテックによる学習システムが次々に登場している。英語教育以外では、メキシコには、コルバッチと呼ばれる日本の高卒認定に当たる学力認定制度があるが、このコルバッチ試験対策関連サービスが豊富である。メキシコでは人口のおよそ4割が中学卒業未満と言われているが、彼らに支払われる賃金は総じて低い。しかしコルバッチを取得することで賃金アップが期待できることから、幅広い年齢層が同認定の取得を目指しており、こちらも潜在的市場が大きいとされている。

教育分野への外資系企業の参入も活発だ。教育は国家政策に直結することから、世界的にみると同産業に対する外資規制が厳しい国が多い。しかしメキシコでは、正規の私立学校サービスについては外資参加率が49%を超える場合には外資委員会の承認を要するが、それ以外の教育サービスに対しては一切規制がない。そのため外資系企業にとって参入障壁が低く、メキシコは魅力的な市場となっている。教科書や学習教材の分野では、米国のマグロウヒル・エデュケーションや英国のピアソン、スペインのサンティジャーナなどの大手出版社が揃ってメキシコ市場に参入している。エドテックの分野では、米国の非営利団体であるカーン・アカデミーが米国で開発された学習システムにスペイン語字幕をつけて無料で提供しているのを筆頭に、同じスペイン語という言語のメリットを活かしたスペインのアプレンダムやグルーポ・セテオが、オンライン学習分野で進出している。

幼児・児童教育の分野では、日本でお馴染みの公文式が広く浸透しており、高い評価を受けている。1991年にメキシコ進出を果たした公文式は、フランチャイズ方式により算数と読解の教室を展開して以来、約四半世紀の歴史を誇る。その独自の学習システムはメキシコ人にも非常に好評で、現在385の教室に3~4万人規模の生徒を擁し、メキシコで最も成功したフランチャイズビジネスの1つと言われている。

しかし公文式を含め民間企業が提供する大半の教育サービスは主に富裕層向けであり、公教育しか受けることのできない中低所得者層には手が届かないのが現状だ。このような状況の中で中低所得者層を顧客ターゲットに絞ってビジネスを展開するのが、クイッパーである。クイッパーは、リクルートマーケティングパートナーズの子会社、クイッパー社が展開する海外向けのオンライン学習サービスである。クイッパーの創業者である渡辺雅之氏は、学生時代にNPOの難民キャンプに滞在した際、生まれ持った貧富の差がその人の人生に与える影響が取り返しのつかないレベルにある現実を目の当たりにし、この不平等を解決したいという思いを胸にクイッパー社を創業した。インドネシア・フィリピンなどを皮切りに世界各国にサービスを展開していくなかで、2015年2月に進出したのがメキシコである。メキシコの公立学校では高校受験と大学受験という2つの大きな試験があり、高校受験は首都メキシコ市だけで約33～35万人が受験する。高校受験でメキシコ国立自治大学（UNAM）や国立工科大学（IPN）の傘下にある上位の公立高校に入学できると、卒業後には授業料がほぼ無償となっている国立大学までストレートで上がることができる。そのため教育に関心の高い中低所得層は、これらの高校に子弟を入学させたいと望む。しかし高校受験対策の学習塾に入ろうとすると、およそ6000～7000ペソ（およそ3万6000円～4万2000円）もの授業料がかかるため手が出ない。また学習塾がある地域も限られており、物理的に塾通いをすることができない場合も多い。しかしクイッパーでは、一般的に受験対策に必要な期間である6か月間、1200ペソ（約7000円）という低価格で授業動画をいつでもどこでも、何度でも視聴することが可能である。またクイッパーは、パソコンやタブレットのみならず、低所得層でも比較的普及率が高いスマートフォンさえあれば受講が可能であり、視聴のための通信容量を最低限に抑える工夫もされている。実際、2017年9

月に発生した地震の際にはメキシコ市でも校舎が使えなくなった学校が多数あったが、授業が受けられない期間の補助的役割にも機能を発揮した。

前出の通り、エドテック分野には多くの企業がサービス提供に乗り出しているが、公立高校受験対策に絞ったコンテンツを低所得者層向けに低価格で提供しているのは、メキシコではクイッパーのみである。また多くのエドテック企業では、学習システム自体を売ることに主眼を置いているが、クイッパーでは販売後のカスターマーサポートを重視しており、日本流のサービスも垣間みられる。現在公立高校受験対策では、メキシコの学習塾運営のコナマットがトップであるが、クイッパーは進出から僅か3年で業界第2位にまで上り詰めた。クイッパー・メキシコ社カントリーマネージャーの鈴木維氏は「メキシコ市では高校受験を目指す生徒のおよそ60%が何らかの学習サービスを利用し、対策を行なっているが、残りの40%は未開拓だ。これらの市場を開拓して業界トップを目指すと共に、今後は大学受験対策などへのビジネス拡大も検討していきたい」と意欲的なビジネスの展望を示してくれた。メキシコで社会解決型のユニークなサービスを提供する日本発のクイッパーの今後の展開が楽しみだ。

（西尾瑛里子）

クイッパーのビデオを使った授業風景
(©2018 Quipper Ltd. All Rights Reserved)

52

注目が集まる日本のポップカルチャー

★市場規模の拡大と課題★

日本のポップカルチャーは映像・音楽・漫画などの大衆文化を指し、日本のみならず全世界で注目を浴びている。ポップカルチャーは日本の経済成長を実現するブランド戦略「クールジャパン」においても重要な資産であると考えられている。メキシコ国内でも他国と同様に、日本のポップカルチャーの認知度が年々高まっており、一般層への浸透が進んでいる。

１９９０年代には日本アニメの代名詞ともいえるドラゴンボールやセーラームーン、聖闘士星矢《セイントセイヤ》がメキシコの地上波で放送され、日本のアニメ文化はメキシコで広く認知された。その後、インターネットを通じて多くの人々が日本のアニメを視聴し、熱狂的なファンであるオタク層が急増してメキシコ人コスプレイヤーが誕生し、メキシコ市内ではメイドカフェが開店したことで多くの人々が訪れた。メキシコ国内各地で年間を通じて日本のポップカルチャーに焦点を合わせた大型イベントも開催されており、また日本映画祭の開催数や開催都市は増加している。ケレタロ市内で２０１７年５月および２０１８年４月に実施された世界中のアニメコンテンツに関するイベント「ＣＯＮＱＵＥ」には5万人が来場し、当イベントでは日本のポップカルチャーのフロアが設けられ、多くのファンで賑わった。メキシコおよびスペイン語圏における最大の民間放送局であるテレビサが日本アニメに特化したチャンネルを２０１８年の夏季より設置することを当イベント内で発表し、「ソードアート・オンライン」など日本国内でも人気を博するアニメが放送される予定である。

映画「この世界の片隅に」の公開イベントには山田彰大使（左端）も参加した。
（在メキシコ日本大使館提供　2017年）

第40回日本アカデミー賞最優秀アニメーション作品賞を受賞した映画「この世界の片隅に」のプレミア公開イベントが、２０１７年2月にメキシコ市内およびグアナファト州内の複数都市で開催された。このイベントには片渕須直監督をはじめ、プロデューサーの真木太郎氏や主演声優である「のん」らもメキシコを訪れ、多くのメキシコ人が熱狂した。この映画は第二次世界大戦時の広島を舞台にしたもので戦争をイメージさせる内容であったにもかかわらず、メキシコ全土の映画館「シネメックス」で２０１７年公開された後、メキシコの映画誌『シネプレミエ』ではこの映画を２０１７年ベスト映画第一位に選出するなど、多くのメキシコ人に受け入れられた。

以前はメキシコにおける日本のポップカルチャーである映画・音楽・アニメ・ゲームなどのイメージは「アニメ」に限られていたため、一部の熱狂的なオタク層のみがターゲットであったことから、市場規模が限定的であった。しかし近年は映画「この世界の片隅に」や日本のホラー映画「呪怨《じゅおん》」シリーズ、ヒューマンドラマなどがメキシコの映画館やネット配信で放映されて人気を博していることから、幅広いジャンルの映像作品がメキシコ国民に受け入れられる時代となっている。また日本貿易振興機構（JETRO）は積極的にメキシコ国内の配給会社をアニメや日本コンテンツの見本市や商談会に招待しており、今後さらに日本の映像コンテンツ業界のメキシコにおける商機は増加すると考えられる。

また日本人アーティストのメキシコ公演数も年々増加している。アイドルグループの℃-ute《キュート》は2016年と17年にメキシコで公演を行ない、約2000人が来場した。17年にはメキシコ国内で日本人アーティストのライブが毎月実施された。また同年12月には人気アイドルグループAKB48がメキシコの民放テレビが制作するドラマ番組に所属メンバーである入山杏奈を出演させることを発表するなど、ますますアイドルグループやアーティストの日本とメキシコ間の交流や進出が期待される。

ただし、日本のポップカルチャーの勢いを凌駕するものが存在する。日本の隣国、韓国である。韓国の人気アイドルグループのビッグバンは2015年にメキシコ公演を行ない、1万5000人を集客した。また17年には韓国のカルチャーフェスティバル「KCON」が開催され、多くのメキシコ人が訪れた。また韓国の4人組アイドルグループであるブラックピンクの楽曲「AS IF IT'S YOUR LAST」ではiTunesのシングルチャートでメキシコ国内4位、同じスペイン語圏であるアルゼンチン、グアテマラ、ホンジュラス、ペルー、コスタリカでは1位を獲得した。K-POPの世界発信に対し、韓国政府の支援が積極的になされていることは事実だが、K-POPがメキシコで大衆に受け入れられた理由の1つとして韓国ドラマの地上波放送が挙げられる。韓国の企業と政府は自国のドラマ番組の配給による営利獲得を目標とせず、地上波放送を通じて韓国に対する興味や関心を広げることを狙ってドラマや番組の配給と放映を大規模に行なっている。またユーチューブなどの無料動画閲覧サイト上での映像配信に積極的で番組やライブ映像などを提供していることが、メキシコ国内での認知度の向上に大きくつながっている。

一方、新興国を中心としたその他の国々と同様に、メキシコ国内では海賊版の商品や違法動画サイトが横行している。これらの現状は民間企業にとって大きな悩みであり、進出を検討する企業の障壁となっている。海賊版ＤＶＤの存在や違法ダウンロードを通じた無料動画閲覧サイトによる映像データの漏洩《ろうえい》は、正規版の商品販売数が増加しないことや合法的な有料動画サイトへの登録者数が伸び悩む原因ともなっている。ポップカルチャーに関連する企業にとって大きな収益源となる物販事業の促進を妨げるこれらの問題については、民間企業のみならず政府や団体による解決に向けた施策が必要である。これらの問題が緩やかにでも解決に向かえば、民間企業のメキシコ進出がいっそう促進され、日本のポップカルチャーがメキシコでより広く浸透する契機となるであろう。

２０１０年前後から日本の自動車関連企業のメキシコ進出が急増し、メキシコ国民の日本に対する興味と関心が強まっている２０１８年現在こそ、日本のポップカルチャーの浸透と関連企業のメキシコへの進出の絶好機であろう。メキシコ向けに翻訳・吹替を行なった作品はラテンアメリカの他のスペイン語諸国に配給することができる。メキシコでの公演に加えて米国やラテンアメリカ諸国へのツアーを実施することによって商圏が拡大し、日本のポップカルチャーがラテンアメリカ諸国にいっそう広がることであろう。

（西側赳史）

53

メキシコにおける日本映画ブーム

★ラテンアメリカ地域への拡大の期待★

世界のコンテンツ市場の潮流を俯瞰《ふかん》すると、NETFLIXなどのオンラインストリーミングやケーブルテレビの台頭により、映画館での映画観賞は縮小傾向にあるが、メキシコはむしろ拡大の一途をたどっている。メキシコにおける2017年の年間映画観賞券売上枚数は、メキシコ映画産業会議所（CANACINE）によると約3億4800万枚で、インド、中国、米国に次いで世界第4位であり、メキシコの人口が約1億3000万人で世界第11位であることを考慮すると非常に多いと言える。映画観賞券の平均価格が40〜60ペソ（約240〜360円）と安価であることはもちろんだが、最新の音響や3D、4D上映設備が完備されていることも人気の一因と言える。

特筆すべきはVIP専用のプレミアムルームだ。こちらは広々とした革張りのリクライニングシートが採用されており、専用のバーコーナーのほか、上映前にはウェイターが食事や飲み物をシートまで運んできてくれる。こちらのチケットは145ペソ（約870円）と一般のチケットに比べて高価ではあるが、このサービスはメキシコ人に非常に人気が高く、週末ともなればデートを楽しむ若者カップルですぐにシートが埋まる。

このようにメキシコでは、映画観賞が立派な娯楽の1つとして受け入れられている。

この活況のメキシコ映画市場においてここ数年製作の日本映画がブームとなっている。これまでのメキシコにおける日本の映像作品といえば『コメットさん』『ドラゴンボール』『キャンディ・キャンディ』など古くから人気のある作品か、または一部熱狂的なファン層が支持するアニメ作品のどちらかであり、一般的に広く認知されているものではなかった。しかし昨今メキシコの映画館で日本映画が相次いで上映されている。表6は、2016年以降にメキシコで開催された日本映画に関する主なイベント一覧である。特に注目すべきはメキシコ国内のシネコン2大チェーンであるシネポリスとシ

〈表6〉2016年以降に開催された主な日本映画イベント一覧

名　称	上映タイトル
コンニチワ・フェスティバル2016	『楽園追放 ── Expelled From Paradise』、『ペルソナ3 The Movie #2』、『心が叫びたがってるんだ。』。
プリメラ・セマナ・デ・シネ・ハポネス	『映画 暗殺教室』、『ホットロード』、『好きっていいなよ』、『小さいおうち』、『クレヨンしんちゃん──オラの引越し物語』、『プランゼット』他。
アニフェスト・ベラーノ2016	『スシポリス』、『Missing K』、『劇場版 天元突破 グレンラガン 紅蓮篇』、『IA PARTY A GO-GO』。
グアナフアト国際映画祭（招待国日本）	『日本の一番長い日』、『地獄で何が悪い』、『喰女』など70タイトル以上。
プリメラ・マツリ・デ・シネ・ハポネス	『クリーピー』、『残穢』、『おしん』、『東京物語』、『劇場版 ウルトラマンX』、『あらうんど四万十』他。
アニフェスト・インビエルノ2016	『星を追う子供』、『劇場版 天元突破 グレンラガン 螺巌篇』、『GANTZ:O』。
プリメラ・アーケード・アニメ・フェスティバル	『魔女の宅急便』、『デスノート Light up the NEW world』、『ハイ☆スピード！Free! Starting Days』。
セグンダ・マツリ・デ・シネ・ハポネス	『こどもつかい』、『東京喰種トーキョーグール』、『銀魂』、『AKIRA』、『アイアムアヒーロー』、『くも漫。』他。
コンニチワ・フェスティバル2018	『暗殺教室 卒業編』、『ミックス。』、『帝一の國』、『夜は短し歩けよ乙女』他。

（報道などを基にJETRO作成）

ネメックスが2016年に相次いで本格的な日本映画祭を開催していることだ。これまで映画館で日本映画が取り上げられるのはアニメ作品がほとんどであったが、これらの映画祭では日本でも話題となった最新のホラーやラブストーリーなどが名を連ねた。またアニメ作品のラインナップも、マニア向けばかりではなく青春ものやヒューマンドラマなど一般向けの作品が並ぶ。メキシコで日本映画の配給を行なっているケム・メディアのカルラ・ブラボ氏によると、フランスやイタリアの映画祭よりも日本映画祭の集客力が高く、今後も伸びが期待できるとのことである。ブラボ氏は「日本映画はメキシコ人にとって目新しいので、その効果もあって注目を集めているが、メキシコ人にとって日本がなじみ深いものになりつつあるのも要因の1つだと思う」と語る。

メキシコが日本の自動車関連企業の進出先として注目を集めているのは周知の通りである。自動車関連の部品企業が毎年数多く進出しており、外務省の海外在留邦人調査統計によれば、17年時点の在メキシコ日系企業数は1182社、在留邦人数は1万1211名となっている。12年の調査時には進出日系企業数は546社であったことから比較すると5年で2倍以上に増加した。物理的な日本人の増加とともに、本格的な日本食レストランも相次いでオープンし、また全日空の直行便就航によるメキシコ人の日本への旅行者数の増加など、日本がメキシコ人にとって少しずつ身近なものに変貌しつつあり、この動きが日本映画への関心の高まりに結びついていると考えられる。

2017年に入ると「映画祭」と称した期間限定の上映から、集客の見込める作品に絞った商業上映が増えてきており、日本でも話題となった『シン・ゴジラ』『君の名は』『この世界の片隅に』などが単独上映された。メキシコで日本映画の配給を手掛けるマドネスエンターテイメントのヘスス・ロドリゲス氏は、「集中的に日本映画祭が開催されたこともあり、日本映画はここ数年で存在感を増してきた。十分に利益の見込める映画作品として受け入れられつつある」と評価する。17年3月よりメキシコで上映された『劇場版 ソードアート・オンライン』は、週末興行収入ランキングの9位にランクインする快挙となったほか、17年夏にシネメックスで開催された日本映画祭で上映されたゾンビホラー『アイアムアヒーロー』は期間中好評であったことから、ロングランで再上映されている。

興味深そうにポスターを眺めるメキシコ人夫婦
（筆者撮影　2016年）

メキシコ以南のラテンアメリカ地域は、ポルトガル語のブラジルと一部の英語圏の国々を除き、大半がスペイン語圏である。そのため、一度スペイン語の字幕や吹き替えを付けてしまえば、そのコンテンツをラテンアメリカ地域全域に横展開させることが可能である。メキシコのシネコン運営最大手であるシネポリスは、メキシコ国外にもコロンビア、パナマ、コスタリカなど5か国で11の映画館を運営しているほか、前出の『劇場版 ソードアート・オンライン』のメキシコでの配給を手掛けたケム・メディアは、同作品についてアルゼンチン、チリ、コロンビア、ペルーなどラテンアメリカ地域9か国での配給を実現させた。このようにメキシコにおける日本映画人気は国内にとどまらず、メキシコを入り口としたラテンアメリカワイドの広がりをみせている。

（西尾瑛里子）

54

日本を目指すメキシコ企業

★進出企業の取り組みと現況★

メキシコの農林水産省（ＳＡＧＡＲＰＡ）は、東京都内で毎年３月に開催されるアジア最大級の食品・飲料専門展示会「フーデックスジャパン」への参加を希望する企業に対して渡航費用や出展費用の補助を行なっており、日本への販路開拓を後援している。商社や卸売業者が参加して生産者側との商談を連日行なうフーデックスジャパンに、メキシコ国内からも毎年１００社以上の企業がＳＡＧＡＲＰＡからの支援を受けて参加している。

外食企業であるワタミは２０１６年にメキシコ料理に特化した新業態「テクスメクス・ファクトリー」の運営を開始した。オーストラリア資本の企業でメキシコ料理店をオーストラリアとシンガポールで運営するグスマンイゴメスは２０１５年に東京に進出し、現在は表参道や渋谷などで4店舗の経営を行なっている。アメリカやカナダなどで50店舗以上を展開するクロニックタコスは18年3月に東京の銀座で1号店を開店した。日本限定のタコス「黒毛和牛すき焼きタコス」を提供するなどして日本人顧客の獲得と店舗展開の実現に向けた努力をしている。世界で７０００店舗以上を展開する米国発のメキシカン・ファストフードのタコベルは15年4月に東京都渋谷区に1号店を開店し、現在は東京都内で複数店舗を運営している。メキシコ料理を提供する店舗が直近の数年間で急増していることからわかるように、メキシコ料理が日本で注目されつつある。しかしメキシコ資本の外食関連企業自体は、日本に進出していないのが現状である。

一方、キッザニア社とアエロメヒコ社は日本国内で事業展開を行なうメキシコ企業の代表格である。キッザニアは、メキシコ市生まれのハビエル・ロペス氏が１９９７年に創業した子供向けの体験型商業施設を展開する多国籍企業である。２０１７年現在19か国に拠点を有し、現在も事業展開を続けている。日本では東京都の豊洲と兵庫県西宮市の2か所に商業施設を運営しており、06年に開設した東京の施設はキッザニアにとって海外拠点の第1号となった。キッザニアの海外事業部長であるパトリシア氏によると、日本が海外拠点の第1号となった理由は市場の魅力に加え、日本での営業権利を取得したフランチャイジーであるキッズシティー・ジャパン社の代表を務める住谷栄之資氏のキッザニア事業に対する共感や熱意が大きく起因しているという。フランチャイジーを介してメキシコ国外へ事業展開を行なう際には、メキシコ国内のキッザニア本社はキッザニアの事業概念や役務提供内容を尊重すべく、オペレーションやマーケティングおよび内装などについて詳細を記載したガイドラインと契約書の準備および履行を入念に行なっている。例えば、

2018年の「フーデックスジャパン」に出展したメキシコの企業と生産者
（メキシコ貿易投資促進機関プロメヒコ提供）

アジア地域統括の責任者を本社からマレーシアへ派遣すると共に日本市場の管轄を行なう社員を大阪に駐在させることで、フランチャイジーの活動や施設運営管理を統括責任者や駐在員が行なっている。

アエロメヒコ社はデルタグループに属するメキシコを代表する航空会社である。メキシコ市国際空港を拠点として610便以上を毎日運航させている。アエロメヒコ社は2010年に東京都に支店を開設し、成田―メキシコ市間の直航便を年々増便し、2017年3月より同区間の運航を毎日行なっている。支店の開設を行なう2010年までは日本地区の総代理店を通じて航空券の販売などを行なっていたが、マツダやホンダなどの自動車関連企業がメキシコへ進出したことによる渡航者の急増を契機として、日本支社を設置した。代理店経由ではサービスの認知や利用者の確保につながらないと判断し、「アエロメヒコ」の理念や役務内容を理解する社員を育てながら、日本国内でのサービスの拡大に取り組んでいる。日本支社は本社のメキシコ人幹部が出向する中国支社の管轄となっているため、日本支社の社員はメキシコに加えて上海へ出張する機会が多いとのことだが、メキシコから本社の幹部役員が年に数回ほど日本支社を訪れる。メキシコ資本の企業であることが理由で日本での企業活動に影響が生じたことはないとのことだが、マスメディア等を通じたメキシコの「危険」なイメージによって営業活動を行なう上でさまざまな苦労が生じているという。メキシコのイメージ向上が日本における同社サービスの拡大につながることは確かであるが、企業活動のみではこれらの改善につながらないと考えた同社はメキシコ外務省やメキシコ貿易投資促進機関「プロメヒコ」などへ協力を依頼し、メキシコの印象を改善させるようなイベントの開催や情報発信に積極的に取り組んでいる。

メキシコ国内の製造業や卸売関連の企業も日本に支社を設けている。メキシコの自動車用アルミ・

樹脂部品メーカーであるボカール社は2015年に日本法人を立ち上げ、横浜市内に開発拠点を設けた。フッ素系冷媒の製造および販売を行なうメキシケム・ジャパンは東京都内に本社を構え、広島県に生産拠点を設けてアジア太平洋各国向けに商品の販売を行なっている。ボカール社は元来英国企業イネオスグループの会社であったものの、2010年よりメキシケム・ジャパンの傘下に入っている。1969年にシナロア州で誕生したスカルネは2004年に日本向けにメキシコ産牛肉の輸出を開始し、12年に日本法人を設立して16年度の売上は57億円を超えた。プロメヒコの関係者によると、日本へ既に進出しているメキシコの大手企業による企業活動は順調で、今後はメキシコ国内の中小企業あるいは個人事業主の日本進出が増加する見通しであることから、製造業や卸売業のみならず飲食や娯楽などにかかわる企業の進出が見込まれている。しかし他方で、メキシコ人の若手起業家が日本のベンチャーキャピタルから投資を受けてスマートフォン向けの動画アプリ事業を行なってきたものの、2018年初頭に廃業し、日本からメキシコへ帰国した。日本とメキシコの友好関係を活かし、メキシコのベンチャー企業に対して日本への誘致や事業サポートを十分に行なうことで、多様な分野で企業間の交流や進出が今後より生まれることが望まれる。

2018年現在、日本に進出するメキシコ企業同士が定期的に情報交換を行なう機会は公式、非公式ともにない。日本に進出するメキシコ資本の企業やそこで働く人々の交流が活発化し、政府機関の後押しを受けて今後さらにメキシコの企業が日本に進出することで両国間の更なる良好な関係の構築につながることを期待している。

（西側赳史）

コラム8

本格派日本食レストランで成功するメキシコ企業

西尾瑛里子

これまでメキシコにおける日本食レストランといえば、日本人駐在員が足繁く通う日本人向けの店か、高度に現地化したマンゴーロールなどを提供する寿司チェーン、また40年以上続く老舗レストランのサントリーで有名な高級鉄板焼き店などであった。しかしここ数年で日本人シェフが腕を振るう非常にクオリティの高い日本食レストランの開店が相次いでいる。中でも、メキシコ人オーナーが展開するエド・コバヤシグループがいま注目を集める。

エド・コバヤシグループは2013年に寿司を中心とした海鮮居酒屋「ROKAI」をオープン。オープン当初は予約の取れない店として大きく注目を浴びた。そのオープンから数か月で隣に炉端焼きとラーメン専門店の「ROKAI　RAMEN」をオープン。その後の拡大も目覚ましく、檜《ひのき》のカウンターが美しい高級寿司の「SUSHI　KYO」、高級焼き鳥専門店の「HIYOKO」、日本酒立ち飲みバーの「Le Tachinomi Desu」を立て続けに開店。また最近ではグアダラハラやサンタフェにも寿司店をオープンしている。

メキシコ人で毎晩賑わうROKAI（ROKAI 提供）

エド・コバヤシグループの強みは、徹底した本格的な和食へのこだわりと、メキシコ人ならではのスタイリッシュな店舗デザインにある。寿司ネタは市場で仕入れるのではなく、エンセナダやベラクルスからの直送のものを利用。シェフはロサンゼルスやマイアミで腕を振るっていた日本人シェフをリクルートし、本物の味にこだわっている。若くして海外で活躍するシェフに1つ1つ丁寧に握られた寿司は、日本の平均的な寿司店よりもレベルが高いと思えるほどだ。一方、店構えはというと、和のテイストを敢えて排除した、スタイリッシュでモダンなデザインだ。それもそのはず、エド・コバヤシグループがターゲットにするのは日本人ではなく若いメキシコ人富裕層なのだ。

メキシコ料理はその歴史が古く、世界遺産に登録されるほど豊かに発展してきたことから、メキシコ人の食の好みは保守的と言われてきた。イタリアンやフレンチ店なども数多く存在するが、どの料理にもメキシコ料理のテイストが微妙にミックスされることが多い。日本食レストランでも、レモン味の醤油や唐辛子が乗った寿司など現地化した味を提供する店が今でも多数を占めている。しかし最近の若いメキシコ人富裕層は外国によく旅行をしており、ニューヨークやロサンゼルスなどで本格的な和食に触れる機会が増えた。中には、あの有名な寿司店「すきやばし次郎」に行なったことがあると自慢してくるメキシコ人もいるほどだ。エド・コバヤシグループのレストランの客はこのような本物の味を知ったメキシコ人をターゲットにしている。店の規模は各店舗平均20人程度と小ぶりなサイズであり、店の看板を出さないことで、特別な隠れ家感を演出している。また店のPRもSNSの発信と口コミに絞っており、違いのわかる本物志向のメキシコ人のプライドをくすぐる。最近では評判を聞きつけたアメリカ人が、週末を利用してわざわざその寿司を食べに訪れることもあるという。この戦略が功を奏し、各店舗とも強気の価格設定をしていながら、今でもメキシコ人のお客で毎晩満席の賑わいをみせている。

メキシコ日系社会の中心「日墨《にちぼく》会館」

日墨会館の入り口（国本伊代撮影　2018年）

日墨会館内の日本商品を並べた雑貨店（国本伊代撮影　2018年）

IX

魅惑の文化大国
メキシコの姿

55

魅惑のメキシコ

★35の世界遺産を持つ国★

メキシコは世界屈指の観光国である。文化遺産27件、自然遺産6件、複合遺産2件の計35件がユネスコ世界遺産に登録され、他の伝統文化、食文化、民族舞踊や音楽とならんでメキシコ観光資源の一翼を担っている。コルテスによるアステカ帝国の滅亡（1521年）以降300年に及ぶ植民地時代、イダルゴ神父による独立運動（1810年）からメキシコ革命（1910年）を経て現在にいたる各時代のメッセージを今に伝えている。

スペイン征服前のメソアメリカ古代文明の遺跡や建造物はみる者を圧倒する。メキシコ市では、ソカロ広場の一角に残る、アステカ族の部族神ウィツィロポチトリと雨の神トラロックを祀るテンプロ・マヨール（大神殿）の遺構が往時を偲ばせる。征服者コルテスの従軍記録者ベルナル・ディアスは「天を仰ぐ塔、大神殿、大建造物が水中にそそり立ち……兵士たちのなかには、これは夢ではないかとわが目を疑う者もいた」と、目の当たりにしたときの感動を綴っている。人口20万人を擁した夢幻の都の郊外には、現在では水郷ソチミルコ（ナワトル語で「花畑」）として市民が舟遊びに興じる憩いの場になっているが、青々としたチナンパ（湖上に造成された畑）が果てしなく広がり、花が咲き乱れ、小舟が行き交う湖上の都テノチティトランはこのうえもなく美しい都であったに違いない。

太陽のピラミッドと月のピラミッドを配置した、「神々の集う場所」を意味するアメリカ大陸最大規模の「テオティワカン遺跡」もその1つだ。この遺跡は「月のウサギ神話」のルーツでもある。メキシコ南部に位置する、オアハカ盆地の近郊、白い花が咲き誇るモンテ・アルバンと呼ばれる丘陵地に建設されたサポテカ文化の壮麗な「モンテ・アルバン考古遺跡」も訪れたい。

ユカタン半島に足をのばせば、密林に栄華を極めたマヤ遺跡「パレンケ」がある。華麗な建造物のなかでも天体観測用の高楼を配した宮殿はひときわ美しい。神聖文字で碑文を刻んだ碑銘の神殿の壮麗さには息を呑む。半島北部の聖なる泉セノーテを中心にイツァ族が興した「チチェン・イッツァ」はマヤ最大規模の古代都市遺跡だ。カラコル（カタツムリ）と呼ばれる天体観測所では太陽・月・金星の運行、春分・秋分の日没や月没が観測されていた。羽毛の蛇神ククルカンを祀り、マヤ暦を具現するエル・カスティーリョはとりわけ美しい。春分と秋分の日の午後、中央階段には黄金色に輝くククルカンが天空から舞い降りる姿が映し出される。霊界へと降りてゆく「ククルカンの降臨」を表わす、古代マヤ人が自らの営為を刻む壮大な叙事詩だ。そこからほど近い都市遺跡「ウシュマル」も見逃せない。小人の魔法使いが一夜にして建造したといわれる魔法使いのピラミッドは圧巻である。

植民地時代を代表する世界遺産には、新大陸貿易の港町ベラクルスとメキシコ市を結ぶ要衝の地として、プエブラ・デ・ロス・アンヘレス（天使たちの町）の名で建設され、郷土料理モレ・ポブラナでも知られる「プエブラ歴史地区」がある。その他、銀山の町として栄えた「グアナフアト歴史地区とその銀鉱群」や、ボリビアのポトシ銀山と並んで2大鉱山といわれた銀鉱が開発され繁栄した「サカテカス歴史地区」、独立運動の指導者ホセ＝マリーア・モレーロスに由来する、スペイン・ルネッサンスが花開いた「モレリア歴史地区」、独立運動の戦端を開いたケレタロ行政長官ミゲル・ドミンゲスとその妻オルティスが活躍した「ケレタロ歴史地区」などがある。

メキシコ市南部のメキシコ国立自治大学のオゴルマン作の壮大なモザイク壁画で知られる中央図書館や、巨匠シケイロスの立体壁画を配した中央キャンパスも見逃せない。「バラの都」としても知られるメキシコ第2の都市グアダラハラの歴史地区には、メトロポリタン大聖堂、ギリシャ神殿を彷彿させるデゴリャド劇場、世界遺産「オスピシオ・カバーニャス」がある。現在は「カバーニャス文化センター」になっているが、ルイス・デ・カバーニャス司教の命によって1843年に完成した孤児院で、オロスコの壁画「炎の人間」はみる者を圧倒する。世界遺産でもあるグアダラハラ近郊の「テキーラの産業施設とテキーラの原料になるリュウゼツラン畑の景観」を訪ね歩くのも貴重な体験である。

2015年に登録された「テンブレケ神父の水道橋水利施設」は、一説によれば征服後間もない1554年から71年にかけて、フランシスコ会修道士フランシスコ・デ・テンブレケの指導の下、先住民の日干しレンガ（アドベ）を建材に用い、ピラミッド神殿建造技術を駆使した、いわば古代ローマの叡智とメソアメリカの伝統技術を融合させて建造された、全高39・65メートル、一層構造のアーチ橋としては世界一を誇る水道橋として高く評価されている。

自然遺産では「オオカバマダラ生物圏保護区」が際立つ。蝶の帝王モナーク蝶（マリポーサ・モナルカ）と呼ばれるオオカバマダラの大群がアメリカやカナダの各地から越冬地を求め、中西部ミチョアカン州のチンクア山一帯に飛来する。体長10センチメートル、体重0・5グラムの蝶が挑む5000

キロメートルにおよぶ長旅は、人間が徒歩で地球を11周するのに等しい「驚異の渡り」だ。村人は、11月1日からの「死者の日」の頃にきまってやって来る蝶が、死者の日に供える花と同じだいだい色の美しい羽に死者の魂をのせて戻ってくると信じ、丁重に迎える。冬を越し、春になると北米を目指し3～4世代にわたり帰る蝶たちの命の営みに感動を覚える。バハカリフォルニア半島のはるか太平洋上に浮かぶ「レビリャヒヘド諸島」も見逃せない。豊かな海域が、巨大なマンタや体長20メートルにも達する世界最大のジンベエザメのほか、多くの固有種の生物が生息するかけがえのない「大洋の贈り物」である。

複合遺産では「カンペチェ州カラクムルの古代マヤ都市と熱帯保護林」がある。遺跡の周辺には鬱《うっ》蒼《そう》と生い茂る熱帯林が拡がり、絶頂期には人口約5万人を擁した、グアテマラのティカル遺跡と並ぶマヤ古典期を代表する都市遺跡である。

タスコのサンタプリスカ教会を望む
（国本伊代撮影　2017年）

世界遺産とは別に、メキシコ政府観光局が推進する「プエブロ・マヒコ」（魅惑の町）がある。現在まで111の自治体が選出されているが、植民地時代にサンタプリスカ教会を中心に「銀の町」として栄えたタスコ、バスコ・デ・キロガ神父がトマス・モアのユートピア建設を実践したパツクァロ、軍事国家アステカ王国の「鷲の軍団」と「ジャガーの軍団」の戦士たちの修練の場でもあったマリナルコは是非訪れたいプエブロ・マヒコである。すべてがメキシコの時代を経て受け継がれてきた「時の記憶」である。

（柳沼孝一郎）

56

悠久のメキシコ食文化

――★ユネスコの無形文化遺産に登録されたメキシコ料理★――

メキシコ料理は、フランス料理と並んで2010年11月16日に、世界で最初の無形文化遺産の料理としてユネスコに登録された。世界文化遺産を紹介するホームページでは、「伝統的なメキシコ料理は、農業・儀礼慣習・実用知識・調理技術といった古来より連綿と続く社会の生活様式を理解することのできる完全な文化モデルである」と紹介されている。

「メキシコ人はトウモロコシから生まれた」という文句がある。このようにメキシコの文化は、アジアの文化が歴史的に稲作と密接なかかわりを持っているのと同様に、トウモロコシに依存して発達してきた。メキシコの大地に暮らす人々は、16世紀はじめにスペイン人が到達する遥か昔の神話の時代から現代にいたるまで、トウモロコシと深く結びついた生活をしてきたのである。古代メソアメリカ地域の住民が消費していたカロリーの75％はこの穀物から摂取されていたという研究がある。約7000年前にはすでに栽培されていたトウモロコシは、昔も今もメキシコ人の主食であると同時に、メキシコ文化の重要なアイデンティティの1つであり続けている。そして現在では、メキシコを原産地とするトウモロコシは南北アメリカ大陸に広

トウモロコシをベースにしたタコス
(Photo AC 提供、mai818撮影)

く伝播しただけでなく、世界中に広まっている。

実は、メキシコは２００４年に「トウモロコシの民――メキシコの伝統料理」という宣言文をユネスコに提出していた。しかしこのときには提出資料に不備があり、またユネスコ側にも食文化を無形文化遺産として登録する基準がなかったために却下された。しかしその後ユネスコの無形文化遺産としての登録の道が開かれ、現代に至る数千年にわたり培われたトウモロコシと豆類とトウガラシからなるメキシコ料理の基礎となる食材の栽培から調理にいたるまでの過程およびメキシコ料理がその地域に生きる人々の生活慣習といかに結びついて発展してきたかという実証的解説が決め手となって登録が認められた。現在でもトルティーリャに代表されるすりつぶしたトウモロコシの生地を練って焼いたパン類、生地を練ったものをバナナやトウモロコシの葉に包んで蒸したタマルと呼ばれる蒸団子、フリホールと呼ばれる煮豆は、メキシコのみならず広くラテンアメリカ各地の食生活に残っている。しかしメキシコ料理の特徴は、16世紀以降に持ち込まれたスペイン、フランス、アラブ地域やアジア各地など地球上のさまざまな地域の食文化を取り込みつつも、古来の料理の独自性を失うことなく外来文化と融合しながら食文化を形成してきたことにある。

先スペイン時代からすでにマゲイ(リュウゼツラン科の植物)、カカオ、アボカド、カボチャ、バニラなどが食材としても用いられていた。七面鳥やショロスクィントレと呼ばれる体毛のない食用犬が飼われ、蛙や蛇類、ウィトラコーチェと呼ばれるトウモロコシに着く菌糸類まで調理する。また一方でイナゴ、イモムシ、カメムシ、羽蟻などの昆虫類を食べる伝統も健在である。現在でもメキシコは、世界有数の昆虫の消費国の1つで、イナゴの一種やカメムシやイモムシ類などがメキシコ南部を中心に広く消費されている。高タンパク・不飽和脂肪酸・鉄分・カルシウム・ビタミンなどの栄養素が豊富な優良食品であり、市場などで気軽に入手できる。

メキシコの食文化は実に幅広い。古来からの食材に加えて、16世紀はじめのスペイン人の到来まで新大陸には存在していなかった牛・豚・山羊・鶏などの家畜類、ブドウ・タマリンド・マンゴー・オレンジなどの果物、コメ・コムギなどの穀類が取り込まれ、バターやチーズなどの乳製品が生産されるようになり、スペイン・フランス・アラブ地域などの料理文化も取り込まれたことで、メキシコの各地域で豊かな料理文化が形成されてきた。

このような伝統料理に味をつけるのがサルサと呼ばれるソース類である。メキシコ各地にはさまざまなソースが存在する。百種類ほどあるとされるメキシコを原産地とする「チーレ」と呼ばれるトウガラシとこれまたメキシコが原産地であるトマトをすりつぶして混ぜ合わせたものをベースとすることが多いが、ときにタマリンドやマンゴーといった外来のフルーツ類と合わせた料理もある。これらをメタテやモルカヘテと呼ばれる火山岩を加工した石臼状の調理器具ですりつぶすことでさまざまなソースが出来上がるのは今も昔も変わらない。

現在のメキシコ料理は、スナックからスープ類、肉料理から魚介料理まで、非常にバラエティに富み、各地域にさまざまな伝統文化に裏打ちされ継承されてきた素晴らしい料理が数多く存在する。チョコレートやアーモンドをトウガラシと一緒にすり潰して混ぜ合わせたモーレ・ポブラーノと呼ばれるソースを使ったプエブラ地方の料理や、粒の大きなトウモロコシと一緒に豚の頭を丸ごと煮込んだポソレと呼ばれるスープ料理などを筆頭に、マゲイの葉に肉を包んで地中に埋めて焼いた石で蒸し焼きにするバルバコア、アチオテと呼ばれる植物で着色したユカタン地方の料理など郷土色豊かな料理は、挙げればきりがない。そしてそうした料理は、食生活を取り巻く環境が大きく変わった現代社会においても、各地方で主要な祭事の際の「ハレの日の食事」として振る舞われ、地域の人々を結び付ける役割を果たしている。

このような各地に伝わるさまざまな料理の伝承技法だけでなく、それらの料理文化を包括した「伝統的なメキシコ料理」という概念が無形文化財に登録されたことは、言い換えれば、個々の料理が持つ数千年にわたり脈々と継承されてきた「伝統的メキシコ料理のアイデンティティ」がいかに普遍的で奥深いものであるかを示している。一方、悠久の歴史を継承したメキシコ料理ではあるが、現代ではヒト・モノのグローバル化と共に外来の食文化が流入し、人々の生活スタイルや伝統的な産業の構造も大きく変化しつつある。米国からの品種改良種のトウモロコシ輸入が増加し、伝統的な国内のトウモロコシ生産は厳しい状況に追い込まれており、人々の食生活も都市部を中心にかつてほどトウモロコシ中心ではなくなっている。したがって伝統的なメキシコ料理というアイデンティティも大きく変化せざるを得ない環境がある一方で、最近では先スペイン時代の料理の手法を現代的に取り入れた料理を提供するレストランが世界のレストラン・ランキングで上位入りしており、注目されている。数千年の歴史の中で培われてきた独自性を失わず、現在においても異なる文化の食材を融合しながらメキシコ料理は発展し続けている。

（J・エルナンデス／長岡誠）

57

テキーラ

―★ユネスコ文化遺産に登録されたメキシコのアルコール文化★―

「メキシコの酒」といえば、テキーラが世界的に広く知られている。テキーラの原料であるマゲイはリュウゼツラン科の植物でアガベとも呼ばれ、メキシコ国内だけでも100種以上存在するといわれている。マゲイは、16世紀はじめにスペイン人が到来したときにはメキシコ各地に自生しており、先住民の間で繊維品の材料や食料として広い用途に利用されてきた。メキシコのアルコール飲料文化の起源には、このマゲイから造られたテキーラに代表される蒸留酒とそのベースとなったプルケと呼ばれる醸造酒がある。

テキーラは、ブランデーの代替品を求めるスペインの修道士たちによって17世紀頃からハリスコ州テキーラ地方で生産が始まったとされる。他の地域でも旧大陸から導入された蒸留技術を用いた酒が造られており、それらはメスカルと呼ばれた。テキーラもメスカルの一種として考えられてきたが、1994年にテキーラ規制委員会が発足して原産地呼称制度が認められると、テキーラは他のメスカル酒から明確に線引されることになった。

現在、テキーラと名乗れるのは、ハリスコ州を中心とした特

テキーラとメスカルのボトル――左からブランコ、レポサード、アニェホ、右端がメスカル（J. エルナンデス撮影　2018年）

定産地で栽培されたアガベ・アスルと呼ばれるマゲイを主原料として51％以上使用し、テキーラ村周辺を中心とした地域で生産されたマゲイ酒のみである。蒸留の回数やアルコール度数も決められており、各々のボトルにはメキシコの産業規格であるＮＯＭというアルファベットと蒸留所を特定する4桁の番号が明記される。２００６年には、テキーラ村周辺に18世紀から残る古い農場や蒸留所跡が「テキーラの古い産業施設群とリュウゼツランの景観」として世界遺産に登録された。テキーラは伝統的な生産方法によりマゲイの芯から抽出された糖分を発酵・蒸留して作られ、その熟成段階によってブランコ、レポサード、アニェホの３つに分けられる。ブランコは蒸留してすぐのもの、レポサードは蒸留後に60日から1年の樽熟成期間を経たもの、アニェホは1年以上の熟成期間を経たものである。また、原材料ベースでの分類では１００％マゲイ使用のものと、サトウキビなどマゲイ以外の原料由来のアルコールを混ぜて製造されたものがあり、前者には「Ａｇａｖｅ　１００％」の表記がされる。

一方でここ数年のテキーラの世界的な人気沸騰は、その原材料であるアガベ・アスル種のマゲイの生産不足を生み出し、テキーラの値段の高騰を招いている。マゲイは成長が遅く、十分に成長するには十数年の期間が必要とされるが、最近では5年未満程度の若いマゲイを収穫せざるを得ない生産地も増え、テキーラの生産量や品質にも影響を及ぼしている。また、マゲイの高騰のせいで産地では収穫したマゲイを狙った強盗が急増し、農家にとってはあまり嬉しくない話題も増えている。

メスカルは、先述したようにもともとはテキーラを含むマゲイの蒸留酒の総称であったが、やはりテキーラ同様に原産地呼称制度が定められ、ある一定の製造条件を満たしていないとメスカルとは名乗れなくなった。現在ではメスカルという名称は、メキシコ南部のオアハカ州を中心にした9つの州で、NOMによって認定された製造法に従って製造された酒にのみ許可される。メスカルはテキーラとは異なり、主原料となるマゲイに複数の種類の使用が認められ、製造工程で添加できる原料もバラエティに富むので、多様多種なフレーバーが楽しめる。〝グサノ〟と呼ばれるマゲイにつくイモムシがボトルの底に沈んでいるものもある。その名が有名な幻覚性サボテンの成分メスカリンに似ていることから、幻覚作用を引き起こす酒との都市伝説が生まれたりもした。メスカルには独特な臭みがあり、クセが強く、上品なテキーラに比べれば安価であったことから、かつては大衆的な酒と考えられてきた。しかし近年は、蒸留技術も洗練され品質が格段に向上し、テキーラとは異なるメキシコの伝統的な酒として国際的な認知度が高まりつつある。

先に紹介した「原産地呼称認定」からもれたマゲイの酒はメキシコ各地にある。テキーラやメスカルと同じ製法で作られてもテキーラやメスカルとは名乗れないため、「アガベ酒」という表記で販売されているが、品質のほどは保証しない。またメキシコには、そうした旧大陸から持ち込んだ蒸留技術をベースにして作られた蒸留酒とは別に、マゲイを原料にした醸造酒がある。こちらの方がずっと歴史が古く、メキシコの古代都市ではマゲイを用いた醸造酒が紀元前後くらいには既に製造され、神事でも日常生活でも用いられていたという研究がある。これが「メキシコ版どぶろく」のプルケで、マゲイの花茎から出る樹液を発酵させると出来るアルコール度の低い酒である。匂いの強い、ねっとりとした白濁酒で、整腸作用があるとされる。

第57章
テキーラ

1521年のエルナン・コルテスによるアステカ帝国征服に始まるスペイン人による植民地化によって、プルケが宗教的重要性を失った16世紀から17世紀にかけて、現在のメキシコ市周辺地域ではマゲイがふんだんに栽培され始め、これに目を付けたスペイン商人たちが旧大陸の技術を持ち込んでプルケの商業生産を開始した。プルケ産業は順調に成長したが、19世紀初めの独立戦争後の経済の混乱で衰退し、更に19世紀後半から20世紀にかけて大きな打撃を受けた。それは外国資本により生産されたビールが市場を席巻し始めたからである。喉越しのさわやかなビールは暑く乾燥した地域が多いメキシコ全土で広く受け入れられ、国内のアルコール飲料の消費量で伝統的なマゲイの酒を追い抜いた。現在では、ビール産業はメキシコの主要輸出品目の1つとさえなっている。一方でプルケは日持ちがせず、またその旧態依然とした産業構造から生産量も限定的であり、大量販売大量消費の市場の表舞台から遠ざかり、「プルケリーア」と呼ばれるプルケ・バーも「酔っ払いのたむろする、匂う不潔な場所」としてその社会的イメージは低下していった。

とはいえ、プルケは現代においてもまだまだ人気がある。かつてに比べればプルケの消費が減った今でも、メキシコ市内には相当数のプルケ・バーある。その多くは街の目立たぬ一角でひっそりと営業しており、一見すると外からではそれがバーとはわからない。西部劇風の「バタ戸」がついた小汚いたたずまいのバーも少なくないが、中に入ると意外に人が多くて熱気があり、人々のプルケへの情熱を感じさせる。こうした小さなバーの常連客層には、プルケを飲みなれた高齢者層が多い。しかし伝統的な立ち飲み酒屋だけでなく、若い世代へのアピールを意識して衛生に気を遣い、現代的なフレーバーのプルケを置いたモダンなプルケ・バーも現れてきている。（J・エルナンデス／長岡誠）

58

骸骨が躍る「死者の日」

★メキシコ人の死生観★

メキシコは敬虔なカトリック信者が多い国として知られ、カトリック関連の催事も多く、11月1日から2日の「死者の日」(ディア・デ・ムエルトス)はメキシコの伝統行事としてユネスコの世界無形文化遺産にもなっている。メキシコ人の少年ミゲルが高祖父を訪ねて「死者の国」を旅する、感動のディズニー/ピクサー映画『リメンバー・ミー』でも広く知られる。政治風刺漫画家ホセ=グアダルーペ・ポサダの版画「ラ・カトリーナ」や、ポサダに強い影響を受けた画家ディエゴ・リベラが壁画『アラメダ公園の日曜の午後の夢』に描く「ラ・カトリーナ」(骸骨の貴婦人)でもお馴染みだが、砂糖菓子でつくった骸骨やパン・デ・ムエルト(死者のパン)やサトウキビなどのオフレンダ(供物)と、アステカ時代から伝わるマリーゴールドに似たセンパスチトゥルの花で祭壇を飾りつけ霊を迎える。

ハロウィンとは異なり日本のお盆と共通する点も多い。メキシコの死者の日は死から生が再生する祭りといわれるが、背景には死を恐ろしいものではなく、身近なものとして、愛しみ、笑い飛ばす独特な死生観と、メキシコのみならず米国など国境を越えて広がる死者に対する民間信仰がある。死者を敬う伝統にさまざまな社会集団がかかわり、子供の死者を祀る11月1日の祭りと大人の死者を祀る11月2日の祭りで結実する。

西洋のキリスト教的な伝統に11月1日の「諸聖人の祝日」と11月2日の「万霊節」（または「死者の日」）があるが、15世紀の後半に1つの祭りに統合され、スペインによる征服後間もなくアメリカ大陸に伝わった。それは、霊魂が祭りの日にかつて暮らしていたところを訪ね、家族を祝福し、人々は墓地や家のなかで死者に食べ物を供え、無事に家にたどりつけるように道に花で印をつけて死者を迎えるというものであった。

メソアメリカ研究の権威である、メキシコ国立自治大学名誉教授のアルフレド・ロペス＝アウスティン博士によれば、メシーカ（アステカ）の民にも死者を偲ぶ風習と死を祀る信仰が存在していた。1か月を20日とし、1年を18か月とするアステカの暦では、「日照り」（4月23日～5月12日）、「死者の小祭」（7月12日～31日）、「死者の大祭」（8月1日～20日）、「丘の祭」（9月30日～10月19日）、「ケチョル鳥」（10月20日～11月8日）、「収縮」（12月19日～1月7日）、「成長」（1月8日～27日）が死者を祀る祭日であった。キリスト教の風習と融合した結果が、11月1日の子供の死者の日と翌2日の大人の死者の日である。

メシーカを含むメキシコ中央高原のナワの民は、「人間は極めて複雑に構成され、知覚しうる部分と知覚しえない部分からなる」ととらえていた。重い物質で構成され知覚しうる部分は、骨・肉・内臓・皮膚・爪・毛髪で

ディエゴ・リベラの「ラ・カトリーナ」（骸骨の貴婦人）（筆者撮影　2018年）

ある。同時に人間には目に見えず触れることもできないものも存在しており、それは人間の身体に住みつき、人間の生命の過程や重い物質すなわち諸器官の働きを促し、認識や性向や疾患に作用するものと考え、なかでも「霊魂」は神的なものと理解されていた。

ナワの民は人間の霊魂は3つで構成されると考えていた。第1の霊魂は心臓に動きを与えているものである。人間を創造した守護神ケツァルコアトルの一部であり、赤子に授けられる。第2の霊魂は頭にある。赤子が生まれると、産婆は水の入った容器のなかに太陽の光を集め、それを赤子の頭上に注ぐ。太陽の力はこの世を支配する神的な実体であり、誕生の日に水に導かれて赤子に注ぎこまれ、赤子の一部を形成するようになる。第3の霊魂は肝臓に存在し、生まれたばかりの赤子に吹き込む「気」であり、活力や情熱や感情に呼応する霊魂である。ナワの民は、人間が調和のとれた生き方を営むにはそれらの3つの霊魂が呼応しあって機能しなければならないととらえていた。

ナワの民にとって死は地表で生きてきた帰結であり、母なる大地への最後の償いであると考えていた。人は母なる大地によって生かされ、その上に生きてきたのであり、母なる大地から豊かさを吸い上げ、耕し、汚物で大地を損なってきたととらえていた。死は、「知覚しうる構成要素と知覚しえない構成要素の解離」として解釈していた。遺族は、死の儀式で遺体から切り取った毛髪の束のなかに死者の霊魂・運命を採取し、死者の灰を入れた箱のなかに保管し、遺体は床下に埋められ、霊魂は家族の霊魂の一部を形成する。心臓にやどる霊魂は死者にかかわる彼岸の地へと旅立つのである。

死者の霊魂・心臓が向かう場所は、「死者の場所」「太陽の天界」「雨の神の場所」「乳母の樹の場所」の4つと考えられていたが、生きざまではなく、死んだときの死に方によって霊魂の行き着く場所が決定された。メソアメリカの民は、この世界は、天の9層（チクナウトパン）、人間世界地表の4層（トラルティクパク）そして死者の9層（チクナウミクトラン）からなるととらえていたが、茶毘《だび》にふされ、身体から離れた霊魂・心臓は4年間におよぶ道程をたどり、死の神ミクトランテクウトリが支配する「死者の場所」すなわちミクトランへと降りていく。そして「九の河」を渡り、苦難の旅のすえにようやく「死者の第9の場所」にたどり着く。

「太陽の天界」トナティウイチャンは最も輝かしい場所である。太陽の命によって戦いのさなかに死んでいった者、戦争の捕虜となって敵の神々の生け贄に捧げられた人々、すなわち生け贄を確保するための戦い、カルロス・フエンテスの言う「花の戦争」の犠牲となった戦士たち、さらに初産で死亡した、または名誉の女戦士として選ばれた女性たちが行く場所であった。

「雨の神の場所」トラロカンは大いなる豊かさと永遠の安楽の場所である。大地のあらゆる産物が生み出されているこの場所に行けるのは、ハンセン病や、痛風・水腫《すいしゅ》で死んだ者、雨の神々に生け贄として捧げられた幼児など、水の支配する領域で亡くなった人々であった。

第4の「乳母の樹の場所」シンカルコは興味深い。トナカテクウトリの神が司る「花咲く川とわれらが肉の樹の場所」とも呼ばれ、そこは神々に愛されながら亡くなった赤子や、母乳の乳しか飲んだことのない乳飲み子たちの場所である。乳母の樹は乳房を果実として実らせている。枝の下に待ち構える死んだ赤子の口に果実の乳が滴り落ちる。赤子だけがこの世に戻ることのできる死者であった。死によって汚されていないために、再び母親の腹の中に戻れるのだ。

メキシコ国民の間で広がり、人々に継承されてきた、独自の死生観のルーツである。（柳沼孝一郎）

59

芸術大国

★メキシコ造形美術の鼓動★

21世紀のメキシコは、フランスを代表とするヨーロッパ諸国に劣らぬ芸術大国である。しかもそれらは古代文明の遺産から21世紀に創作された造形美術にいたるまで幅広い。ユカタン半島に数多く残る古代建造物、そこに描かれた古代人たちの宇宙観を示す壁画、スペイン植民地時代の壮大なカトリック教会のバロック様式の建造物から21世紀に建造されたソウマヤ美術館の奇抜な造形物、そしてそれらを飾る絵画・壁画・彫刻・庭園に至るまで、メキシコの造形美術はその種類と作品の多さで誰もが圧倒される。

メキシコ市のソカロ広場に建つ国立宮殿の中央階段の壁一面を飾るのは、巨匠ディエゴ・リベラ作の「メキシコの歴史」だ。メキシコの先史時代から、アステカの民の暮らし、征服者コルテス軍とアステカ軍の戦い、スペイン植民地時代の社会、ユートピア建設を実践したバスコ・デ・キロガ、独立の父イダルゴ神父とその後継者モレロス神父、メキシコ近代化の父と称されるベニト・ファアレス大統領、メキシコ革命の英雄など、近代から現代までのメキシコの悠久の歴史を描いた壮大な壁画はまさにメキシコの至宝である。

そこからほど近い公教育省の庁舎内には、リベラ作の「革命のバラード」をはじめメキシコ革命を伝える壁画やダビッド＝アルファロ・シケイロスの作品が各階を飾る。その隣、16世紀にイエズス会修道院として建てられ、現在はサン・イルデフォンソ学院と呼ばれる建物にも、リベラ作の「創造」やホセ＝クレメンテ・オロスコ作の「コルテスとマリンチェ」といった大作が壁面を飾っている。メキシコが世界に誇る「壁画運動」の躍動を今に伝える傑作の数々だ。メキシコ革命が１９２０年に一応の終結をみたとき、著作『宇宙的人種』でも知られる時の文部大臣ホセ・バスコンセロスは、革命の意義と思想とインディヘナや混血（メスティソ）の伝統文化の神髄を壁に描き、広く民衆に伝えようと考え、「壁画運動」（ムラリスモ）を呼びかけた。壁画運動は国民統合のための民族主義的運動を推進する原動力ともなったが、その一翼を担ったのがリベラ、オロスコ、シケイロスであった。

　植民都市の面影を今に残すグアダラハラ市の歴史地区にあるユネスコの世界遺産に登録された建造物オスピシオ・カバーニャス内に描かれた、同市出身の大画家オロスコの「スペインのメキシコ侵略」や「炎の人間」と題した壁画と天井画はみる者を圧倒する。ハリスコ州庁舎の中央階段、見上げんばかりの天井一面を飾る、独立運動の指導者ミゲル・イダルゴを描いたオロスコの作品「立ち上がるイダルゴ神父」は圧巻の一言につきる。

オロスコの「立ち上がるイダルゴ神父」（筆者撮影　2017年）

　メキシコ市を南北に貫くインスルヘンテス大通り側にあるポリフォルム・シケイロス文化センターは是非訪れたいところだ。建物外壁には台形状の壁画が途切れることなく描かれ、その立体感に目を奪われる。館内の劇場の壁面全体に連続して描かれた、地球から宇宙に向かう人間の生の旅を7つの場面に表現した「人類の行進」にも息を呑む。巨大壁画は奇才シケイロスの世界観であり人間観そのものだ。さらにインスルヘンテス大通りを南に進むと、メキシコ国立自治大学のキャンパスに配置されたシケイロスの立体壁画、そして中央図書館の全壁面を覆うオゴルマン作の壮大なモザイク壁画も一見に値する。キャンパスの一角にあるオリンピック・スタジアム正門の壁面にもリベラの壁画が描かれている。

そこからほど近い、閑静なコヨアカン地区にフリーダ・カーロの生家「青い家」がある。壁画運動の一翼を担う新進気鋭の画家リベラとの邂逅・結婚そして生涯を通して壮絶なまでに「革命と芸術」に生きた「炎のメキシコ人女性」フリーダは、死の8日前、真っ赤な切り口をみせて並ぶスイカの絵を描いた。そしてその画に黒い絵の具でVIVA　LA　VIDA（人生万歳！）と記した。「肉体の苦痛と心の渇きのうちに47年を生きて、フリーダが得た、人生に対する最終的な応え」であったのかも知れない。

チャプルテペック公園の一角、水が滴り落ちる巨大なオブジェ「生命の樹」でも有名な国立人類学博物館のロビーに展示されている絵画「昼と夜」には鬼気迫るものがある。メキシコ南部オアハカのサポテカ族出身で、「メキシコの魂を謳う」画家としても知られ、「三人の人物」や「黒人の仮面」などの作品でも有名なルフィーノ・タマヨの傑作である。

メキシコの造形美術の源泉はメソアメリカの芸術に求められる。メソアメリカの母なる文化、メキシコ湾岸のオルメカ文明を象徴する「ラ・ベンタの巨石人頭像」、「レスラー」の名で知られる人物像、ユカタン半島の密林に栄えたボナンパックに残る色鮮やかな「フレスコ画」、パレンケ遺跡の「碑銘の神殿」から発掘された「翡翠《ひすい》の仮面」など、いずれも芸術性の高さを物語るメソアメリカ文明の息吹だ。テオティワカンのピラミッド神殿、血が滴る人間の心臓のシンボルを配したフレスコ壁画「えさをあさるコヨーテ」、そして水の神「チャルチウィトリクエ」の巨像もあげられる。とりわけアステカの造形美術はすべてがメソアメリカの世界観や宗教観そして神話に深くかかわっている。なかでも、アステカの大地の老女神にして、部族神ウィツィロポチトリの母とされる「コアトリクエ」の、重さ24トン、高さ3・5メートルに及ぶ怪異な巨大石彫はおどろおどろしい。頭は身体から切り離され、首から生えている、向かい合う二匹の蛇の頭が顔となっている。首飾りは人間の心臓と手で作られており、髑髏《どくろ》の垂れ飾りがついている。「蛇のスカートを履く女神」を意味する通り、絡み合った蛇のスカートを履き、人間の死体を生の糧とするため手足には奇怪なかぎ爪がついている。人間の誕生と死を象徴するといわれるがまさに恐怖の神の権化である。

メキシコ市から車で1時間ほど、「常春の町」クエルナバカのカテドラルの内部に描かれた「長崎二十六聖人殉教」の壁画も見逃せない。そこからさらに車を駆って、植民地時代に銀山として栄えたタスコの町を目指す。メキシコ壁画運動にもかかわった北川民次が、野外美術学校の校長として児童美術教育を実践した町でもある。名門サンカルロス美術学校（現メキシコ国立美術学校）を卒業し、チュルブスコ修道院の野外美術学校で教鞭をとった北川はタスコに移り住んだ。私邸「カサ・キタガワ」には、藤田嗣治やイサム・ノグチが投宿し、リベラもシケイロスも訪れ、美術談議に花を咲かせたという。利根山光人も卓越した画家ルイス・ニシザワの作品もすべてが「メキシコ美の鼓動」なのである。

（柳沼孝一郎）

60

現代メキシコ文学への招待

★時代に呼応する文学の流れ★

20世紀から現代にいたるメキシコ文学の流れをわずかな紙幅でまとめるには、象徴的な3つの年代を中心に論じるのがいいかと思う。1910年、1968年、そして1994年である。それぞれ、独立百周年またはメキシコ革命の勃発、トラテロルコ事件、北米自由貿易協定（NAFTA）締結の年である。

1910年に独立100年を機に編まれた『百周年アンソロジー』に関係した人々を中心に、文学への機運が高まる時期が最初の象徴的年代であろう。19世紀の自由主義政権は実証主義を公式イデオロギーとして標榜していた。そのことへの反動として人文主義の復権を唱える人々が現われ、それまで法学部一辺倒だった高等教育に哲学や文学を組み込むことを勝ち取った。この世代の代表がホセ・バスコンセロスとアルフォンソ・レイェスだ。彼らの著作は日本に多くは紹介されていないが、影響力は絶大だった。

彼らと同世代のマリアノ・アスエラやマルティン＝ルイス・グスマンといった小説家たちが、この年に始まるメキシコ革命を記録する文学、いわゆる革命小説の金字塔を打ち立てた。前者の『虐げられし人々』（1916年）には邦訳もある。

第60章
現代メキシコ文学への招待

1968年は、パリのいわゆる五月革命など、学生運動や労働運動が盛り上がり、同時に弾圧される事件が世界で同時多発的に発生した年である。今ではこの年の前後に起こった認識の変革が20世紀の最大の転換点だったとする文化史観も優勢だ。メキシコでは「トラテロルコの大虐殺」という事件が起きた。学生たちのデモ行進とその後の集会が権力によって武力弾圧されたのだ。

トラテロルコ事件はそれだけで後世の文学作品や映画に多くの題材を提供したが、邦訳のあるものは多くない。エレナ・ポニアトウスカが当事者の証言を収集して編んだ『トラテロルコの夜』（1971年）とオクタビオ・パス『孤独の迷宮』（1950年）所収の「追記」を挙げておこう。『孤独の迷宮』はメキシコ論の古典だが、「追記」はその続編で、トラテロルコ事件を契機に書かれた。

1968年の文学状況は複雑で、同時に豊かだ。ラテンアメリカ文学の〈ブーム〉と称される現象が定着をみせた頃である一方で、次なる世代である〈オンダの世代〉と呼ばれる者たちの台頭もみた頃だからだ。

〈ブーム〉は60年代初頭から始まったとみなされるが、メキシコはそれを準備した国の1つと言っていい。1940年代後半からヨーロッパの戦争を逃れた知識人を多く受け入れて、出版も活況を呈し、文化的に成熟していた。加えてファン・ルルフォ『ペドロ・パラモ』（1955年）やカルロス・フエンテス『澄みわたる大地』（1958年）などの先駆的作品が生まれた。また、〈ブーム〉の決定打ともされるのはコロンビアの作家ガブリエル・ガルシア＝マルケス『百年の孤独』（1967年）の大ヒットだが、彼はこれをメキシコで執筆している。

〈ブーム〉を牽引した最大の立役者の1人がメキシコ人作家カルロス・フエンテスであることも、

メキシコ市内シウダデラのメキシコ図書館の「パティオ・オクタビオ・パス」の壁面を飾る在りし日のパス
（国本伊代撮影　2018年）

特筆すべきだろう。フィクサーのような役割を果たしただけでなく、自身も『アルテミオ・クルスの死』（1962年）や『テラ・ノストラ』（1975年）などの大作を書いている。少し年長の詩人・評論家のオクタビオ・パスとともにメキシコ20世紀文学の二大巨頭とされる。

　こうした〈ブーム〉の代表的作家たちと同世代であり、彼らに十分伍しうる作品を発表しつつも、フエンテスやパスといった作家たちほどの世界的認知度を獲得するにいたっていない作家も多くいることがメキシコ文学の層の厚さだ。邦訳のあるセルヒオ・ピトル（『愛のパレード』）がその代表例だ。

　〈ブーム〉となった大作群とは明らかに違う作風で新風を巻き起こしたのが、〈オンダ〉の世代だ。ロックや映画、コミックなど、米国の戦後文化の影響を受けた世代の中産階級の青春小説が特徴である。「オンダ」は「波」の意味であり、音楽などの「ノリ」でもある。グスタボ・サインス『ガサポ（仔ウサギ）』（1965年）は邦訳がある。残念ながら、この世代の代表格ホセ・アグスティンの『墓』（1964年）に邦訳はない。発表年は少し遅れるが、ホセ＝エミリオ・パチェーコ『砂漠の闘い』

（1981年）は紛れもなく〈オンダ〉世代の幼・少年期の雰囲気を伝えるものである。

1994年のNAFTA締結は、いわゆるグローバル化の進行にとってメルクマールとなったが、文学（文化）も、グローバル化の時代に対応していく。この2年後の96年、奇しくも68年生まれのホルヘ・ボルピを中心とするグループが〈クラック〉を宣言して新しい時代の文学創作を提唱する。ボルピが3年後に発表した『クリングゾールを探して』はナチス・ドイツの戦争を扱ったミステリー仕立ての傑作で、逆にそこには『ペドロ・パラモ』や『百年の孤独』のような死と密着した濃密な地方性はない。〈ブーム〉の世代の影響からの脱却を成し遂げたと言えるだろう。

人の行き来が顕著になるグローバル化の時代、メキシコを印象的に描いたのは、象徴的なことに、チリ人にしてスペインに客死したロベルト・ボラーニョの『野生の探偵たち』（1998年）だった。彼の描いたメキシコは、世界中を旅して逃げ回る詩人たちの出発点としての首都の街や北部の砂漠地帯であった。地方性よりは世界とのかかわりが重要だ。ボラーニョはまた死後出版の『2666』（2004年）において米墨国境地帯のマキラドーラやそこでの女性労働者の連続殺人を、同じく世界的な規模にとらえて扱っている。

21世紀に入って大きな問題となるのが麻薬だ。映画、ポピュラー音楽などがこの問題を扱って「ナルコ文化」と呼ばれている。文学にもその影響は大きい。フアン＝パブロ・ビジャロボス『巣窟の祭典』（2010年）などは代表的な例だろう。

近年は女性作家や日本文学に影響を受けた世代なども目覚ましく、こうした新世代の邦訳が待たれるところである。

（柳原孝敦）

61

フォルクローレ

★多様な地域文化と洗練された文化表象★

スペイン植民地支配の時代にスペイン文化の影響を受けた地域は「イスパノ・アメリカ」と呼ばれるが、グアテマラやボリビアなど先住民インディヘナが多い地域を「インド・アメリカ」と称し、アフリカ系黒人のアフロ文化を継承する地域を「アフロ・アメリカ」、アルゼンチンやチリのようにヨーロッパ文化を引き継ぐ地域を「ユーロ・アメリカ」と呼び、メキシコやペルーなどスペイン人とインディヘナの混血「メスティソ」が多い地域を「メスティソ・アメリカ」と称する。メキシコ総人口の約1割、1300万人を数えるインディヘナは多民族国家メキシコの一端を担う。話者人口を確定するのは困難であるが、2015年前後の平均をみると、話者数173万人のナワトル語（中央部）から、マヤ語（ユカタン半島、86万人）、ツェルタル語（チアパス州、56万人）、ミステコ語（オアハカ州、プエブラ州、ゲレロ州で計52万人）、サポテコ語（同、48万人）、ツォツィル語（チアパス州、49万人）、オトミ語（中央部、31万人）、トトナコ語（ベラクルス州とプエブラ州で27万人）、プレペチャ語（タラスコ語ともいう。ミチョアカン州で14万人）など計66語の話者が存在する。なかでもアステカ族の言語であるナワトル語は、スペイン語と

第61章

フォルクローレ

融合した新たなメキシコ・スペイン語（メヒカニスモ）として今日に至っている。

メキシコ料理には欠かせないチリトウガラシはナワトル語のチリから、トマトはナワトル語のトマトゥルを語源とし、チョコレートはナワトル語のショコアトゥル（ココア）にマヤ語が合成されたといわれる。アグアカテ（アボカド）はナワトル語のアウァカトゥル（実の形状の類似から「睾丸」を意味する）を語源とする。チュウインガムの原料となるチクルはアステカ帝国時代にも交易品として珍重されたが、ナワトル語でチィクトゥリと呼ばれ、スペイン語のチクレとなった。テキーラはメキシコの伝統的な酒であるが、かつてはメスカル（ナワトル語のメスカリ「焼いたマゲイ」に由来）と呼ばれ、のちにハリスコ州テキーラ村（ナワトル語のテキラン「畑仕事の場」に由来）原産のメスカル酒がテキーラとして世界に広がった。インディヘナ文化の贈り物である。

インディヘナ集団のなかでも特筆すべきは「走り続ける民ララムリ」だ。タラウマラ族とも呼ばれ、メキシコ北部チワワ州のコッパーキャニオンの標高２４００メートルの山奥にひっそりと暮らす民族である。17世紀のスペイン人の征服から逃れて、山で暮らすようになったといわれる。一族は老若男女、大人も子供も昼夜を分かたず、走るために生まれてきたかのように１００キロの山地を駆け巡る。なかでも、数々の国際レースで優勝を飾ってきたアルヌルフォは部族の王者だ。なぜ走るのか？一族には松の木を削って作ったボールを蹴りながら一昼夜走り続ける「ララヒッパリ」という「走る文化」があるからである。松の木のボールは太陽を意味し、回転するボールを蹴りながら走ることは「命のサイクル」を表し、豊穣祈願を意味するという。死は生の終わりではなく、永遠に続く生の始まりと考えるからだ。一族はララムリの魂を紡ぎながら永遠に走り続ける。

征服間もない1526年にスペイン人はメキシコ市で闘牛を披露したが、インスルヘンテス大通りの南にある世界最大の闘牛場プラサ・メヒコでくり広げられる闘牛は根強い人気を誇っている。ロデオ競技に似た「チャレリーア」もメキシコの伝統国技だ。目にも艶《あで》やかな民族衣裳に身を包み、つば広の帽子ソンブレロをかぶり、自在に馬をあやつり疾走する女性チャーラの姿は華麗そのもの、同じくソンブレロをかぶり、着飾った粋な男性チャーロが馬と一体になって見事なロープさばきで牛を捕らえ、尾を掴んでしとめるその技は圧巻だ。

グアダラハラ市の歴史地区にマリアッチ発祥の広場がある。盛装したチャーロ姿で、ギタロン、バイオリン、トランペットを用い、カンシオン・ランチェラなど大衆音楽を演奏する。マリアッチの語源はフランス語のマリアージュ（結婚）といわれる。フランス干渉戦争時代にフランス軍がグアダラハラに進軍してきた。あるとき結婚式に居合わせ、その騒ぎに驚き、楽隊を指してあれは何かと尋ねた。尋ねられた人は結婚式「マリアージュ」と答えたため、それを聞いたフランス兵士はマリアージュが楽隊の名前だと思い込んだとされる。メキシコ市のガリバルディ広場では、日本でもお馴染みのベサメ・ムーチョなどが人気だが、2011年にユネスコ世界無形遺産に登録されたマリアッチは国民的音楽である。

アマリア・エルナンデスが1952年に設立した「メキシコ国立民族舞踊団」は、「ヤキ族の鹿踊」や「ベラクルスのカーニバル」、マリアッチ演奏をバックに踊る「ハリスコのメキシカン・ハット・ダンス」など、メキシコの民族舞踊を表現する舞踊団である。現在はメキシコ市にある芸術宮殿を中心に世界各地で公演しており、世界三大民族舞踊団の1つとして各国から絶賛されているメキシコの至宝である。

メキシコ南部のオアハカ地方はサポテカ族やミヘ族などインディヘナが最も多い地域である。刺繍が鮮やかな民族衣装ウィピル（女性用の貫頭衣）や伝統工芸品の宝庫でもある。マリンバ演奏で歌う「ジョローナ」（泣き女）や民族舞踊サンドゥンガを生んだテワンテペック地峡にも近く、毎年7月にフォルティンの丘で行なわれる雨と豊穣の神に捧げる壮麗な大祭「ゲラゲッツァ」など、オアハカはインディヘナの伝統文化が息づく悠久の地だ。

ソカロ広場でみられるアステカの踊り「コンチェロス」や国立人類学博物館の前の広場でも実演されている「ボラドーレス」（飛ぶ男たち）も見逃せない。２００９年に「パパントラのボラドーレス」としてユネスコ世界無形文化遺産に指定されたトトナカ族の壮麗な儀式だ。20メートルを超す塔の頂上に立つ「カポラル」と呼ばれるリーダーの笛や太鼓に合わせて、足首をロープで結んだ東西南北を表す４人のボラドールが、両手を広げて逆さ吊りのまま13回転しながら舞い降りてくる。４人が13回転で計52回転になるが、アステカの52年（1年が２６０日のトナルポウアリ暦と1年が３６５日のシィウモリピリ暦の最小公倍数）と符号する。４人のボラドールが舞い降りて、天から雨が降る様を表現する勇壮な豊作を祈る儀式だ。すべてはメキシコの多様性が織りなす地域文化の万華鏡である。

（柳沼孝一郎）

メキシコ国立民族舞踏団のポスター
（筆者撮影　2018年）

コラム9

博物館大国──「時の記憶」を訪ねて

柳沼孝一郎

メキシコ市のソカロ広場（憲法広場）に立つ。かつてはアステカ帝国の湖上の都テノチティトランの聖域であったところだ。目前の壮麗なメトロポリタン大聖堂の内部には「長崎二十六聖人の殉教」を祀る礼拝堂がある。クエルナバカ大聖堂に描かれた「長崎大殉教」と併せて、世界遺産に登録された「潜伏キリシタン関連遺産」を想う。一帯は「歴史の博物館」であり、「メキシコ壁画運動の博物館」でもある。国立宮殿、公教育省庁舎そして旧サン・イルデフォンソ学院で、リベラとシケイロスそしてオロスコの作品に考えを巡らせる。そこからほど近いテノチティトランの神殿跡を見学して、国立人類学博物館と並んで世界に誇るテンプロ・マヨール博物館に入る。館内には、５００年の眠りから発見された、重さ12トン、縦４・17メートル、横３・62メートル、アステカの大地の女神にして死と生の象徴であるトラルテクウトリをはじめアステカ文明の神髄が展示されている。

ソカロ広場からアラメダ公園に足を向ける。公園の側にあるディエゴ・リベラ壁画博物館で『アラメダ公園の日曜の午後の夢』を堪能したあとファアレス通りに出る。その向こうに革命記念塔が見える。巨大なドームを支える四本の柱にはメキシコ革命の指導者であったマデロやカランサ、ビリャ、カリェスそしてカルデナスらの遺骸が祀られている。併設されている「革命博物館」には、サポテカ族出身の「建国の父」とも称されるベニト・ファアレス大統領が断行した「レフォルマ時代」から、農地改革や労農大衆の政治参加を推進したカルデナス大統領時代を網羅する４００点以上のコレクションが展示されている。なかでも、１８５７年憲法公布から護憲派カランサ大統領までの変遷を解説する常設展示「メキシコの歴史63年の歩み：1857〜1920」は見逃せない。

記念塔を後にして、現代彫刻が陳列されたレフォルマ大通りを散策する。ディアス大統領がパリのシャンゼリゼ大通りに模して完成させたと言われる大通りは、鬱蒼と生い茂るチャプルテペックの森につながる。はるか前方に見える小高い丘の、市街地が眺望できる頂上にはチャプルテペック城がある。ディアス大統領の公邸でもあった壮麗な建築物であるが、メキシコの近現代の歩みを紹介する「国立歴史博物館」として公開されている。

メキシコ市から車で1時間あまり、プエブロ・マヒコ（魅惑の町）にも選出されているテポツォトランにたどり着く。スペイン征服から間もない1580年代から、イエズス会によって伝道師を養成する修道院が建設されたところとしても知られる。その1つ、絢爛豪華な祭壇でも有名なサンフランシスコ・ハビエル修道院は、現在は「国立副王博物館」になっており、膨大な蔵書を誇る附属図書館と併せて、太平洋ガレオン船交易を中心としたスペイン植民地時代の歴史を知るには是非訪れたい博物館だ。1988年に日墨修好通商条約締結100周年記念「アカプルコの交易船ガレオン展」が開催された博物館でもある。秋ともなれば郊外にはメキシコが原産のコスモスが咲き誇る。果てしなく拡がる草原に架かる、全長438メートル、高さ61メートルの水道橋「アルコス・デ・ハルパ」（またはアルコス・デル・シティオ）は壮観だ。イエズス会士サンティアゴ・カスタニョ神父によって着工されたが、1767年にスペイン領アメリカからイエズス会士が追放されたのち1854年にドン・マヌエル・ロメロによって完成をみた、スペイン植民地時代の融合文化を象徴する野外博物館である。

「死者の日」と骸骨

メキシコ市レフォルマ大通りに飾られた骸骨の貴婦人カトリーナと紳士カトリンに囲まれて楽しむ子供たち（国本伊代撮影　2018年）

メキシコ市のソカロに現われたカトリーナとカトリン（国本伊代撮影　2017年）

X

21世紀の日本とメキシコ

――相互交流の実績と現況――

62

日墨平等条約の回顧と展望

★日墨外交の伝統と歴史遺産★

明治政府にとり対外政策上の最大の課題の1つは、1858年（安政5年）に江戸幕府が締結を余儀なくされた日米修好通商条約を端緒とする「安政五カ国条約」の改定であった。すなわち、治外法権の完全撤廃と関税自主権の回復は近代化のために不可欠であるとの認識から、1871年に岩倉具視代表団を派遣し列強諸国と折衝に臨んだが交渉は延期され、条約改正の道は閉ざされてしまった。こうした情勢下に、メキシコのポルフィリオ・ディアス政権と修好通商条約を調印、宿願であった平等条約の締結がようやく実現された。

鎖国政策によって途絶えていた日墨関係は、1874年、地理学者で勧業省官房長のディアス・コバルビアスを隊長とするメキシコ金星天体観測隊の訪日を機に再開された。外務卿の寺島宗則はコバルビアス隊長と会見、両国間の外交関係が樹立されていないことに遺憾の意を表し、広く流通していたメキシコ銀貨について言及した。それに対しコバルビアスは、日本からは陶器や絹織物などの輸入、メキシコからは鉱物や穀物類の輸出について述べた。コバルビアスは報告書『メキシコ金星天体観測日本旅行記』のなかで、急速な発展をとげる日本を考察・

分析したうえで、日墨間の直接貿易とそのための外交関係の樹立を力説、日本人の勤勉さを強調して日本人移民の導入を説いた。一方、外交官としてヨーロッパ諸国に勤務していたアンヘル・ヌニェス＝オルテガはスペイン植民地時代のヌエバ・エスパーニャ副王府と幕府の関係を論じた『17世紀における墨日政治通商関係史』を著わし、メキシコ政府内に日本と通商関係を樹立する案が構想された。

井上薫外務卿が条約改正に着手した頃、1882年9月21日に米国国務省内で、臨時代理公使の高平小五郎はメキシコ公使マティアス・ロメロと歓談する機会があった。ロメロ公使は、日本とヌエバ・エスパーニャの交流について触れ、条約の締結を打診した。その後、ロメロ公使は前述のオルテガの著書を高平代理公使に送付し、条約締結についてメキシコ政府の正式な申し出として提示した。日本外務省は検討に入ったが、条約改正が達成されるまでは条約は締結できないという結論であった。それに対してロメロ公使はワシントン駐在の特命全権公使の寺島宗則に、メキシコ政府の意向として欧米諸国政府が獲得した権益を要求せずに日本と条約を締結する用意があることを述べ、同条約は日本がこれまで結んだ著しく不利な条約を破棄するための前例となることを再度、強調した。

こうしたときにメキシコ政府から再び条約締結の申し出があり、外務大臣の大隈重信は日墨条約を再検討し、特命全権公使の陸奥宗光にロメロ公使との折衝を訓令、条約締結の交渉が再開された。その結果、1888年11月30日にワシントンにて陸奥宗光とマティアス・ロメロの間で「日墨修好通商航海条約」が調印された。日墨条約は11条から成っているが、第4条には、「日本国に渡来するメキシコ国民に付与したる特権は、皇帝陛下（天皇）の領地および所属地に滞在住居し、同所において製造品および各種商品の卸売り、小売営業およびその他一切合法の職業に従事する特権を以てす」と、メキシコ国民に日本の内地開放が明記された。第4条は、天皇（日本政府）は事前に通告することなく第4条を廃止する権利を有することを約定した「機密特別条款」と対を成すものであるが、大隈外相の言う「メキシコ政府において、その人民をして我が法権に服従せしむるため」つまり治外法権撤廃の代償とする条項であった。

日墨修好通商航海条約は、相互に治外法権と関税自主権の拘束を認めず、相互に内地開放を承認することを規定した日本政府が達成できた最初の完全対等平等条約であった。ディアス大統領は1889年4月1日の議会報告のなかで「近年急速な進歩を遂げた近代文明国家であり、歴史的にもきわめて興味深い国である日本と将来非常に有益な関係を築き上げることになる」と言明したが、日本を独立国と認め、日墨条約の実現に労を惜しむことのなかったメキシコ政府の政治姿勢は高く評価されてよい。日墨条約は日本にとって欧米諸国と平等な外交関係の樹立を目指して再交渉するための先例となり、メキシコにとっては対アジア外交の拡大につながる条約であった。絶対的な平等の下に締結された日墨修好通商航海条約において、メキシコ国は日本国民の主権を認めるという画期的な条約であり、外交関係史上、特筆すべき条約であった。

日墨友好の潮流は戦後期においても継承された。1948年にはメキシコの国連大使が国連総会において対日講和条約の早期締結と日本の国連加盟を提唱し、両国の国交が回復された。経済面では日本からの投資、技術移転さらに日本人技術者のメキシコ移住が開始され、1957年には日本貿易振興会（JETRO）によって「第1回日本産業見本市」がメキシコ市で開催された。1964年の東京五輪に次いで68年に開催されたメキシコシティ・オリンピックを機に両国の友好関係は緊密化し、１９６９年1月30日、愛知揆一外務大臣と在日メキシコ特命全権大使フリアン・ロドリゲス＝アダメとの間で、「両国間の伝統的な友好関係を強化すること及び通商関係を容易にし、かつ発展させることを希望して」、最恵国待遇を相互に保障する「通商に関する日本国とメキシコ合衆国との間の協定」いわゆる「日墨通商協定」が調印され、日本企業のメキシコ市場進出がさらに活性化した。

１９８８年には「日墨修好通商条約１００周年」を迎え、１９９７年に「日本人メキシコ移住１００周年記念祭」がメキシコで盛大に開催され、「日墨関係の新たな１００年の幕開け」とされた。その後、エルネスト・セディーリョ大統領が訪日した際に日本メキシコ自由貿易協定（ＦＴＡ）が提唱され、２００４年9月17日にメキシコ市にて、小泉純一郎首相とビセンテ・フォックス大統領は日本メキシコ経済連携協定（ＥＰＡ）に署名した。両首脳は「両国の新時代における戦略的パートナーシップを発展させる上で重要な一歩であり、二国間の経済関係を新しい次元へ高める基盤となるもの」と明言、日本とメキシコの新たな関係構築に向けた手段とその象徴と位置づけられ、現在に至っている。

日本·メキシコ外交関係130周年
ロゴマーク
（在メキシコ日本大使館提供）

混迷する日米関係、紛糾する米墨関係、北米自由貿易協定に環太平洋経済連携、メキシコを核とした太平洋同盟が構築されつつある今、ロペスオブラドール（通称ＡＭＬＯ）新政権のメキシコと日本の21世紀における関係の趨勢を考えるとき、これまで培ってきた日墨４００年の絆と受け継がれてきた日墨外交の伝統と歴史的遺産の存在はきわめて大きい。

（柳沼孝一郎）

63

日本人移住120周年と21世紀の日系社会

★ピオネロスの足跡とコロニアの現在★

メキシコ市から車で1時間、常春の町として知られるクエルナバカ市を中心に２０１８年5月3日から6日にわたり、約１３０家族で構成するモレロス州日系人会の尽力によって「第14回全メキシコ日系人大会（ＣＯＮＡＮＩ）」が開催された。日本人メキシコ移住１２０周年を迎え、日墨修好通商条約１３０周年にあたる「日墨両国の平和・繁栄・友好の歴史を築く」記念すべき大会として旧テミスコ農園に集った。１９４３年に日系人会が購入し、５７５名が集団生活を送った大農園（現在は広大なウォーターパークになっている）である。「地元民の真心と日系人の団結」によって「テミスコ学園」が開校され、生徒60名の日本語教育が成し遂げられたところでもある。

１８９７年5月19日、異様ないでたちの日本人集団がメキシコ南部チアパス州ソコヌスコ郡エスクィントラにたどり着いた。コーヒー栽培を基盤とした植民地建設の理想に燃えた「榎本武揚メキシコ殖民団」の一行である。日本人中南米移住の先駆けとなった集団移住であった。榎本植民地は短期間で崩壊したが、宮城県の宮城農学校卒の有志が中心となって「日墨協働会社」を創設し、日系2世のための学校教育を実践した。「アウロラ（暁）小学校」を建設し、5歳になった児童を学校に寄宿させ、日本から教師を招聘し、日本の教育指導要領にそって、日本から取り寄せた教科書を使って日本語で授業を行なった。さらに流暢な日本語の習得を考え「ローマ字教育」も実践した。日本とメキシコを祖国とする児童が両国の文化を理解し、両国の懸け橋となるべく教育を受けるためであった。公共事業を興し地域社会に貢献したが、なかでも西和辞典の編纂は際立った文化事業であった。1925年に出版された「西日辞典」（DICCIONARIO ESPAÑOL-JAPONÉS）は、言語不通のまま異文化世界での開拓生活を余儀なくされた入植者にとっては聖書のようなものであった。チアパスに眠る日本人の血と汗の結晶であり、チアパスの緑豊かな自然を彷彿とさせる美しい深緑色の辞書は「幻の西和辞典」といわれる。

内村鑑三の門下生もキリスト教精神に基づく理想郷の建設を目的として1900年にチアパスに入植、インディヘナ農民の生活の向上そして識字運動に尽くした。また、日本人排斥の気運が高まる米国からチアパスに入植した日本人は医療活動に従事し、「ベニト・フアレス小学校」を建設し地域教育に貢献した。こうしてチアパスの日本人入植者は着実に地域社会に根を張り、メキシコ日系社会の大きな基盤を築いていった。

その後もディアス大統領の産業開発政策の下で、熊本移民合資会社や東洋移民合資会社などの移民斡旋会社によって、メキシコ南部オアハケーニャ砂糖耕地、中部の鉄道建設工事、北部の鉱山や炭鉱さらに綿花栽培地などに1万人以上の日本人労働者が契約移民として、日本からの米国移民を制限する「日米紳士協約」が1907年に締結されるまでメキシコ各地に分け入った。

太平洋戦争の勃発と同時に日墨両国の国交は断絶され、在留日本人はグアダラハラ市とメキシコ市への集団立ち退きが命じられた。日系児童のための日本語学園はいずれも閉鎖されたが、強制移転先で開校された。メキシコ政府は戦前の日系人のメキシコ国家に対する貢献を高く評価し、日本人の活動に何ら制約を設けず、日本語教育についても戦前同様に続行することができた。解散を余儀なくされた日本人団体も、墨国日系人会、在墨日本人相互扶助会、メキシコ日本人貿易組合をはじめ、墨国福岡県人会、墨都熊本県人会、墨都学園連合会など計15の団体が再生された。さらに地方では、綿花栽培地のメヒカリ日系人会、漁業中心地のエンセナダ日系人会、米墨国境のティフアナ日系人会、グアダラハラ日系人会などが再編された。これらは現在のメキシコ日系人会の母体となっている。

１９４５年にメキシコ政府は戦時中に凍結していた日本公使館の財産を全額返還した。これを基に日墨友好の促進を目的として１９５６年に「日墨協会」が設立され、両国の文化交流の場として「日墨会館」が建設された。日系人の夢でもあった会館建設と併せて日系社会の発展に貢献した多くの日本人の存在は忘れてはならない。ポルフィリオ・ディアスをはじめ多くの大統領と親交を深め、日系社会の指導者として大いに貢献した、紫色の花で街を飾るジャカランダを広めたことでも有名な松本辰五郎と子息の三四郎はじめ、内村鑑三の門下生でメキシコ国立自治大学教授を務めた植物学者の松田英二博士（東京大学名誉博士）、メキシコ美術界に功績を残したルイス・ニシザワ、北西部のソノラ州で歯科医としても著名な北条隆一、コレヒオ・デ・メヒコで教鞭をとったマリア・エレナ・オオタ教授、日墨経済界の重鎮加藤平次そして日墨協会に貢献したヘスス赤地の面々である。

日本外務省によれば、２０１６年現在のメキシコ在留邦人数は約1万２０００人、日系人数は約２万人（在日メキシコ人数は約２４００名）とされる。メキシコ市の日墨協会には市内の約４００家族が登録しており、チワワ市、モンテレイ市、プエブラ市、タパチュラ市にそれぞれ日系人会が組織されているが、なかでもチアパス日系人会（会長カルメン・ミツイ＝ロマン）は、１９９７年の日本人メキシコ移住１００周年記念祭に貢献したように積極的に活動している。しかし各地の日系人会間の連携はなく、全国的な日系社会を統合した組織も構築されておらず、日系社会および日系人の実態を把握するのは難しいのが現状である。

しかし一方で、ハリスコ州議会議員から連邦議会議員を務めたホセ＝ペドロ・クマモト＝アギラールは日系メキシコ人の若き政治家として注目され、新進気鋭の建築家ホセ＝タロウ・ソリーリャ＝タケダらも活躍中だ。サッカーの指導者として活動するのはパブロ・ラリオス＝イワサキであり、レオナルド・マエカワ＝モレノとピラール・マエカワ＝モレノの兄妹はフィギュアスケート（アイスダンス）のメキシコ代表として知られる。なかでも、パンアメリカン日系人協会の初代会長を務め、日墨協会のみならず指導者として中南米日系人の関係強化に寄与し、日墨協会設立60周年記念事業の一環として移住資料館「日本人メキシコ移住あかね記念館」を開館したカルロス春日名誉会長の功績は極めて大きく、著書『海を越えて５００年』でも知られる荻野正蔵館長との夢はつきない。

第14回メキシコ全国日系人大会のポスター（筆者撮影　2018年）

日墨会館の日本庭園の一角に記念碑が建立されている。メキシコに渡った日本人の氏名が彫られてある。照井亮次郎など「榎本メキシコ殖民団員」をはじめ1人1人の名に、日本人のピオネロス（先駆者たち）の１２０年の「生きた証し」が刻まれている。

（柳沼孝一郎）

64

日墨交換留学制度の 40 年

★その成果とさらなる期待★

日本とメキシコ両政府の交換留学制度、つまり「日墨研修生・学生等交流計画」は1971年、メキシコのルイス・エチェベリア大統領の発意によって始まった。2010年までの間に双方から派遣された研修生は総数4000名以上にのぼる。従来、両国にとって留学といえば、欧米の先進国が対象であったが、これはそれ以外の国同士による初の留学制度として、きわめてユニークな事業であった。当初の派遣者数は毎年、双方100名ずつ。途中で一時20名まで減少した時期や、1年間中断したこともあったが、最近は50名の枠で実施されている。研修期間は約1年間である。

エチェベリア大統領には、親日的であるというほか、1968年の学生紛争で混乱したメキシコの若者たちに、明治以降の日本の目覚ましい近代化についてその要因は何であったかを認識してもらい、帰国後は日本で学んだ知識や技術を国のために役立ててほしいという期待があった。メキシコからの留学生は主として、海外技術協力事業団などでの研修コースの後、経済団体連合傘下の企業で実習するという内容であった。

一方、日本の外務省は、メキシコの受け入れ機関である国家

第1期生によるエチェベリア大統領謁見（1971年6月4日、大統領官邸にて）（CONACYT 提供）

科学技術審議会（CONACYT）に対して、メキシコ各地の大学（第1期生の研修機関は首都メキシコ市にある国立自治大学、コレヒオ・デ・メヒコ、国立人類学歴史学学校、それに地方のグアダラハラ州立大学、グアナファト州立大学、オアハカ州立大学、およびベラクルス州立大学）で、スペイン語の習得、それにメキシコおよびラテンアメリカの政治、経済、文化などについて学べるプログラムを提供してもらい、将来、これらの地域で第一線で活躍しうる人材の養成を目的としていた。

当時この制度は、現地でスペイン語をマスターしたい、あるいはメキシコやラテンアメリカについて知りたいと思っていた若者にとっては、国費で留学できる初めての願ってもないチャンスだった。日本からは企業などの若手社員50名、そして一般学生50名であった。現在は官庁あるいは各種団体の派遣生25名、大学院生・研究者25名となっており、企業からの参加者は事実上なくなっている。

「日墨交流計画」実現のために、その橋渡し役を果たした林屋永吉（当時、在メキシコ日本大使館付属日本文化センター所長）にインタビューした際、次のようなことを聞かされた。100名の研修生の中に多数の女性がいることについて、ある上司から「女性は（すぐに結婚するので）将来役立たない」

といわれた。しかしメキシコ側は、「そんなことはない。就職しなくても、帰国後すぐに結婚しても、構わない。その女性が結婚後、子どもにお母さんは若いときメキシコに行なっていた。楽しい所だったというだけで、この計画の目的は達せられるのだ」といったという。当初は学業だけでなく、こうした友好関係の促進も重視する柔軟な考え方がメキシコ側にはあった。

研修生は皆、メキシコ人の家庭にホームステイしたが、帰国の際、女性の中には「メキシコのお母さん」との別れに涙した者も多かった。ともかくこの制度が両国の相互理解の面で大いに寄与してきたことはいうまでもない。元研修生を会員とする「日墨交流会」が1994年に設立されたのも、1つにはお世話になったメキシコの良さを広く知ってもらいたいと願ってのことであった。日墨両国の受け入れ体制にはさまざまな課題が存在したが、多くの者はそれも人生における貴重な体験だとして、前向きに努力したものである。

元研修生たちは、現在文字通り各界で活躍している。たとえば、スペイン語を話す大企業の社員にどこで習ったのかと問えば、「日墨交流計画」の留学生としてメキシコで、と答える者が多いであろう。なかには一流企業の取締役、官庁の局長、あるいは衆議院議員になっている者もいる。またラテンアメリカ諸国に派遣されている駐在員の多くが元研修生である。各大学のスペイン語、それにメキシコやラテンアメリカ関係の政治、経済、文化などの講義を担当する教員のかなりの部分もこの制度の利用者だといってよい。学会関係では、人類学会世界協議会の代表幹事や日本ラテンアメリカ学会の理事長に就任している者もいる。その他、たくさんのメキシコ・ファンを輩出している。こうした意味でも「日墨交流計画」が果たしてきた成果は、実に大きいと断言できるであろう。

時代も変わり、近年は従来のスペイン語やメキシコに関する学業と、メキシコ人との親睦を主としてきた柔軟なものから、日本人だからといって他の国の留学生と区別せずに、授業成績が重視されるものへと変化してきている。さらに2010年2月、フェリペ・カルデロン大統領と鳩山由紀夫首相は、東京において日墨戦略的グローバル・パートナーシップに関する共同声明を発表した。これにともない、これまでの「日墨研修生・学生等交流計画」は、名称が「日墨戦略的グローバル・パートナーシップ研修計画」と改められた。これは両国がこれまでの「日墨交流計画」の成果を踏まえ、同計画に両国の現在のニーズを反映させつつ、戦略的にグローバルなパートナーシップを強化する方向へと発展させるためである。

現在、この「研修計画」は次の3コースに分かれている。①「スペイン語・メキシコ文化コース（派遣生34名）、②「専門コース」（3名）、および③「短期コース」（16名）である。①のコースでは、特定の分野について専門性を有する者が、自らの研究活動や実務に役立てる観点から、スペイン語の習得を中心とした研修を受けることが予定されている。②のコースでは、大学などにおける専門分野の授業受講に必要なスペイン語能力をすでに有する者が、各自の専門分野の研究をスペイン語で行なうことが予定されている。これら①と②の両コースの研修は約1年間となっているが、公的機関や企業などの受け入れ証明書があれば、一定期間のインターンシップが認められる。③のコースの期間は約2週間で、公的機関や国立研究所が日本側と協議した各種のテーマについて本人が希望するテーマで研修を受ける。使用言語は英語となっている。このように研修制度は、時代と共により充実したものとなり、毎年、日本から優秀な若者たちが参加している。

（高山智博）

65

日本とメキシコの学術文化交流

★日本とメキシコを結ぶ知的交流★

日本とメキシコの関係は19世紀に始まる移民と貿易関係の歴史を有するだけでなく、20世紀後半からは学術文化交流を含めた幅広い関係を築いてきた。

第二次世界大戦の終結後、日本の国際社会への復帰を願い、1951年に承認された国連総会決議をいち早く促進したのがメキシコであった。その後の両国の学術文化交流の源泉は、1952年にニューデリーから在日公館長臨時代理として東京に着任した、のちのノーベル文学賞詩人オクタビオ・パス（当時は二等書記官）とパスの盟友であった外交官林屋永吉に求められる。ともに豊かな文学的教養を備えた外交官として知られていた両者は協力し合い、戦後の両国の文化交流の礎として「浮世絵版画展」をメキシコで開催、一連の講演会が日本で催された。そして1954年の岡崎勝男外務大臣のメキシコ訪問を機に文化協定が構想され、同年に「日墨文化協定」が締結された。戦後の日本が外国と最初に結んだ文化協定である。それはパスと林屋の両国の文化交流を願う証しであった。両者はのちに松尾芭蕉『奥の細道』を「センダス・デ・オク」としてスペイン語に翻訳し、パスは随筆や詩歌を通して日本文化の神髄を説き、

第65章

日本とメキシコの学術文化交流

世界中に関心を呼び起こした。

戦後、日墨両国の友好関係の促進を目的として1956年に「日墨協会」が設立されたが、両国の文化交流の場としてメキシコ市に建設された「日墨文化会館」の存在も大きい。その後、1964年の東京オリンピック、それに続く68年のメキシコシティ・オリンピックを機に両国の交流は促進され、1971年には、時のエチェベリア大統領（任期1970～76年）の提言によって、100名ずつの研修生および学生を交換する「日墨研修生・学生等交流計画」が開始された（64章参照）。この交換留学制度は「日墨戦略的グローバル・パートナーシップ研修計画」に改名され、現在まで両国の留学生は4千名を超え、64章で紹介されているように両国の幅広い分野における人材交流に大きく貢献してきた。

1981年に設立された「日墨友好基金」の意義も大きい。1978年のロペス＝ポルテーリョ大統領（任期1976～82年）の訪日の返礼として大平正芳首相が訪墨した際に、「両国の各分野における人造りを可能とした日墨研修生計画に対し、改善をはかりつつ支援する」旨が話し合われ、「文化交流が両国間の真の友好関係の基盤たる両国国民間の相互理解を増進する上で果たす極めて重要な役割を認識するとともに、芸術・学術・スポーツ・その他文化の分野における交流を今後とも促進していく」ことが確認された。その結果、両国の学術文化交流を助成する目的で、日本政府からの100万ドルの贈与を基にいわゆる「大平基金」が発足した。基金は日墨両国の学術文化交流を促す「文化の懸け橋」となっている。

その後、日墨友好400周年にあたる2010年にはカルデロン大統領の招待で御宿町《おんじゅく》親善訪問団がメキシコを訪問、姉妹都市でもあるプエブラ州のテカマチャルコ町を訪ね親善交流を図った。さ

州立グアダラハラ大学における「日本文化週間・日墨400周年記念祭典」のポスター（筆者撮影　2014年5月）

らに、州立グアダラハラ大学では「日本週間――日墨４００周年記念祭典」が開催された。両国の学術文化交流はさらに推進され、大学間では学術研究交流や短期研修が実施され、学術協定さらには学生・研究者交換協定が締結された。協定先の主な大学機関としては、モンテレイ大学、モンテレイ工科大学、ヌエボレオン自治大学、州立グアダラハラ大学、グアダラハラ自治大学、グアナファト大学、プエブラ栄誉州立自治大学、ベラクルス大学、パナアメリカーナ大学、メキシコ国立自治大学などである。長岡技術科学大学とグアナファト大学のように大学院レベルでのダブルディグリー（2つの大学の学位を同時に取得できる制度）を実施している大学もあれば、千葉工業大学と日系自動車メーカーが進出しているアグアスカリエンテス州にあるアグアスカリエンテス工科大学の例や、東京農業大学と農業分野で世界水準を誇るチャピンゴ自治大学の学術協定、明海大学歯学部とメキシコ州立自治大学の例もある。メキシコでは日本語教育および日本研究も盛んであるが、メキシコ国立自治大学のように附属機関として「国立言語・言語学・翻訳学校」（ＥＮＡＬＬＴ）を設置し、複数の専任教員が日本語教育に従事している大学もあり、同機関と学生および教員の交換を計画中の大学もある。神田外語大学のように、協定校である州立グアダラハラ大学と共同で「日本研究センター」を設置し、日本語および日本文化教育を実施している大学もある。

加えて、２０１７年の日本人メキシコ移住１２０周年、さらに２０１８年の日墨条約締結１３０周年を記念して数々の日墨関係についてのシンポジウムが開催された。その1つにメキシコ国立自治大学政治社会学部と国際交流基金の共催で実現された「日本とメキシコ――日墨外交130年の歴史」がある。学術研究学会においても、日本ラテンアメリカ学会やラテン・アメリカ政経学会を中心に学術交流が展開されている。なかでも2018年6月に開催された日本ラテンアメリカ学会の第39回定期大会では、日墨関係が注目される現状が反映されて、テオティワカンに関する「メキシコ先住民のコスモロジー」や、「軍事国家アステカ王国をめぐって」「日墨関係の130年」「メキシコ自動車産業の現状と課題」など多岐にわたって研究発表が行なわれ議論が交わされた。

日本とメキシコの大学・教育機関の長が一堂に会する「日墨学長会議」がある。第1回会議は2011年に東京大学で、第2回会議は2014年にグアナフアト市およびアグアスカリエンテス市で開かれ、第3回会議は2017年12月1日から2日にわたり広島大学を主催校として開催された。日本側から30、メキシコ側から37の大学と研究機関から約150名が出席した17年の会議では、「産学官連携によるイノベーションに向けた協働」をテーマに、「産官学連携」「研究連携」「連携の基礎としての学生交流」「未来志向の日墨間の大学交流」の4つのセッションにおいて、各大学の学術や科学技術分野の交流の取り組みが紹介され、議論が交わされた。次回の日墨学長会議は2019年にメキシコ国立自治大学で開催されるが、今回の日墨学長会議においては、「両国における学生および研究者の交流、共同研究などによる知の深化、イノベーションの創出、企業の求める人材育成など、大学の果たす様々な役割への期待が高まっている」現状が認識された。学術文化交流は日本とメキシコを結ぶ文化の絆である。灯された灯りは永遠に消してはならない。

（柳沼孝一郎）

66

メキシコ大学院大学

★ラテンアメリカ地域の日本研究センター★

日本では「メキシコ大学院大学」として知られるエル・コレヒオ・デ・メヒコ（COLMEX）は、日本研究で修士号を取得できるラテンアメリカ地域のスペイン語圏では唯一の大学院課程を有する研究教育機関である。

メキシコ市南西部に校舎を構えるCOLMEXは7つの研究センター（歴史研究センター、言語・文学研究センター、社会研究センター、地域研究センター、人口・都市・環境研究センター、経済研究センター、国際関係研究センター）があり、そのうち経済研究センターと国際関係研究センターにのみ学部レベルのコースが設置されている。しかし7つの研究センターはいずれも研究者・専門家養成を目的とした少数精鋭主義の大学院教育を中心にした構成となっており、2017年の公開資料によると在学生総数368名、専任教員180名であった。この構成からメキシコ大学院大学は、世界でも数少ない、少数精鋭の専門家育成を目指す教育研究機関であるといっても過言でないであろう。

またCOLMEXはシンクタンクとしてメキシコ政府の顧問機関的存在でもある。政府関係のさまざまな組織の顧問や委員会のメンバー、さらには研究対象国の大使に任命された教員・

研究者たちが幅広く活躍している。卒業生の多くが外務省をはじめとする高級官僚の地位についているほか、多くの研究者やジャーナリストなどを輩出しており、入学の審査が厳しいことでも知られている。

400名近い在学生のすべてが奨学金を支給されて学業に専念する義務を有していることもメキシコの高等教育機関としては稀有な存在である。メキシコ国籍を有する場合には国家科学技術審議会（CONACYT）の奨学金が支給され、留学生の場合にはさまざまな機関の奨学金を受けて、学習・研究に専従することが義務づけられている。教員・研究者のすべては専任職で、180名にのぼる教員の国籍は多様である。

メキシコ大学院大学の外観（筆者撮影　2018年）

COLMEXにおける日本研究は、1960年代にユネスコの支援によるアジア・アフリカ研究の組織づくりによって始まった。その結果、COLMEXの国際関係研究センター内に東洋研究部が1964年に設置され、4年後の68年にアジア・アフリカ研究という独立した組織となり、81年にアジア・北アフリカ研究センターへと発展した。さらに同研究センターの名称は、91年にアジア・アフリカ研究センター（CEAA）という現在の名称に変更され、中近東研究科、南アジア研究科（旧インド研究科）、アフリカ研究科（旧北アフリカ研究科）、日本研究科、中国研究科、東南アジア研究科が設置されている。2000年代に韓国研究科が設置されたが、その後さまざまな理由から現在は廃止されている。

入学希望者に求められる必須要件は高校の成績が最低8・1（最高10）、全員に奨学金が支給される代わりに入学後は学業専従の義務を負い、2年間の修士課程で必要とする科目の履修と修士論文の提出である。各研究センターとも募集は2年ごとに行なわれ、センターによって差異があるものの、10数名から20数名の学生が受け入れられ、専門科目を集中的に受講する。そのレベルの高さと学生への対応は学習研究指導のみならず生活指導にまで及ぶことで知られている。またメキシコ国籍の学生に対して国家科学技術審議会（CPNACYT）から修士課程で月1万1000ペソ、博士課程で1万3000ペソの奨学金が支給され、ラテンアメリカ諸国からの留学生に対してはメキシコ外務省の開発協力奨学金（マリオ・オヘダ奨学金）が支給され、学業への専従を可能にしている。ちなみに最低賃金の約4倍にあたるこの奨学金は、例外的な高額奨学金であり、勉学に集中するのに十分な額である。

このような教育研究体制の中で、アジアとアフリカに対象を限定した地域研究センター（CEAA）を維持するCOLMEXの評価は国際的にも高い。このCEAAの中に位置づけられている日本研究科は、メキシコのみならずラテンアメリカのスペイン語圏における日本研究者の養成機関の役割を果たしている。これまでに50名以上の日本研究修士号を授与し、博士号を取得した数は5名に達する。ただし現在は博士号の授与は中止されている。修士号を取得した多くは政府機関にポストを得ているが、さらに日本政府の奨学金を得て日本で博士号を取得した者もいる。このようにCOLMEXはまさにラテンアメリカにおける日本研究の登竜門となっている。

1990年代から急速に進展した新自由主義経済政策（市場主義と競争原理の導入）によってメキシコ

の高等教育現場は全般的に大きく変化し、とりわけ高等教育機関では国際基準に合わせた競争原理が導入され、21世紀初頭に研究環境が大きく変わった。その中でCOLMEXは大統領府直属の機関である国家科学技術審議会（CONACY）が全国から選出した28の重点的高等教育研究機関の1つとなり、CONACYTの政策に合わせた人事・給与体系・教育課程に関する大幅な改革と競争原理が導入された。

この大学院教育制度の改革によって、2000年度の入学生から修士課程がそれまでの3年制から2年制に短縮された。制度的には米国および日本の大学院制度とほぼ同じである。しかし地域研究センターの場合、各専門研究の対象地域の語学教育および基本的な基礎研究入門科目の履修に割く時間が圧縮されたため、志願者を書類で選抜したのちに夏休みを利用した2か月の集中語学研修と基礎的入門科目を学ぶ期間が設けられ、その集中研修コースに合格して初めて正規の修士課程学生として受け入れる制度となった。そのために、学生の募集は2年に1度となっており、各センターによって差異があるものの、多く採用しても20～30名である、日本研究科は修士課程に10名前後の学生を受け入れている。かつて博士課程を設置していた時期があったが、現在は中止されている。日本研究科では、2名の日本語教員（日本人）と日本史、日本経済および日本文化を専攻する専任教員が修士課程の教育に当たっている。

教育研究の現場におけるグローバル化も急速に進んでおり、COLMEXの日本研究科は同じ首都圏にあるメキシコ国立自治大学（UNAM）との合同日本研究センターの設立を構想しており、教員と学生の交流および単位認定などの協定に向けた取り組みが目下進展中である。

（国本伊代）

67

日本の対メキシコ技術協力の歴史

★二国間協力とJMPP★

メキシコに対する日本の技術協力は、1973年の海外技術協力事業団（現国際協力機構＝JICA）メキシコ事務所開設を契機に本格化した。86年には日墨技術協力協定が締結されたほか、2003年には第三国への技術協力を日本とメキシコが共同で実施するための枠組み文書である「日本・メキシコ・パートナーシップ・プログラム＝JMPP」が署名された。JMPPの署名により、メキシコは日本との間の二国間協力だけでなく、日本との協力により獲得した技術などで他の途上国の開発を支援するといった形の協力においても重要なアクターとして位置付けられている。

メキシコにおけるJICAの技術協力は、防災、環境管理、自然環境保全、保健・医療、農業・農村開発、民間セクター開発など多岐にわたる分野で実績がある。いくつか代表的な事例を次に紹介しよう。

防災分野においては、1985年9月に大地震による被害を受けたメキシコに対し、国立防災センター（CENAPRED）の建物の建設を行ない、主要機材を設置した。その後CENAPREDに対して、強震観測や耐震構造などの地震

地震頻発地域の子供たちに津波の話をする日本人専門家
（JICA 提供　2017年）

防災技術に関する研究、その研究の成果を生かした研修事業の開発・実施などの技術協力を行なった。ＣＥＮＡＰＲＥＤは、第三国に対する研修や専門家派遣といった技術協力をＪＭＰＰの枠組みで実施するようになるなど、メキシコ国内だけでなく、中南米・カリブ地域における耐震建築技術をはじめとする防災対策や市民安全を推進する中核センターとして国際的にも高く評価されている。２０１８年現在も、将来の巨大地震と津波の規模を予測するための研究を日本の大学やメキシコ国内の大学とともに実施している。

環境管理分野における代表的な技術協力は、１９９３年に設立された環境研究研修センター（ＣＥＮＩＣＡ）に対する協力である。ＪＩＣＡは１９９５〜２０１５年の間、ＣＥＮＩＣＡに対し大気汚染物質の分析や廃棄物管理などに関する複数の技術協力を行なってきた。２０１２年にはメキシコ政府機関の再編によりＣＥＮＩＣＡは発展的に解消して環境・気候変動国立研究所に統合されたものの、ＣＥＮＡＰＲＥＤと同様に、第三国への技術協力を実施する機関にまで成長している。２０１８年現在のメキシコ市では、オゾン、ＰＭ10、二酸化硫黄などの大気汚染物質の値を常時計測して大気汚染の程度を公開するスマホアプリが普及している。日本のメキシコ政府機関に対する長年の技術移転の結果がメキシコ市の一般市民の生活に浸透していることが実感できる良い例であろう。

また、CENICAに対する協力以外にも、メキシコ市に対する下水処理の改善やメキシコ湾の沿岸水質モニタリング技術の向上などを通じた人材育成により、メキシコの環境汚染防止能力の向上につながる協力が実施されてきた。

自然環境保全分野においては、フラミンゴの群生で観光名所となっているユカタン半島の湿地の開発に伴う生態系の悪化や、観光客と地域住民による自然保護区の資源利用の増加など環境に悪影響を及ぼす多くの問題に対して、人材開発や施設整備を含む湿地生態系の保全体制の強化を行なった。この技術協力は、国家自然保護区委員会を協力相手として実施されたもので、市民生活の向上や観光振興といった開発と自然保護との両立に貢献している。

保健・医療分野においては、がんや心臓疾患といった死亡率の高い疾病の診断・検査・治療に効果をあげてきた協力実績がある。例えば、子宮頸がんの早期発見率の向上により死亡率の減少に寄与したプロジェクトや、患者の体にやさしい治療技術の普及を目指すプロジェクトが挙げられる。メキシコ人の死亡要因は、第1位が糖尿病、第2位が心臓疾患であり、その原因としては高カロリーで安価な加工食品の普及やライフスタイルの変化などが指摘されている。これらの原因を根本的に減らす予防はもちろん必要だが、一方で患者の負担を減らす治療も重要である。カテーテルを足の付け根から挿入する治療法に比べて、患者への身体的負担がより少ない手首からカテーテルを挿入する「経橈骨《けいとうこつ》動脈インターベンション（TRI法）」という技術がある。この技術の普及により、患者への身体的負担が軽くなるだけでなく、患者の入院期間が短縮され、より多くの患者が治療を受けられるようになるというメリットもある。ＪＩＣＡは保健省に対してＴＲＩ法を用いた虚血性心疾患の検査・治療の普及に関する支援を行なっている。

農業・農村開発分野においては、家畜疾病の診断、野菜生産、農業機械検査などの技術の向上や、乾燥地域の農業開発、農村部で生計を立てる住民の生活向上といった協力を行なってきた。

民間セクター開発分野においては、１９８０年代前半までの国内産業保護政策から市場開放による国内製造業の近代化政策に転換したメキシコにおいて、大量に流入してくる輸入品との厳しい競争に耐え得るほどの競争力を持っていない多くの国内中小企業に対する支援体制を強化する協力を行なってきた。２００５年4月に発効した日本・メキシコ経済連携協定により日本とメキシコの経済関係がいっそう強化される中、メキシコには２０１７年末時点で少なくとも１１５７社の日系企業が存在し、11年末と比較すると約2倍になるなど、メキシコに進出する日系企業は急増している。ＪＩＣＡが実施する民間セクター開発分野の技術協力は、その成果が日系企業にも裨益《ひえき》するような形を目指すことも必要である。特に日系企業が多い自動車産業の技術協力については、第69章に詳しく紹介されている。

２０１８年3月までのＪＩＣＡのメキシコに対する技術協力の累計実績額は約７６５億円で、中米・カリブ地域では第1位、中南米地域全体でもブラジル、パラグアイに次いで第3位である。７２６９人のメキシコ人研修員が日本の技術を学び、２５４０人の日本人専門家がメキシコに対する技術移転に携わった。青年海外協力隊などのボランティアは４３２人の派遣実績があり、草の根レベルでの技術協力に大いに貢献している。民間企業もＪＩＣＡの技術協力の重要なパートナーとして近年ますます注目される存在となっている。

（松本仁）

68

バヒオ地域に進出した日本の自動車産業

★直面している課題★

バヒオ地域は、メキシコ北部高原地帯の南端に位置する標高1700メートルから2000メートルの盆地で、周辺を3000メートル級の山々に囲まれている。アグアスカリエンテス、グアナフアト、ケレタロ、サンルイスポトシ、ハリスコの5州にまたがっており、現在の主要都市の多くは1548年にグアナフアトで発見された豊かな銀山の開発、新たに出現した銀を運ぶ街道の宿場、また生産活動を支える農牧業によって発達してきた。

同地域は、48章で紹介されている外資系自動車産業の誘致政策をテコとして21世紀に入って急成長を遂げ、現在ではメキシコの一大自動車生産地帯へと変貌し、「メキシコ工業化のモデル地域」とさえ呼ばれている。日本の完成車メーカーも、1982年の日産をはじめとして、2014年にホンダとマツダ、2019年（予定）にトヨタと、相次いで同地域に工場を開設し、北米市場向けの小型車を中心に生産している。これら日系4メーカーはメキシコの完成車総生産台数の4割近くを占めており、米国勢に次ぐ存在感を示している。日本貿易振興機構（JETRO）の2018年の調査によると、メキシコに進出している日系の自動車部品メーカーは３１４社、素材メーカーを含めると約５００社に達し、その多くがこの地域に集中している。その結果、写真にあるような日本語の看板が幹線道路にみられるほど活況を呈している。このため２０１６年にグアナファト州レオン市に日本の総領事館が設置され、日本から派遣される従業員とその家族の増加に対応している。

「ようこそ」と日本語で書かれた、幹線道路の看板（グアナファト州内国道45号線）（上島篤志撮影　2018年）

しかしながら、日本の自動車関連企業の生産活動がすべて順調に進んでいるわけではなく、メキシコ側の現地事情を十分に理解した上での努力が必要な課題も山積している。メキシコ自動車製造業の強みは、米国の数分の１ともされる安い労働賃金にあるが、その労働力を有効に使いこなし、地元の経済発展にも利するような活動を日系企業が主導するのは、決して容易ではないからである。以下、日系企業が直面している課題を紹介しよう。

第１の問題点は、完成車メーカーを支えるメキシコの現地自動車部品製造企業の数が十分でないだけでなく、その製品の品質が悪くコストが高いことである。メキシコ同様に自動車外資が集中し年産２００万台のタイの現地自動車部品企業数２０００社と比較すると、メキシコは年産３９３万台に対して１３００社に留まり、裾野産業の発展が不十分であることがわかろう。品質に関しては、製造工程の管理の甘さや作業員の不注意などによる製品の不良品率が高く、日系企業が求める不良品率をクリアできない企業が多い。またそもそもメキシコ国内の研究開発製造力が低く、原料となる鋼材も高品位のものが生産できないため、高付加価値品の製造が難しい。コストに関しても、日本では部品メーカーが完成車メーカーからの毎年の納入価格引き下げ要求に対応するが、部品メーカー間での競争が厳しくないメキシコではそのような努力が乏しい。また完成車メーカーが要求する品質・コストを満たせる部品メーカーが少ないため、一部メーカーに注文が集中する。その結果、コストが下がりにくい。対策として日本の完成車メーカーは日系の部品メーカーと共に進出したり、現地部品メーカーの技術向上に向けた指導を行なったりしている。

第2の問題点は、バヒオ地域における労働力不足である。日・欧・米の9社の完成車メーカーが生産しているために、過剰投資状態にあり慢性的に労働力が不足し、多くの企業が人材の確保と育成に苦労している。その背景には、一般労働者の教育水準が低く、近代的な製造業の現場作業に馴染めず、数か月以内で離職するケースや、外資が期待する規律ある労働規範が一般労働者の間で低いという社会的・文化的問題が存在する。また労働環境に慣れても、近年給与水準が上昇しているため、わずかに高い給与を求めて、容易に他社に転職するケースも少なくない。最も外国投資が集中しているグアナファト州では、月の離職率が平均8~10%にも達している。対策として日本の自動車（部品）メーカーは、州内の遠隔地から通勤する従業員のための無料送迎バスを運行したり、社長自らが製造現場を定期視察して現場の声を反映する努力をしたり、家族思いでイベント好きなメキシコ人の国民性を踏まえて家族を招待する社内イベントを毎月開催したり、社員教育を充実するなど、人材の確保と育成に努めている。

これらに加えて第3の問題点は、米国トランプ政権の北米自由貿易協定（NAFTA）見直し要求を受けた協定改定交渉の行方が不透明なことに由来する政治的リスクである。メキシコはNAFTAの恩恵を受けて生産車の7割を北米（米国及びカナダ）に輸出している。しかしトランプ政権は原産地規則（米国・カナダ・メキシコで作られた部品を一定の割合以上使っていれば、域内の製品とみなして関税をゼロとする規則）を、現行の62・5%から85%に変更し、且つ米国製部材を50%以上使うことや、鉄鋼やアルミなどの原材料も原産地確認を行なうこと（現行の規則では、鉄鋼やアルミなどの原材料が米国・カナダ・メキシコ外からの輸入品であっても、3か国内で製造加工が行なわれれば、域内生産とみなしている）などを要求している。メキシコとカナダはさまざまな代替案を出しているものの交渉は長期化している。

これらの課題に対してメキシコ側も、NAFTA再交渉については米国と日本の自動車（部品）メーカーおよびカナダ政府と共に、「既存の自動車製造チェーンを壊して自動車価格の上昇につながり、米国消費者にとってもメリットとならない」として反対し、2017年から米国政府と粘り強い交渉を重ねると同時に、北米市場に依存する状態から脱却すべくEUや南米、アジア市場向け輸出を拡大している。第1と第2の問題点については、バヒオ地域の各州政府の経済開発局や自動車産業クラスター協会などが部品産業振興策に取り組んでいるほか、次章で述べるJICAとの技術協力プロジェクトで改善を図っている。

（水野真鈴／上島篤志）

※本章は2018年8月時点でまとめられているため、その後の展開には触れていない。

69

メキシコにおける JICAの自動車産業支援

★生産現場の改善活動と人材育成★

日本政府による開発途上国の経済社会開発を実施する国際協力機構（ＪＩＣＡ）の支援政策の基本方針は、「社会的弱者に配慮した経済の持続的成長」である。開発途上国の中で上位中所得国に分類され、経済協力開発機構（ＯＥＣＤ）のメンバー国でもあるメキシコに対する日本の支援政策は、メキシコ政府が策定した「国家開発計画２０１３〜18年」に沿って、産業振興、特に中小企業や裾野産業の振興を目標としている。１９９０年代以降、ＪＩＣＡは中小企業コンサルタント育成、プレス・プラスチック成形・家庭電気製品製造等の産業分野での技術協力を行なってきた。近年はメキシコの自動車産業の急速な発展と、前章に挙げた課題（「不十分な裾野産業」と「質の高い労働力の不足」）を踏まえて、同産業の「技術分野」と「人材育成分野」に対して支援を行なっている。

個別のプロジェクトの説明の前に、ＪＩＣＡの産業分野の支援方法について簡単に述べる。産業分野におけるＪＩＣＡの支援の柱は、「カイゼン精神の伝授」である。カイゼンとは、日本の高度経済成長の立役者となった製造業における、品質・生産性向上のための継続的な取り組みを意味するもので、

JICAは近年、メキシコのみならず世界各国で〝KAIZEN〟の名で事業を行なっている。5Sとよばれる「整理・整頓・清掃・清潔・躾《しつけ》」や「作業の無駄どり」などの工場・職場の作業効率化の取り組みに始まり、TPS（トヨタ生産方式の英語頭字語）やTQM（総合的品質管理の英語頭字語）などの体系的な生産管理方式・経営管理手法までを含むものである。

JICAがカイゼンを途上国支援の手段として推す理由は主に次の3点である。第1に、カイゼンは製品やサービスの種類を問わず、企業が競争力をつけるための土台になること。第2に、新たな物資を投入するのでなく、知恵を使って今あるものの効率を上げるという考え方により、資本力のない途上国の中小企業でも初期投資を行なわずに取り組めること。そして第3に、ツールも平易であり、特別な技術がなくとも実践できることである。

メキシコに話を戻すと、「技術分野」での支援としては、まず「自動車産業基盤強化プロジェクト」（2012〜15年）を行ない、続いて「自動車産業クラスター振興プロジェクト」（2018〜23年）を実施している。現在進行中の後者に関しては、対象地域はバヒオ地域4州（アグアスカリエンテス、グアナファト、ケレタロ、サンルイスポトシ）、協力対象は各州政府の経済開発局とクラスター協会（各州の自動車産業の振興を担う公的機関）である。目標は日系自動車部品製造企業とその下請けのメキシコ系自動車部品製造企業の間の取引増大であり、具体的な活動としては、①メキシコ系自動車部品製造企業のデータベース作成や日本・メキシコ企業間の商談会開催、②日本人の自動車（部品）製造の専門家をメキシコ企業に派遣してのカイゼン指導、③幅広い企業を対象とした自動車産業全般に関する公開セミナー、④各州政府への自動車産業支援策の政策提言に分けられる。また、プロジェクト期間が終了し日本人専門家の派遣がなくなった後でもメキシコが独自に取り組みを継続できるよう、日本人専門家の指導にメキシコ人のトレーナーを同行させてカイゼン指導員を同時に育成する、各州政府・クラスター協会にプロジェクトの運営を担当してもらうなどの工夫をしている。

一方の人材育成分野に関しては、2015～20年にわたって「自動車産業人材育成プロジェクト」を実施している。これは、協力対象をメキシコの国立職業技術高等学校（CONALEP）とし、対象州のバヒオ地域3州（アグアスカリエンテス、グアナファト、ケレタロ）からモデル4校を設定して、同校に「自動車産業コース」を新設するプロジェクトであり、学生に対して日本の「カイゼン精神」を教え込むことで、日系を含む自動車企業のニーズに対応した人材を育成することを目標にしている。モデル4校での具体的な活動としては、①「自動車産業コース」の設立と実施体制の確立、②授業のカリキュラム作成、③教員への技術移転、④教員による授業の実施、⑤自動車産業の間の連携強化などを行なっている。技術指導においては、日本人の自動車専門家からCONALEPの教員に対して、「カイゼン精神」や品質管理技術・生産技術の基礎の伝授を行ない、教員は自分でそれを他人に説明できるレベルまで理解した上で生徒に対して授業を行なうという形態をとっている。このように、日本人専門家から直接生徒に指導するのではなく、教員を育成することでプロジェクト終了後も同コースが継続・発展していける体制作りを目指している。4校合わせておよそ300人の第一期生が2016年に入学し2019年6月に卒業予定で、日系を含む自動車関連企業への就職が期待されている。

これら2プロジェクトについて、当然のことながら、プロジェクトの限られた期間では専門家を派遣できるのは一部の企業や高校だけである。従ってこれらのプロジェクトを行なうにあたって重要な考え方は、「成功例を作ること」と考えている。カイゼン指導を行なったメキシコ企業が目覚ましい業績向上を達成し日系企業との取引を増大させる、CONALEPモデル校の卒業生が就職先で他校卒業生と比べて抜きんでて良い評価を得る、といったことが実現すれば、その例を追う第2、第3の企業／高校が自発的に現われ、活動が継続・発展することが期待されるからである。

自動車産業人材育成プロジェクト日本人専門家による教員指導
（自動車産業人材育成プロジェクト撮影　2015年）

なお、いずれのプロジェクトも、日本人の専門家としては日本の自動車（部品）メーカーの現役社員とOB社員が参加しており、質の高い支援を展開している。また、メキシコに進出する多くの日系自動車関連企業ともさまざまな形で連携し、プロジェクトの成果が現地の日系企業へも還元される内容となっている。対象地域の多くの日系企業から、CONALEPの第一期卒業生の採用希望が表明されている。

一方、このようなJICAのプロジェクトに対して、メキシコ側も全面的に協力している。地元新聞でも度々好意的に報道されるなど評判は高く、メキシコにおけるJICAの技術協力において最も注目を浴びている最重要案件となっている。

（水野真鈴／上島篤志）

70

エスパシオ・メヒカーノ

★駐日メキシコ大使館の文化活動★

　地下鉄銀座線の赤坂見附駅を出て、目前の山王グランドビルとプルデンシャルタワーの間の坂道を登り切ったところ、都立日比谷高校の向かい側にメキシコ大使館がある。日墨条約締結後の１８９２年以来、メキシコ公館（１９４５年の戦災で焼失）が所在しているゆかりの地である。国会議事堂や首相官邸がある日本の中枢に位置するこのメキシコ大使館は、４００年におよぶ深い絆で結ばれた日墨友好関係の象徴でもある。

　外国に設置される在外公館は国家を代表するシンボルであるが、それを物語る事件がある。１９１０年に勃発したメキシコ革命の最中、「悲劇の10日間」と呼ばれるマデロ大統領に対する軍事クーデターが起こった際、日頃から親交のあったマデロ大統領の夫人および父母親族が日本国公館に庇護を求めて避難、「サムライ外交官」の名でも知られた堀口《ほりぐち》九《く》萬一《まいち》臨時代理公使が人道主義の立場から一行を保護した出来事である。休暇で滞在中たまたまクーデターに居合わせた、子息で詩人の堀口大學はその「悲劇」を随筆『白い花束』に記しているが、日墨両国の友情を表す史実として記憶にとどめておきたい。堀口九萬一の「両国は人種的にも同化し、深い絆で結ばれなくてはならない」というスピーチはその想いを今に伝える。

戦後、オクタビオ・パスが１９５３年に着任した頃、公館事務所は帝国ホテル内に開設されていたが、62年のロペス・マテオス大統領（任期１９５８〜64年）の訪日を機に、「両国を結ぶ友好の証」として大使館本館が落成した。両国の建築家による、両国の伝統的および近代的な要素が駆使された建築物である。本館はまた、１９６４年の東京五輪、それに続く68年のメキシコシティ・オリンピック開催に向けた「精神（エスプリ）」でもあった。その後、エチェベリア大統領（任期１９７０〜76年）が来日した１９７２年に別館が着工され、２００９年に文化・芸術・教育そして在日メキシコ人やそのアミーゴス（友人たち）が一堂に会し、友好を深める多目的ホールが別館に開設された。翌10年のメキシコ独立２００周年、メキシコ革命１００周年そしてメキシコ日本交流４００周年に因み「エスパシオ・メヒカーノ」と命名され、以来、大使館の文化活動を支えるホールとなっている。名称の精神は、メキシコの「知の巨人」でもあるオクタビオ・パスの言う「エスパシオ（空間）」に由来する。

エスパシオ・メヒカーノで行なわれた「マルガリータの日」制定記念イベント（壇上はアルマダ特命全権大使）（メキシコ大使館提供　2018年2月）

メキシコ大使館「エスパシオ・メヒカーノ」はさまざまな活動を支援している。なかでも、メキシコの独立記念日（9月16日）を祝して開催される「フィエスタ・メヒカーナinお台場東京」はユニークだ。マリアッチに代表される民族音楽や伝統舞踊、誕生日など子供のお祭りにお菓子を詰めたくす玉「ピニャタ」を割るイベント、タコスやメキシコビールなどの食文化そして迫力満点のメキシコ流プロレス「ルチャリブレ」に３日間で20万人近い来場者が堪能する。まさに、メキシコと日本の友好の輪を広げるビッグイベントである。

メキシコと深いつながりがあり、メキシコ大好き人間で組織される、日本とメキシコ両国の友好親善および経済文化協力を目的とした「メキシコ・日本アミーゴ会」が主催するイベントも後押しする。メキシコ・日本アミーゴ会は「メキシコ歴史文化講演会」を定期的に開いているが、最近では、榎本武揚メキシコ殖民団に端を発する日本人メキシコ移住１２０周年および日墨条約締結１３０周年を記念して、「２０１７年メキシコ歴史文化講座——メキシコ日系移民の歴史とその活躍（全4回）」、「２０１８年——日墨修好１３０周年記念講演会（全4回）」（「メキシコと日本の交流の歴史と変遷」「日本とメキシコ——日墨友好１３０年の歩み」「メキシコと国際貿易——日米との関係を中心に」「日墨文化交流に寄与した日本人——北川民次《きたがわたみじ》と佐野碩《さのせき》」）がこの「エスパシオ・メヒカーノ」にて開催された。

日本人のメキシコ留学生を中心に発足した「日墨交流会」が毎年主催する学術文化イベント「メキシコセミナー」にも、メキシコ大使館「エスパシオ・メヒカーノ」は全面的に支援している。１９９４年の第1回メキシコセミナー「サパティスタ蜂起の視点」をはじめ、林屋永吉「メキシコと私——オクタビオ・パスの思い出など」、黒沼ユリ子「メキシコ生活30年」「20世紀のフリーダ・カーロとシュールレアリズム」「メキシコの佐野碩——光と影の軌跡を辿る」「ポサーダに乾杯！——ポサーダに触発された芸術家たち」「テオティワカン、アステカ大神殿と現代メキシコ文化」「ルイス・バラカンの建築」など多岐にわたるセミナーがメキシコ大使館「エスパシオ・メヒカーノ」との共催で開催されてきた。

第70章

エスパシオ・メヒカーノ

メキシコ大使館は、神田外語大学主催「エスパシオ・メヒカーノ」のように大学などにおいても文化活動を展開しているが、独自に「エスパシオ・メヒカーノ」を会場にした多くの文化イベントを開催している。日墨交流400年にあたる2009年に開かれた「ベラーノ・デ・メヒコ2009（2009年――日本におけるメキシコの夏）」「谷川俊太郎作品の西訳本プレゼンテーション」「20世紀絵画展　モデルニダへの道程――メキシコ絵画の巨匠たち」「天文学講演会――天空をみつめるメキシコ人」「友好400年記念セミナー　御宿《おんじゅく》」「ウィチョル族の伝統アート展」「メキシコ・日本共同〈ゲノム医学〉ワークショップ」「メキシコ現代アート展――ふり注ぐ光のきらめき」などである。さらに、メキシコ独立200周年およびメキシコ革命100周年を祝賀して、「弦楽アンサンブル〈ソリスタス・メヒコ・ハポン〉コンサート」「ヌエバ・エスパーニャ――徳川家康の外交政策の目的」「ブック・プレゼンテーション〈銀街道〉紀行」「ニエベス・ナバロ〈ソプラノ・コンサート〉」、などを開催、最近では、海外の大学の研究者による講演会「フリーダ・カーロのメキシコ」や、日本語訳出版発表会「ファン・ホセ・アレオラ――共謀綺談《きょうぼうきだん》」などを開いている。

両国のスポーツ交流といえば、1968年メキシコシティ・オリンピックのサッカー競技で銅メダルをかけて、興奮の坩堝《るつぼ》と化したアステカ・スタジアムで競い合った日本とメキシコの試合と、ワールドベースボールクラシックでの「侍ジャパン」とメキシコのゲームが象徴的であるが、メキシコ大使館「エスパシオ・メヒカーノ」で繰り広げられてきた文化交流こそ、日墨両国が400年に渡って紡いできた文化交流の歩みそのものだ。「メヒコ的な空間」を意味する「エスパシオ・メヒカーノ」に人々は集い、人と文化の相互交流が継承されていく「空間」だからである。

（柳沼孝一郎）

コラム10

異文化共生を学ぶ日本メキシコ学院

柳沼孝一郎

メキシコ市の南西部、ペドレガル（溶岩地帯）と呼ばれる閑静な高級住宅地の一角に「日本メキシコ学院」がある（日墨学院とも呼ぶ）。同学院は、1974年9月にメキシコを訪問した田中角栄首相とエチェベリア大統領の「両国民の相互理解のために画期的重要性を有し、早期開設を支援する」旨の共同声明に基づいて設立された。74年9月29日に「社団法人日本メキシコ学院」が設立され、76年6月13日にエチェベリア大統領夫妻の出席の下で定礎式が行なわれ、翌77年9月23日にムニョス・レード公教育大臣出席のもとで開校式が挙行されて現在にいたっている。学院創設の陰には、フンダシオン・カスガ（春日財団）のカルロス春日理事長の多大な功績があった。

「リセオ」とも呼ばれる学院は、「メキシコと日本の文化交流を基軸とする多文化・国際教育の先進的モデルに従った全人的な一貫教育を授ける」という理念のもとで、「誠実」「尊重」「規律」を学院の基本的な価値観として掲げ、「人格形成と学力の双方に優れ、かつ常に改善を目指す先進的教育機関」であることを旨とする学校である。

学院は「日本コース」と「メキシココース」に分かれており、企業関係の駐在員の子供たちと永住する日本人および日系人そしてメキシコ人の児童生徒たちが一堂に会して学ぶ世界でも類をみない国際校である。「日本コース」には小学部および中学部が設置され、日本人学校として日本文部科学省の教育課程に基づき、日本の義務教育課程とともに学院が独自に作成したスペイン語のテキストを用いたスペイン語教育、さらに学院編纂の教材『ビーバ・メヒコ21』によるメキシコ理解学習を実施している。「メキシココース」には、幼稚園部前期（3～5歳）、日本人児童クラスを併設したバイカルチュラル部就学前幼稚園後期（5～6歳）、小学部（6～12歳）および中学部（13～15歳）と高等部（16～18歳）が設置され、小・中学部はメキシコの公教育省（SEP）の教育課程に準拠している。高等部はメキシコ国立自治大学の進学基準に準じた教育を行なうと同時に、日本語および日本文化学習のための授業を組み込んでいる。

２０１７年９月に創立40周年記念式典が予定されていたが、同月に発生した震災により自粛延期されて２０１８年２月に規模を縮小して行なわれた。開学から今日まで、日本コースの児童生徒たちは、「共に生き、未来を創るたくましいリセオの子」という教育目標の下で学んできたが、小学部から９９２名、中学部から５０５名の卒業生が巣立っている。１９８０年９月に高等部が開校されると同時に国立自治大学（ＵＮＡＭ）の公認校となり、以来、日本メキシコ学院は名門私立校としてその地位を築いてきた。なかでも「メキシコ・コース高等部」は、２０１８年２月18日付けのメキシコ主要紙によると、メキシコ市内および近郊地域の高校90校中、総合３位であった。２０１７年度に引き続き５年連続の総合第1位獲得にはならなかったが、第1位のメキシコ・スイス高等学校とはわずか0・04ポイントという僅差であった。

そのほか、「グアダラハラ補習授業校」や「グアナファト補習授業校」、そして「国際性豊かで知・徳・体の調和のとれた日本人の育成」を教育目標に掲げる「アグアスカリエンテス日本人学校」の学び舎で、21世紀の国際社会を担う多くの日本人、日系人そしてメキシコ人の児童生徒たちが日本とメキシコの両国の言語と文化を学んでいる。そこから伝わるのは「ことばは世界をつなぐ平和の礎」という理念である。

ユネスコの世界遺産に認定されたメキシコの
最高学府「メキシコ国立自治大学」のキャンパス

フアン・オゴルマンの壁画で知られる中央図書館（国本伊代撮影　2018年）

ダビッド・シケイロスの壁画と大学本部棟（国本伊代撮影　2010年）

――――「メキシコ――日系企業の進出が労働市場に及ぼすインパクト」(『ラテンアメリカ・レポート』2017年 No.2、アジア経済研究所)。
松本アルベルト「南米の日系人、日本のラティーノ日系人――メキシコのカルロス春日という人物」(『ディスカバー・ニッケイ』、2011年)。[https://discovernikkei.org/ja/journal/2011/6/2/nikkei-latino]
――――(セルヒオ・エルナンデス=ガリンド訳)「松本辰五郎とメキシコ・ジャカランダの花のマジック」(『ディスカバー・ニッケイ』、2016年)。[http://www.discovernikkei.org/ja/journal/2016/5/6/tatsugoro-matsumoto]
――――(セルヒオ・エルナンデス=ガリンド訳)「荻野正蔵氏――日墨関係500年の記録を追って」(『ディスカバー・ニッケイ』、2017年)。[http://www.discovernikkei.org/ja/jouenal/2017/8/2/shozo-ogino/]
メキシコ大使館『条約から条約へ』(在日メキシコ大使館、2005年)
「メヒコの心に生きた移民たち――日本人メキシコ移住120周年記念企画展示」(『海外移住資料館だより』第47号、JICA 横浜 海外移住資料館、2017年)。
柳沼孝一郎「『榎本メキシコ殖民』の構想とディアス政権――近代メキシコの殖産興業政策と初期の日本人メキシコ移民」(『神田外語大学紀要』第11号、1999年)。
――――「ディアス政権の産業振興・殖民政策と日本人移民――メキシコのコーヒー産業と日本人殖民構想の史的背景」(『ラテン・アメリカ論集』No.33、日本ラテン・アメリカ政経学会、1999年)
柳沼孝一郎・米田博美・麻井能一・片倉充造訳『日墨修好通商条約百周年記念――アカプルコの交易船ガレオン展 EL GALEÓN DE MÉXICO』(駐日メキシコ合衆国大使館、1988年)。
Fundación Kasuga A.C. [https://www.fundacionkasuga.org/]
Kashima, Abe Graciela. *Primeros Odontólogos Japoneses en México*. Artes Gráficas Panorama S.A. de C.V. México, 2017.
México y Japón en el siglo XIX: La política exterior de México y la consolidación de la soberanía japonesa. Colección del Archivo Histórico Diplomático Mexicano. Tercera época. Serie Documental/14. Secretaría de Relaciones Exteriores. Tlatelolco, México. D.F.: 1976.
Organización de Jóvenes Nikkei. *Vibra joven. Líderes de la felicidad Vibra Joven 2018. XIII Intercambio Internacional de Jóvenes Nikkei*. [http://vibrajoven.wixsite.com/vibra-joven]

S.A. de C.V., 2016.
México desconocido. *Las Rutas de México Turismo Religioso*. CDMX: Impresiones Aéreas, S.A. de C.V., 2017.
NHK／NFB（カナダ）国際共同制作「神秘の蝶　驚異の大冒険――北米大陸5000キロを渡る」（NHK2007年放送）

X　21世紀の日本とメキシコ――相互交流の実績と現況

上田慧「メキシコ新興自動車クラスターと内陸マキラドーラの発展」（『同志社商学』第67巻　第1号、同志社大学、2015年6月）。
江川恵司「『ニュー・デトロイト』と化すメキシコ中央高原」（『海外投融資情報財団機関誌』、2016年1月）。［https://www.joi.or.jp/modules/news/index.php?page=article&storyid=428］
ガリンド、セルヒオ・エルナンデス「カルロス春日小坂氏という人物――日系社会における奮闘と努力のストーリー」（『ディスカバー・ニッケイ』、2017年）。［http://www.discovernikkei.org/ja/journal/2017/10/26/carlos-kasuga-osaka］
コルテス、エンリーケ（古屋英男／米田博美／三好勝訳）『近代メキシコ日本関係史』（現代企画室、1988年）。
清水亨「メキシコにとっての2017年」（『ラテンアメリカ時報2016/17年冬号』ラテンアメリカ協会、2016年1月）。
鈴木康久「グアナファトの自動車フィーバー」（『霞関会』https://www.kasumigasekikai.or.jp/2017-05-10-4/）（閲覧日2018年9月5日）。
――――「最近のメキシコ中央高原の自動車フィーバー」（『ラテンアメリカ時報2016/17年冬号』ラテンアメリカ協会、2016年1月）。［https://www.kasumigasekikai.or.jp/2017-05-10-4/］（閲覧日2018年7月21日）
第14回全メキシコ日系人大会（2018年5月4日）［https://www.pictasite.com/hashtag/2018年5月4日］
中西孝樹「転換点に立つメキシコと南米市場の展望」（『海外投融資情報財団機関誌』、2017年3月号）。
中畑貴雄「依然として進出余地が大きいメキシコの自動車部品産業」（JETRO地域・分析レポート、2018年3月）。
――――「ラテンアメリカの自動車産業を巡る事業環境と最近の変化」（JETRO 海外調査部講演会資料、2017年7月）。
日墨協会『はるばるきたぜメキシコ』（社団法人日墨協会、2016年）。
日墨協会／日墨交流史編集委員会編『日墨交流史』（PMC 出版、1990年）。
星野妙子「メキシコ自動車産業の急成長――雇用と賃金はどう変化したか」（『ラテンアメリカ・レポート』2015年 No.2、アジア経済研究所）。

野谷文昭編『メキシコの美の巨星たち――その多彩でユニークな世界』(東京堂出版、2011年)。
堀尾真紀子『フリーダ・カーロ――引き裂かれた自画像』(中公文庫、1999年)。
パス、オクタビオ(高山智博/熊谷明子訳)『孤独の迷宮――メキシコの文化と歴史』(法政大学出版局、1982年)。
パチェーコ、ホセ=エミリオ(安藤哲行訳)『砂漠の戦い』(『ラテンアメリカ五人衆』集英社文庫、2011)。
ビジャロボス、フアン=パブロ(難波幸子訳)『巣窟の祭典』(作品社、2013)。
ピトル、セルヒオ(大西亮訳)『愛のパレード』(現代企画室、2011年)。
フエンテス、カルロス(古賀林幸訳)『埋められた鏡――スペイン系アメリカの文化と歴史』(中央公論社、1996年)。
――――(寺尾隆吉訳)『澄み渡る大地』(現代企画室、2012年)。
ポニアトウスカ、エレナ(北條ゆかり訳)『トラテロルコの夜――メキシコの一九六八年』(藤原書店、2005)。
ボラーニョ、ロベルト(柳原孝敦/松本健二訳)『野生の探偵たち』(白水社、2010年)。
ボルピ、ホルヘ(安藤哲行訳)『クリングゾールをさがして』(河出書房新社、2015年)。
ルルフォ、フアン(杉山晃/増田義郎訳)『ペドロ・パラモ』(岩波文庫、1992年)。
Arqueología Mexicana. *La arqueología y el Cine Mexicano*. Edición especial Número 49. México, D.F.: Editorial Raíces, S.A. de C.V., 2013.
――――. *La muerte en México. De la época prehispánica a la actualidad*. Edición especial Número 52. México, D.F.: Editorial Raíces, S.A. de C.V., 2013.
Artes de México. *Día de muertos*. Segunda edición Número 62. México, D.F.: Artes de México y del Mundo, S.A. de C.V., 2011.
Austin, Alfredo López. *La cosmovisión de la tradición mesoamericana*. Arqueología Mexicana, Edición especial Número 68. Primera parte. México, D.F.: Editorial Raíces, S.A. de C.V., 2016.
BBC(監修・柳沼孝一郎)「血と花――アステカを求めて」(DVDビデオ、BBCワールドワイドジャパン、2006年)。
"Los murales de Diego Rivera en Palacio Nacional". Secretaría de Hacienda y Crédito Público. 2005.
Luján, Leonardo López. *TLALTECUHTLI*. México, D.F.: Instituto Nacional de Antropología e Historia, 2010.
México desconosido. *111 Pueblos Mágicos*. CDMX: Impresiones Aéreas,

“World Automobile Statistics.” [www.oica.net/category/production-statistics/2017-statistics]
“Ponen en marcha sistema de bicicletas eléctricas.” (*Milenio*. 2018年2月14日).
STARTUPméxico. [http://www.startupmexico.com]
World Bank Group. *Doing Business en México 2016*. World Bank Group, 2016.
Center for Automobile Research. “The Growing Role of Mexico in North American Automobile Industry 2016.”（電子版）[http://www.cargroup.org/wp-content/uploads/2017/02/The-Growing-Role-of-Mexico-in-the-North-American-Automotive-Industry-Trends-Drivers-and-Forecasts.pdf] [https://ihsmarkit.com/products/maritime-global-trade-atlas.htm]

Ⅷ　メキシコにおける日本企業

安西洋右・中林鉄太郎『「マルちゃん」はなぜメキシコの国民食になったのか？――世界で売れる商品の異文化対応応力』（日経BP社、2011年）。

中畑貴雄「依然として進出余地が大きいメキシコの自動車部品産業」（ジェトロ地域分析レポート、2018年3月13日付）。

西尾瑛里子「最高の教育を誰にでも ―― 日本発オンライン学習サービス『Quipper』メキシコに上陸」（『ジェトロセンサー』、2017年4月号）。

――――「エリアレポート（メキシコ）日本映画に脚光」（『ジェトロセンサー』、2016年11月号）。

Ⅸ　魅惑の文化大国メキシコの姿

アウスティン、アルフレド・ロペス（柳沼孝一郎他訳）『カルプリ――メソアメリカの神話学』（文化科学高等研究院出版局、2013年）。

アスエラ、マリアノ（高見英一訳）『虐げられし人々』（『全集・現代世界の文学9　第三世界からの証言』學藝書林、1970年）。

落合一泰『トランス・アトランティック物語――旅するアステカ工芸品』（山川出版社、2014年）。

加藤薫『外国の聖母サンタ・ムエルテ――現代メキシコのスピリチュアル・アート』（新評論、2012年）。

――――『メキシコ壁画運動――リベラ、オロスコ、シケイロス』（現代企画室、2003年）。

サインス、グスタボ（平田渡訳）『ガサポ（仔ウサギ）』（現代企画室、1993年）。

「世界一走り続ける民 ―― メキシコ・ララムリ」（NHK総合『地球イチバン』、2014年1月2日放送）。

利根山光人『メキシコの美――よみがえる民族の声』（日本放送出版協会、1969年）。

en México 2017 (pdf). [http://www.inegi.org.mx/saladeprensa/boletines/2017/especiales/especiales2017_03_02.pdf]

Nader, Laura. *Harmony Ideology: Justice and Control in a Zapotec Mountain Village*. Stanford, Calif.: Stanford University Press, 1990.

Ⅶ 21世紀のメキシコにおけるビジネス環境

中川雅博「ANAと別れ、JALと手を組んだ『メキシコの翼』――航空連合を飛び越えた広範囲な提携が相次ぐ」(東洋経済オンライン)。[http://toyokeizai.net/articles/-/192684](閲覧日2017年11月20日)。

経済産業省『通商白書』(経済産業省、2017年)。

小寺彰「電気通信サービスに関するGATSの構造――米国・メキシコ電気通信紛争・WTO小委員会報告のインパクトと問題点」(『国際社会科学』、55号、2005年)。

中畑貴雄「メキシコ自動車産業の最新動向」(JETRO海外調査部公開セミナー資料、2018年2月)。

――――「NAFTA再交渉の焦点と自動車産業への影響」(JETRO海外調査部公開セミナー資料、2018年3月)。

徳田悟「航空業界―― 徒然考察記(68) 固唾を呑むメキシコ」(『Container age』596号、2017年)。

日本貿易振興機構『ビジネス短信 通商広報』(日本貿易振興機構、2017年4月号)。

星野妙子『メキシコ自動車産業のサプライチェーン――メキシコ企業の参入は可能か』(アジア経済研究所、2014年)。

丸谷雄一郎『ウォルマートのグローバル・マーケティング戦略[増補版]』(創成社、2018年)。

Asociación Mexicana de la Industria Automotoriz A.C. (AMIA). "Mexico Automobile Statistics"(電子版). [www.amia.com.mx]

Asociación Mexicana de Venta Online. *Estado del comercio electrónico en México: Mitos o verdaderas barreras*. AMVO, 2017.

Consejo Nacional de Inclusión Financiera (CNIF). *Reporte Nacional de Inclusión Financiera 2016*. CDMX: VNIF, 2017.

IHS Markit. "Global Trade Atlas." (電子版). [https://ihsmarkit.com/products/maritime-global-trade-atlas.htm]

Instituto Nacional de Estadística y Geografía (INEGI). *Aumentan uso de internet, teléfonos inteligentes y TV digital: Encueta nacional sobre disponibilidad y uso de tecnologías de la información en los hogares, 2016*. CDMX: INEGI, 2017.

Organisacion Internationale des Constructeurs d'Automobiles (OICA).

Ⅴ　資源大国の経済運営

経済産業省『通商白書』（経済産業省、2018年）。

国際協力機構『国際協力機構年次報告書2018　別冊（資料編）』（国際協力機構、2018年9月）

石油天然ガス・金属鉱物資源機構「世界の鉱業の趨勢2017メキシコ」（2017年）。

佐藤陽介「メキシコ ── オイルセクター改革の動向」（『石油・天然ガスレビュー』、48巻4号、2014年）。

中畑貴雄『メキシコ経済の基礎知識（第2版）』（ジェトロ〈日本貿易振興機構〉）、2014年 ）。

森元英樹「メキシコ鉱業の現状」（石油天然ガス・金属鉱物資源機構、平成29年度第7回 JOGMEC 金属資源セミナー資料、2017年）。

星野妙子編『ファミリービジネスの経営と革新──アジアとラテンアメリカ』（アジア経済研究所、2004年）。

────『メキシコのビジネスグループの進化と適応──その軌跡とダイナミズム』（アジア経済研究所、2010年）。

丸谷雄一郎『変貌するメキシコ小売産業──経済開放政策とウォルマートの進出』（白桃書房、2003年）。

丸谷吉男「発展途上国の資源ナショナリズムについての一考察──メキシコ石油の国有化と PEMEX の形成を中心に」（『国士舘大学政経論叢』、第10巻第2号、1998年）。

Business Wire. “World Metal Statistics Yearbook 2017.”（電子版）.［https://www.businesswire.com/news/home/20171020005625/en/World-Metal-Statistics-Yearbook-2017-Reseach］

World Economic Forum. *The Travel and Tourism Competitiveness Report 2017*. WEF, 2017.

Ⅵ　21世紀のメキシコ社会

国本伊代「メキシコ──男女平等社会の構築を目指す21世紀」（国本伊代編『ラテンアメリカ──21世紀の社会と女性』新評論、2015年）。

小林致広「メキシコ先住民運動の再接合は可能か？」（京都外国語大学編『京都ラテンアメリカ研究所紀要』11号、2011年）。

国立先住民族開発委員会（CDI）.［http://www/gob.mx/cdi/］

松下玲子『メキシコ近代公教育におけるジェンダー・ポリティクス』（行路社、2012年）。

Excelsior（電子版）. “Urgen en Oaxaca proteger a mujeres acusadas de ‘brujas’.”［http://www.excelsior.com.mx/nacional/2017/11/29/1204339］

Instituto Nacional de Estadística y Geografía (INEGI). *Mujeres y hombres*

Keller, Renata. *Mexico's Cold War, Cuba, the United States, and the Legacy of the Mexican Revolution*. New York: Cambridge University Press, 2015.

Vega Canovas, Gustavo (coordinador). *Alcances y límites de la política exterior de México ante el nuevo scenario internacional: Ensayos en honor de Mario Ojeda*. México, D.F.: El Colegio de México, 2009.

Ⅳ　国境の壁で分断されるメキシコと米国

工藤律子『マフィア国家――メキシコ麻薬戦争を生き抜く人々』((岩波書店、2017年)。

グリロ、ヨアン(山本昭代訳)『メキシコ麻薬戦争――アメリカ大陸を引き裂く「犯罪者」たちの反乱』(現代企画室、2014年)。

Boullosa, Carmen y Mike Wallcae. *Narco historia: Como Estados Unidos y México crearon juntos la Guerra contra las drogas*. CDMX: Penguin Random House Grup Editorial, 2016.

Davila, Patricia. "México paso de seis bandas de narcotráfico a 400 grupos criminales: MUCD." *Proceso*, (電子版). [https://www.proceso.mx/506998/mexico-oasi-seis-bandas-narucotrafic-a-400-grupos-criminales-mucd]

Fundación BBVA. "Anuario de migración y remesas 2017." [https://www.bbvaresearch.com/wp-content/uploads/2018/01/2018-01-02-Flash-Migracion.pdf]

Minian, Ana Raquel. *Undocumented Lives: The Untold Story of Mexican Migration*. Cambridge, Mass.: Harvard University Press, 2018.

O'Leary, Anna Ochoa (ed.). *Undocumented Immigrants in the United States: An Encyclopedia of Their Experience*. 2 vols. Santa Barbara: ABC-CLIO, LLC, 2014.

UN (United Nations), Department of Economic and Social Affairs, Population Division. *Trend in International Migrant Stock: The 2015 Revision*. UN, 2015.

UNWTO (United Nations, World Tourism Organization). *Tourism Highlights 2016*. UNWTO, 2017.

World Bank. "Migration and Remittance Data, Annual Remittance Data: Inflow/Outflow, April 2017." [http://www.worldbank.org.en/topic/imigrationremittancediasporaissues/brief/mig]

Ruiz, Ramón Eduardo. *Mexico: Why a Few Are Rich and the People Are Poor*. Los Angels: University of California Press, 2010.

Ⅱ　21世紀の社会改革

サパティスタメキシコ先住民運動連帯関西グループ．［http://www.zapwest.cool.coocan.jp］
柴田修子「チアパスのサパティスタ運動――自治区におけるコミュニティ創造の実践」（石黒馨／初谷譲次編『創造するコミュニティ――ラテンアメリカの社会関係資本』晃洋書房、2014年）。
マルコス／イボン・ル・ボ（佐々木真一訳）『サパティスタの夢――たくさんの世界から成る世界を求めて』（現代企画室、2005年）。
ロビラ、ギオマル（柴田修子訳）『メキシコ先住民女性の夜明け』（日本経済評論社、2005年）。
ENLACE ZAPATISTA.［http://www.enlacezapatista.ezln.org.mx］
Garza Elizondo, Humberto, Jorge A. Schiavon y Rafael Velázquez Flores (eds.). *Balance y perspectivas de la política exterior de México 2006–2012*. México, D.F.: El Colegio de México, 2014.
Granadados Roldán, Otto. *Reforma educativa*. CDMX: Fondo de Cultura Económica, 2018.
Méndez de Hoyos y Nicolás Loza Otero (coordinadores). *Instituciones electorales, opinión pública y poderes políticos locales en México*. México, D.F.: FLACSO, 2013.
Moreno, Alejandro. *El cambio electoral: Votantes, encuestas y democracia en México*. CDMX: Fondo de Cultura Económica, 2018.
Segovia, Rafael. *La política como espectáculo: El sexenio de Vicente Fox*. México, D. F.: El Colegio de México, 2008.

Ⅲ　国際政治とメキシコ外交

浦辺浩之「ラテンアメリカにおける核問題と地域安全保障――核をめぐる対立・協調とトラテロルコ条約」（金沢工業大学国際学研究所編『核兵器と国際関係』、内外出版、2006年）。

黒沢満「非核兵器地帯と安全保障――ラテンアメリカ核兵器禁止条約付属議定書IIの研究」（新潟大学法学学会編『法政理論』第12巻第3号、1979年）。

ロメロ・イサミ「メキシコとトランプ政権――墨米関係史の視点」（『ラテンアメリカ・レポート』34（2）、2018年）。

Covarrubías Velasco, Ana. *Cambio de siglo: La política exterior de la apertura económica y política*. México, D.F.: El Coleio de México, 2010.

ニスト人類学の視座』(明石書店、2007年)。
吉田栄人編『メキシコを知るための60章』(エリア・スタディーズ、明石書店、2005年)。

参考文献・資料

I　現代メキシコへの招待

アメリカ合衆国中央情報局 (CIA). [https://www.cia.gov/]
________. "The World Factbook."
国際通貨基金 (IMF). [http://www.imf.org]
________. "World Economic Outlook Database."
国連ラテンアメリカ・カリブ経済委員会 (UN　CEPAL). [http://www.cepal.org.población]
________."Anuario Estadístico de América y Caribe."
________."CEPALSTAT/Database and Publications,"
________."Observatorio de Igualdad de Genéro de América Latina y el Caribe."
________."Población Indígena en América Latina."
国連開発計画 (UNDP). [http://www.undp.org/]
________. *Human Development Report*. UNDP, 2000-2017.
世界銀行 (World Bank). [http://www.worldbank.org]
________. "GINI Index."
________. "Poverty and Inequality Indicators."
________. "The Worldwide Governance Indicators."
________. "The Little Data Book."
________. "World Development Indicators."
世界経済フォーラム (World Economic Forum). [http://www.weforum.org/].
________. "Global Gender Report."
トランスペアレンシー・インターナショナル (TI). [http://www.transparency.org/]
________. "Corruption Perceptions Index."
Ángel, Arturo. *Duarte: El priista perfecto*. CDMX: Grijalbo, 2017.
Florescano, Enrique y José Ramón Cosío Díaz (coords.). *La perspectiva mexicana en el siglo XXI*. México, D.F.: Consejo Nacional para la Cultura y Artes, 2012.
Peschard, Jacqueline. *Transparencia: promesas y desafios*. CDMX: El Colegio de México y la Universidad Nacional Autónomas de México, 2017.

◉参考文献（著者名50音順）

一般書

青木利夫『20世紀メキシコにおける農村教育の社会史――農村学校をめぐる国家と教師の協同体』（渓水社、2015年）。

阿部修二『メキシコ歴史紀行――コンキスタ・征服の十字架』（明石書店、2005年）。

石井章『多面体のメキシコ――1960年代～2000年代』（明文書房、2013年）。

大垣貴志郎『物語メキシコの歴史――太陽の国の英雄たち』（中公新書、中央公論社、2008年）。

小倉英敬『メキシコ時代のトロツキー――1937～1940』（新泉社、2007年）。

国本伊代『ビリャとサパタ――メキシコ革命の指導者たち』（世界史リブレット人、山川出版社、2014年）。

――――『メキシコ革命』（世界史リブレット、山川出版社、2008年）。

――――『メキシコの歴史』（新評論、2005年）。

――――編『現代メキシコを知るための60章』（エリア・スタディーズ、明石書店、2011年）。

クラウセ、エンリケ（大垣貴志郎訳）『メキシコの百年1810–1910――権力者の列伝』（現代企画室、2004年）。

黒田悦子『メキシコのゆくえ――国家を超える先住民たち』（勉誠出版、2013年）。

鈴木康久『メキシコ現代史』（明石書店、2003年）。

田島陽一『グローバリズムとリージョナリズムの相克――メキシコの開発戦略』（晃陽書房、2006年）。

中野達司『メキシコの悲哀――大国の横暴の翳に』（松籟社、2010年）。

中畑貴雄『メキシコ経済の基礎知識』（第2版、ジェトロ貿易振興機構、2014年）。

ニエト＝ロペス、ホセ＝デ＝ヘスス他（国本伊代監訳、島津寛訳）『メキシコの歴史』（明石書店、2009年）。

フィッティング、エリザベス（里見実訳）『壊国の契約―― NAFTA 下メキシコの苦悩と抵抗』（農山漁村文化協会、2012年）。

松下冽『現代メキシコの国家と政治――グローバル化と市民社会の交差から』（御茶の水書房、2010年）。

山崎眞次『メキシコ民族の誇りと闘い――多民族共存社会のナショナリズム形成史』（新評論、2004年）。

――――『メキシコ先住民の反乱――敗れ去りし者たちの記録』（成文堂、2015年）。

山本昭代『メキシコ・ワステカ先住民農村のジェンダーと社会変化――フェミ

部民間セクター開発グループにてメキシコ自動車産業支援の技術協力プロジェクトを担当。2021年より現職。

柳沼孝一郎（やぎぬま・こういちろう）［55、58、59、61、62、63、65、70、コラム9、コラム10］
神田外語大学名誉教授・理事。歴史学修士（UNAM）。主な著作：「スペイン語圏と日本――大洋をこえて」（『NHKテレビ・スペイン語会話』日本放送出版協会、2004年4月〜2005年3月）、「越境するカネ・モノ・ヒト 〜豊かさを求めて――メキシコからアメリカへ」（『グローカリゼーション――国際社会の新潮流』、神田外語大学出版局、2009年）、『現代メキシコを知るための60章』（分担執筆、明石書店、2011年）、『環太平洋の言語と文化』（共著、神田外語大学出版局、2016年）、主な論文：「日本メキシコ経済連携協定（EPA）の史的背景」（『神田外語大学紀要』第18号、2006年）、「日本とメキシコ――日墨関係400年の系譜」（神田外語大学国際社会研究所『国際社会研究』創刊号、2010年）、『メキシコのディアス政権下における産業開発・殖民政策と日本人移民に関する研究』（科研費基盤研究C、2010年）、“Trasfondo histórico del envío del Embajador Hasekura a España y la Nueva España en 1614” (*México y la Cuenca del Pacífico*, Año 17, número 50, mayo 2014. Guadalajara, Jal.: CUCSH, Universidad de Guadalajara)。主な訳書に、『ホセ・マルティ選集・第2巻　飛翔する思想』（共訳、日本経済評論社、2005年）、アルフレド・ロペス＝アウスティン『カルプリ――メソアメリカの神話学』（共訳、文化科学高等研究院出版局、2013年）、「7章　ラティーノ」（A. アギーレ & J. H. ターナー『アメリカン・エスニスティ――人種的融和を目指す多民族国家』明石書店、2013年）など。

柳原孝敦（やなぎはら・たかあつ）［60］
東京大学文学部教授。文学博士（東京外国語大学）。主な著作：『映画に学ぶスペイン語』（東洋書店、2010）、『ラテンアメリカ主義のレトリック』（エディマン、2007）、『テクストとしての都市　メキシコDF』（東京外国語大学出版会、2019）。主な執筆分担書：『クリス・マルケル――遊動と闘争のシネアスト』（港千尋監修、金子遊／東志保編、森話社、2014）、『アンダルシアを知るための53章』（立石博高／塩見千加子編、明石書店、2012）、『概説近代スペイン文化史――18世紀から現代まで』（立石博高編著、ミネルヴァ書房、2015）、『世界文学としての村上春樹』（柴田勝二／加藤雄二編、東京外国語大学出版会、2015）。主な翻訳書：フアン・ガブリエル・バスケス『物が落ちる音』（松籟社、2016）、アルフォンソ・レイェス『アナワクの眺め（1519）』（対訳版、ヌエボレオン州立大学〔メキシコ、モンテレイ〕、2016）、ロベルト・ボラーニョ『第三帝国』（白水社、2016）、セサル・アイラ『文学会議』（新潮社、2015）、エドゥアルド・メンドサ『グルブ消息不明』（東宣出版、2015）、セサル・アイラ『わたしの物語』（松籟社、2012）、エルネスト＝チェ・ゲバラ『チェ・ゲバラ革命日記』（原書房、2012）、カルロス・バルマセーダ『ブエノスアイレス食堂』（白水社、2011）、ロベルト・ボラーニョ『野生の探偵たち』（松本健二との共訳、白水社、2010）、アレホ・カルペンティエール『春の祭典』（国書刊行会、2001）など。

額田有美（ぬかだ・ゆみ）［40］
南山大学外国語学部講師。大阪大学大学院人間科学研究科博士後期課程修了。博士（人間科学）。主な著作：「裁判員裁判を経験した法廷通訳人――聞取り調査結果とその考察」（共著、水野かほる・津田守編著『裁判員裁判時代の法廷通訳人』大阪大学出版会、2016年）、「年に一度のカバグラの祭日――ブリブリ族の調査の旅から」（国本伊代編著『コスタリカを知るための60章【第2版】』明石書店、2016年）、「先住民の権利と〈リーガルプルーラリズム〉――先駆的なパナマの取り組み」「越境する先住民女性――ノベ＝ブグレ先住民特別区の季節農業労働者の現在」（国本伊代編著『パナマを知るための70章【第2版】』明石書店、2018年）。主な論文：“El perito cultural como traductor cultural: análisis cualitativo del peritaje cultural en Costa Rica”（『ラテンアメリカ研究年報』第35号、2015年）、「法廷において文化と向き合う――コスタリカにおける『裁判所』の民族誌的研究」（博士論文、大阪大学、2018年）など。

松本　仁（まつもと・ひとし）［67］
独立行政法人国際協力機構（JICA）前メキシコ事務所長。東京外国語大学外国語学部スペイン語学科卒業。ボリビアでの日系社会青年ボランティアなどを経て2000年JICA入構後、メキシコ事務所員、モザンビーク事務所長、ニジェール支所長、中南米部計画・移住課長などを歴任し、2018年から2021年までメキシコ事務所長。

丸谷雄一郎（まるや・ゆういちろう）［30、31、32、33、43、44、47、コラム4］
東京経済大学経営学部教授。商学修士（中央大学）。グローバル・マーケティング論専門。主な著作：『グローバル・マーケティング論（第5版）』（創成社、2015年）、『ウォルマートのグローバル・マーケティング戦略［増補版］』（創成社、2018年）、『ラテンアメリカ経済成長と広がる貧困格差』（創成社、2009年）、『変貌するメキシコ小売産業――経済開放政策とウォルマートの進出』（白桃書房、2003年）。主な共著：『小売＆サービス業のフォーマットデザイン』（共著、同文舘出版、2016年）、『ドミニカ共和国を知るための60章』（共著、明石書店、2013年）、『現代メキシコを知るための60章』（共著、明石書店、2011年）など。

丸谷吉男（まるや・よしお）［19、20、コラム2、コラム7］
元国士舘大学教授。経済学博士（国士舘大学）。主な著作・論文に『現代メキシコを知るための60章』（共著、明石書店、2011年）、『冷戦後中南米の政治・経済の変動』（TOKO出版社、2005年）、「欧州連合と中南米の政治的、経済的関係」（『国士舘大学政経論叢』平成14年4号、2002年）、「米国の中南米政策の経済的、思想的背景」（『国士舘大学政経論叢』平成14年3号、2002年）、『ラテンアメリカの経済開発と産業政策』（アジア経済研究所、1985年）、『メキシコ――その国土と市場』（科学新聞社、1980年）など。2022年逝去。

水野真鈴（みずの・まりん）［68、69］
国連工業開発機関（UNIDO）勤務。東京外国語大学外国語学部スペイン語学科卒業。民間企業でのキューバ駐在、サセックス大学開発学研究所（IDS）グローバリゼーション・ビジネス・開発学修士号取得を経て、2016年よりJICAに入構し、経済開発

杉浦　篤（すぎうら・あつし）［29、48］
日本ボリビア協会専務理事、神戸大学経済学部卒。トヨタ自動車、関西デジタルホン、ウィルソン・ラーニング・ワードワイドなどに勤務する。主要著作：「日本のODA政策とドミニカ共和国」「顔の見えるODA政策」「新しい支援政策の現場をみる」（国本伊代編著『ドミニカ共和国を知るための60章』明石書店、2013年）；「カリブ海の観光産業」「日本とカリブ海域とのヒトとモノの交流」「カリブ海域諸国への日本の開発援助」「日本のカリブ海域水産産業への支援」「カリブ海域の気候変動・防災・環境への支援」（国本伊代編著『カリブ海世界を知るための70章』明石書店、2017年）；「フリーゾーンと経済特区」「観光立国への取り組み」「パナマ社会に定住する外国人たち」「スポーツにみるパナマの社会」（国本伊代編著『パナマを知るための70章【第2版】』明石書店、2018年）など

高山智博（たかやま・ともひろ）［64］
上智大学名誉教授。ラテンアメリカ文化史専攻。主な著書・訳書に『古代文明の遺産：調和と均衡――メキシコからボリビアにかけて』（ASAHI ECO BOOKS、アサヒビール、2008年）、『メキシコ多文化思索の旅』（山川出版社、2003年）、オスカー・ルイス『貧困の文化――メキシコの〈五つの家族〉』（共訳、ちくま学芸文庫、筑摩書房、2003年）など。

長岡　誠（ながおか・まこと）［21、22、23、24、25、56、57、コラム6］
ケレタロ市の日系建設企業勤務。筑波大学第二学群日本語・日本文化学類卒業。1996年に渡墨以来、日本語教師、日系商社、日系自動車部品メーカー勤務、日本メキシコ学院事務局長を経て現職。

西尾瑛里子（にしお・えりこ）［28、49、50、51、53、コラム8］
日本貿易振興機構（ジェトロ）勤務。早稲田大学政治経済学部卒（経済学専攻）、経営学修士（MBA, 神戸大学）。2007年ジェトロ入構。グローバル・マーケティング課勤務などを経て2013～2018年メキシコ駐在。調査、コンテンツ・サービス産業の普及事業、およびキューバを担当。修士論文：「中小小売企業の国際化に関する研究――日本の中小フードサービス企業の事例を元に」。主な著作物に「特集・中南米サービス市場のポテンシャル（メキシコ）」（『月刊ジェトロセンサー』4月号、2017年）、「TPPで変わるか？メキシコの経済・産業」（『ラテンアメリカ時報』No.1414、2016年）、「キューバ フロンティア市場での商機は？」（『月刊ジェトロセンサー』4月号、2016年）、『週刊エコノミスト』ワールドウォッチへの寄稿など。

西側赳史（にしがわ・たけし）［42、45、46、52、54］
起業家。株式会社Encounter Japan代表取締役社長。関西学院大学商学部在学中に1年半の海外放浪を経験。同大学を卒業後、双日株式会社に入社し、機械部門自動車第一部に配属。中南米向けトレーディング事業、事業投資案件に従事した後、株式会社Encounter Japanを創業し、代表取締役に就任。企業経営の他、自治体及び大学での講演活動や2021年度高等専門学校デザインコンペティションの審査委員、中小企業基盤整備機構の中小企業アドバイザー等を務めるなど幅広い活動を行なっている。

◉ 執筆者紹介（五十音順、［　］内は担当章）

エルナンデス、J.（Julia Hernández）［56、57、コラム6］
管理栄養士。公務員保険・社会サービス庁（ISSSTE）付属国立栄養大学（EDN）修了（栄養学士）。スペイン・リオハ国際大学で「栄養とスポーツ専門コース」、メキシコ遺伝研究所で「遺伝理論コース」などをとったのち、大手レストランの管理栄養士として勤務。

上島篤志（かみしま・あつし）［68、69］
国際協力機構（JICA）メキシコ自動車産業クラスター振興プロジェクト・チーフアドバイザー。社会学士（一橋大学）。JICA勤務34年。この間、メキシコ、エルサルバドル、ボリビアで日本大使館、JICA事務所、中米統合機構（SICA）事務局に計14年間勤務。著作：*Desarrollo Inclusivo en Centro América y la República Dominicana*（共著、Tokyo: JICA, 2016）。

カレーニョ、G.（Gloria Carreño）［21、22、23、24、25、26、27、コラム1］
メキシコ国立定期刊行物資料館専門司書。メキシコ国立自治大学（UNAM）講師（情報・資料処理技術講義）。メキシコ・ユダヤコミュニティ Comunidad Maguen David 歴史資料室管理責任者。サンニコラス・デ・イダルゴ・ミチョアカン大学卒（メキシコ史専攻）。主な著作：*Los niños de la Hacienda de Santa Rosa: Una historia de refugiados polacos en México 1943–1947*（共著、México, D.F.: Centro de Documentación de la Comunidad Ashkenazi y CONACYT, 2010）、*Estudio Histórico Demográfico de la Migración Judía a México, 1900–1950*（共著、México, D.F.: Tribuna Israelita : Comunidad Ashkenazi México, 2005）、*El Convenio Ilusorio: Refugiados polacos de guerra en México, 1943–1947*（共著、México, D.F.: Ed. Cartapacio, 1998）など、メキシコ近現代史およびメキシコにおけるユダヤ人コミュニティを対象とした論文著作多数。

国本伊代（くにもと・いよ）［1、2、3、4、5、6、7、8、10、11、12、13、14、15、16、17、18、26、27、34、35、36、37、38、41、66、コラム1、コラム3、コラム5］
編著者紹介を参照。

柴田修子（しばた・のぶこ）［9、39］
同志社大学グローバル地域文化学部准教授。博士（グローバル社会、同志社大学）。専門：ラテンアメリカ地域研究。主要業績：「サパティスタ22年の歩み」（『ラテンアメリカ・レポート』vol.33, No.1、2016年）、『創造するコミュニティ　ラテンアメリカの社会関係資本』（共著、晃洋書房、2014年）、『ジェンダーと比較政治学』（共著、ミネルヴァ書房、2011年）、ギオマル・ロビラ『メキシコ――先住民女性の夜明け』（翻訳、日本経済評論社、2005年）など。

◉ 編著者紹介

国本伊代（くにもと・いよ）
中央大学名誉教授。（公財）海外日系人協会評議員。歴史学博士（テキサス大学オースティン校）、学術博士（東京大学）、日本ラテンアメリカ学会理事長（1998–2000年）。歴史学・ラテンアメリカ近現代史専攻。主な著作・翻訳書：『メキシコ2018〜19年──新自由主義体制の変革に挑む政権の成立』（新評論、2020年）、『パナマを知るための70章【第2版】』（編著、明石書店、2018年）、『カリブ海世界を知るための70章』（編著、明石書店、2017年）、『コスタリカを知るための60章【第2版】』（編著、明石書店、2016年）、『ラテンアメリカ──21世紀の社会と女性』（編著、新評論、2015年）、『ビリャとサパタ』（世界史リブレット・人、山川出版社、2014年）、『ドミニカ共和国を知るための60章』（編著、明石書店、2013年）、『現代メキシコを知るための60章』（編著、明石書店、2011年）、ジョン・ヘミング『アマゾン──民族・征服・環境の歴史』（共訳、東洋書林、2010年）、『メキシコ革命とカトリック教会──近代国家形成過程における国家と宗教の対立と宥和』（中央大学出版部、2009年）、『メキシコ革命』（世界史リブレット、山川出版社、2008年）など。

エリア・スタディーズ 91
現代メキシコを知るための70章【第2版】

2011年 7月10日 初 版第1刷発行
2019年 1月10日 第2版第1刷発行
2023年 9月30日 第2版第2刷発行

編著者 国本伊代
発行者 大江道雅
発行所 株式会社明石書店
〒101-0021 東京都千代田区外神田6-9-5
電話 03（5818）1171
FAX 03（5818）1174
振替 00100-7-24505
https://www.akashi.co.jp/

装丁 明石書店デザイン室
印刷／製本 モリモト印刷株式会社

（定価はカバーに表示してあります） ISBN978-4-7503-4774-5

エリア・スタディーズ

1 **現代アメリカ社会を知るための60章**
明石紀雄、川島浩平 編著

2 **イタリアを知るための62章【第2版】**
村上義和 編著

3 **イギリスを旅する35章**
辻野功 編著

4 **モンゴルを知るための65章【第2版】**
金岡秀郎 著

5 **パリ・フランスを知るための44章**
梅本洋一、大里俊晴、木下長宏 編著

6 **現代韓国を知るための60章【第2版】**
石坂浩一、福島みのり 編著

7 **オーストラリアを知るための58章【第3版】**
越智道雄 著

8 **現代中国を知るための52章【第6版】**
藤野彰 編著

9 **ネパールを知るための60章**
日本ネパール協会 編

10 **アメリカの歴史を知るための65章【第4版】**
富田虎男、鵜月裕典、佐藤円 編著

11 **現代フィリピンを知るための61章【第2版】**
大野拓司、寺田勇文 編著

12 **ポルトガルを知るための55章【第2版】**
村上義和、池俊介 編著

13 **北欧を知るための43章**
武田龍夫 著

14 **ブラジルを知るための56章【第2版】**
アンジェロ・イシ 著

15 **ドイツを知るための60章**
早川東三、工藤幹巳 編著

16 **ポーランドを知るための60章**
渡辺克義 編著

17 **シンガポールを知るための65章【第5版】**
田村慶子 編著

18 **現代ドイツを知るための67章【第3版】**
浜本隆志、髙橋憲 編著

19 **ウィーン・オーストリアを知るための57章【第2版】**
広瀬佳一、今井顕 編著

20 **ハンガリーを知るための60章【第2版】** ドナウの宝石
羽場久美子 編著

21 **現代ロシアを知るための60章【第2版】**
下斗米伸夫、島田博 編著

22 **21世紀アメリカ社会を知るための67章**
明石紀雄 監修　赤尾千波、大類久恵、小塩和人、
落合明子、川島浩平、高野泰 編

23 **スペインを知るための60章**
野々山真輝帆 著

24 **キューバを知るための52章**
後藤政子、樋口聡 編著

25 **カナダを知るための60章**
綾部恒雄、飯野正子 編著

26 **中央アジアを知るための60章【第2版】**
宇山智彦 編著

27 **チェコとスロヴァキアを知るための56章【第2版】**
薩摩秀登 編著

28 **現代ドイツの社会・文化を知るための48章**
田村光彰、村上和光、岩淵正明 編著

29 **インドを知るための50章**
重松伸司、三田昌彦 編著

30 **タイを知るための72章【第2版】**
綾部真雄 編著

31 **パキスタンを知るための60章**
広瀬崇子、山根聡、小田尚也 編著

32 **バングラデシュを知るための66章【第3版】**
大橋正明、村山真弓、日下部尚徳、安達淳哉 編著

33 **イギリスを知るための65章【第2版】**
近藤久雄、細川祐子、阿部美春 編著

34 **現代台湾を知るための60章【第2版】**
亜洲奈みづほ 著

35 **ペルーを知るための66章【第2版】**
細谷広美 編著

36 **マラウィを知るための45章【第2版】**
栗田和明 著

37 **コスタリカを知るための60章【第2版】**
国本伊代 編著

38 **チベットを知るための50章**
石濱裕美子 編著

39 **現代ベトナムを知るための63章【第3版】**
岩井美佐紀 編著

40 **インドネシアを知るための50章**
村井吉敬、佐伯奈津子 編著

41 **エルサルバドル、ホンジュラス、ニカラグアを知るための45章**
田中高 編著

エリア・スタディーズ

42 **パナマを知るための70章【第2版】**
国本伊代 編著

43 **イランを知るための65章**
岡田恵美子、北原圭一、鈴木珠里 編著

44 **アイルランドを知るための70章【第3版】**
海老島均、山下理恵子 編著

45 **メキシコを知るための60章**
吉田栄人 編著

46 **中国の暮らしと文化を知るための40章**
東洋文化研究会 編

47 **現代ブータンを知るための60章【第2版】**
平山修一 著

48 **バルカンを知るための66章【第2版】**
柴宜弘 編著

49 **現代イタリアを知るための44章**
村上義和 編著

50 **アルゼンチンを知るための54章**
アルベルト松本 著

51 **ミクロネシアを知るための60章【第2版】**
印東道子 編著

52 **アメリカのヒスパニック＝ラティーノ社会を知るための55章**
大泉光一、牛島万 編著

53 **北朝鮮を知るための55章【第2版】**
石坂浩一 編著

54 **ボリビアを知るための73章【第2版】**
眞鍋周三 編著

55 **コーカサスを知るための60章**
北川誠一、前田弘毅、廣瀬陽子、吉村貴之 編著

56 **カンボジアを知るための60章【第3版】**
上田広美、岡田知子、福富友子 編著

57 **エクアドルを知るための60章【第2版】**
新木秀和 編著

58 **タンザニアを知るための60章【第2版】**
栗田和明、根本利通 編著

59 **リビアを知るための60章【第2版】**
塩尻和子 編著

60 **東ティモールを知るための50章**
山田満 編著

61 **グアテマラを知るための67章【第2版】**
桜井三枝子 編著

62 **オランダを知るための60章**
長坂寿久 著

63 **モロッコを知るための65章**
私市正年、佐藤健太郎 編著

64 **サウジアラビアを知るための63章【第2版】**
中村覚 編著

65 **韓国の歴史を知るための66章**
金両基 編著

66 **ルーマニアを知るための60章**
六鹿茂夫 編著

67 **現代インドを知るための60章**
広瀬崇子、近藤正規、井上恭子、南埜猛 編著

68 **エチオピアを知るための50章**
岡倉登志 編著

69 **フィンランドを知るための44章**
百瀬宏、石野裕子 編著

70 **ニュージーランドを知るための63章**
青柳まちこ 編著

71 **ベルギーを知るための52章**
小川秀樹 編著

72 **ケベックを知るための54章**
小畑精和、竹中豊 編著

73 **アルジェリアを知るための62章**
私市正年 編著

74 **アルメニアを知るための65章**
中島偉晴、メラニア・バグダサリヤン 編著

75 **スウェーデンを知るための60章**
村井誠人 編著

76 **デンマークを知るための68章**
村井誠人 編著

77 **最新ドイツ事情を知るための50章**
浜本隆志、柳原初樹 著

78 **セネガルとカーボベルデを知るための60章**
小川了 編著

79 **南アフリカを知るための60章**
峯陽一 編著

80 **エルサルバドルを知るための55章**
細野昭雄、田中高 編著

81 **チュニジアを知るための60章**
鷹木恵子 編著

82 **南太平洋を知るための58章** メラネシア ポリネシア
吉岡政德、石森大知 編著

83 **現代カナダを知るための60章【第2版】**
飯野正子、竹中豊 総監修　日本カナダ学会 編

エリア・スタディーズ

84 **現代フランス社会を知るための62章**
三浦信孝、西山教行 編著

85 **ラオスを知るための60章**
菊池陽子、鈴木玲子、阿部健一 編著

86 **パラグアイを知るための50章**
田島久歳、武田和久 編著

87 **中国の歴史を知るための60章**
並木頼壽、杉山文彦 編著

88 **スペインのガリシアを知るための50章**
坂東省次、桑原真夫、浅香武和 編著

89 **アラブ首長国連邦（UAE）を知るための60章**
細井長 編著

90 **コロンビアを知るための60章**
二村久則 編著

91 **現代メキシコを知るための70章【第2版】**
国本伊代 編著

92 **ガーナを知るための47章**
高根務、山田肖子 編著

93 **ウガンダを知るための53章**
吉田昌夫、白石壮一郎 編著

94 **ケルトを旅する52章** イギリス・アイルランド
永田喜文 著

95 **トルコを知るための53章**
大村幸弘、永田雄三、内藤正典 編著

96 **イタリアを旅する24章**
内田俊秀 編著

97 **大統領選からアメリカを知るための57章**
越智道雄 著

98 **現代バスクを知るための60章【第2版】**
萩尾生、吉田浩美 編著

99 **ボツワナを知るための52章**
池谷和信 編著

100 **ロンドンを旅する60章**
川成洋、石原孝哉 編著

101 **ケニアを知るための55章**
松田素二、津田みわ 編著

102 **ニューヨークからアメリカを知るための76章**
越智道雄 著

103 **カリフォルニアからアメリカを知るための54章**
越智道雄 著

104 **イスラエルを知るための62章【第2版】**
立山良司 編著

105 **グアム・サイパン・マリアナ諸島を知るための54章**
中山京子 編著

106 **中国のムスリムを知るための60章**
中国ムスリム研究会 編

107 **現代エジプトを知るための60章**
鈴木恵美 編著

108 **カーストから現代インドを知るための30章**
金基淑 編著

109 **カナダを旅する37章**
飯野正子、竹中豊 編著

110 **アンダルシアを知るための53章**
立石博高、塩見千加子 編著

111 **エストニアを知るための59章**
小森宏美 編著

112 **韓国の暮らしと文化を知るための70章**
舘野晳 編著

113 **現代インドネシアを知るための60章**
村井吉敬、佐伯奈津子、間瀬朋子 編著

114 **ハワイを知るための60章**
山本真鳥、山田亨 編著

115 **現代イラクを知るための60章**
酒井啓子、吉岡明子、山尾大 編著

116 **現代スペインを知るための60章**
坂東省次 編著

117 **スリランカを知るための58章**
杉本良男、高桑史子、鈴木晋介 編著

118 **マダガスカルを知るための62章**
飯田卓、深澤秀夫、森山工 編著

119 **新時代アメリカ社会を知るための60章**
明石紀雄 監修　大類久恵、落合明子、赤尾千波 編著

120 **現代アラブを知るための56章**
松本弘 編著

121 **クロアチアを知るための60章**
柴宜弘、石田信一 編著

122 **ドミニカ共和国を知るための60章**
国本伊代 編著

123 **シリア・レバノンを知るための64章**
黒木英充 編著

124 **EU（欧州連合）を知るための63章**
羽場久美子 編著

125 **ミャンマーを知るための60章**
田村克己、松田正彦 編著

エリア・スタディーズ

126 **カタルーニャを知るための50章** 立石博高、奥野良知 編著
127 **ホンジュラスを知るための60章** 桜井三枝子、中原篤史 編著
128 **スイスを知るための60章** スイス文学研究会 編
129 **東南アジアを知るための50章** 今井昭夫 編集代表 東京外国語大学東南アジア課程 編
130 **メソアメリカを知るための58章** 井上幸孝 編著
131 **マドリードとカスティーリャを知るための60章** 川成洋、下山静香 編著
132 **ノルウェーを知るための60章** 大島美穂、岡本健志 編著
133 **現代モンゴルを知るための50章** 小長谷有紀、前川愛 編著
134 **カザフスタンを知るための60章** 宇山智彦、藤本透子 編著
135 **内モンゴルを知るための60章** ボルジギン・ブレンサイン 編著 赤坂恒明 編集協力
136 **スコットランドを知るための65章** 木村正俊 編著
137 **セルビアを知るための60章** 柴宜弘、山崎信一 編著
138 **マリを知るための58章** 竹沢尚一郎 編著
139 **ASEANを知るための50章** 黒柳米司、金子芳樹、吉野文雄 編著
140 **アイスランド・グリーンランド・北極を知るための65章** 小澤実、中丸禎子、高橋美野梨 編著
141 **ナミビアを知るための53章** 水野一晴、永原陽子 編著
142 **香港を知るための60章** 吉川雅之、倉田徹 編著
143 **タスマニアを旅する60章** 宮本忠 著
144 **パレスチナを知るための60章** 臼杵陽、鈴木啓之 編著
145 **ラトヴィアを知るための47章** 志摩園子 編著
146 **ニカラグアを知るための55章** 田中高 編著
147 **台湾を知るための72章【第2版】** 赤松美和子、若松大祐 編著
148 **テュルクを知るための61章** 小松久男 編著
149 **アメリカ先住民を知るための62章** 阿部珠理 編著
150 **イギリスの歴史を知るための50章** 川成洋 編著
151 **ドイツの歴史を知るための50章** 森井裕一 編著
152 **ロシアの歴史を知るための50章** 下斗米伸夫 編著
153 **スペインの歴史を知るための50章** 立石博高、内村俊太 編著
154 **フィリピンを知るための64章** 大野拓司、鈴木伸隆、日下渉 編著
155 **バルト海を旅する40章** 7つの島の物語 小柏葉子 著
156 **カナダの歴史を知るための50章** 細川道久 編著
157 **カリブ海世界を知るための70章** 国本伊代 編著
158 **ベラルーシを知るための50章** 服部倫卓、越野剛 編著
159 **スロヴェニアを知るための60章** 柴宜弘、アンドレイ・ベケシュ、山崎信一 編著
160 **北京を知るための52章** 櫻井澄夫、人見豊、森田憲司 編著
161 **イタリアの歴史を知るための50章** 高橋進、村上義和 編著
162 **ケルトを知るための65章** 木村正俊 編著
163 **オマーンを知るための55章** 松尾昌樹 編著
164 **ウズベキスタンを知るための60章** 帯谷知可 編著
165 **アゼルバイジャンを知るための67章** 廣瀬陽子 編著
166 **済州島を知るための55章** 梁聖宗、金良淑、伊地知紀子 編著
167 **イギリス文学を旅する60章** 石原孝哉、市川仁 編著

エリア・スタディーズ

168 フランス文学を旅する60章
野崎歓 編著

169 ウクライナを知るための65章
服部倫卓、原田義也 編著

170 クルド人を知るための55章
山口昭彦 編著

171 ルクセンブルクを知るための50章
田原憲和、木戸紗織 編著

172 地中海を旅する62章 歴史と文化の都市探訪
松原康介 編著

173 ボスニア・ヘルツェゴヴィナを知るための60章
柴宜弘、山崎信一 編著

174 チリを知るための60章
細野昭雄、工藤章、桑山幹夫 編著

175 ウェールズを知るための60章
吉賀憲夫 編著

176 太平洋諸島の歴史を知るための60章 日本とのかかわり
石森大知、丹羽典生 編著

177 リトアニアを知るための60章
櫻井映子 編著

178 現代ネパールを知るための60章
公益社団法人 日本ネパール協会 編

179 フランスの歴史を知るための50章
中野隆生、加藤玄 編著

180 ザンビアを知るための55章
島田周平、大山修一 編著

181 ポーランドの歴史を知るための55章
渡辺克義 編著

182 韓国文学を旅する60章
波田野節子、斎藤真理子、きむ ふな 編著

183 インドを旅する55章
宮本久義、小西公大 編著

184 現代アメリカ社会を知るための63章【2020年代】
明石紀雄 監修 大類久恵、落合明子、赤尾千波 編著

185 アフガニスタンを知るための70章
前田耕作、山内和也 編著

186 モルディブを知るための35章
荒井悦代、今泉慎也 編著

187 ブラジルの歴史を知るための50章
伊藤秋仁、岸和田仁 編著

188 現代ホンジュラスを知るための55章
中原篤史 編著

189 ウルグアイを知るための60章
山口恵美子 編著

190 ベルギーの歴史を知るための50章
松尾秀哉 編著

191 食文化からイギリスを知るための55章
石原孝哉、市川仁、宇野毅 編著

192 東南アジアのイスラームを知るための64章
久志本裕子、野中葉 編著

193 宗教からアメリカ社会を知るための48章
上坂昇 著

194 ベルリンを知るための52章
浜本隆志、希代真理子 著

195 NATO(北大西洋条約機構)を知るための71章
広瀬佳一 編著

196 華僑・華人を知るための52章
山下清海 著

197 カリブ海の旧イギリス領を知るための60章
川分圭子、堀内真由美 編著

198 ニュージーランドを旅する46章
宮本忠、宮本由紀子 著

199 マレーシアを知るための58章
鳥居高 編著

200 ラダックを知るための60章
煎本孝、山田孝子 著

――以下続刊

◎各巻2000円(一部1800円)

〈価格は本体価格です〉